职业院校公共课系列教材

创新创业基础训练

主　编　李俊琦
副主编　温君慧
参　编　熊春燕　杨　莹　李　维
　　　　许朝雪　蒋梦涵　李嘉宁
　　　　马　悦　张昌钰

中国商务出版社
CHINA COMMERCE AND TRADE PRESS

图书在版编目（CIP）数据

创新创业基础训练 / 李俊琦主编. —北京：中国
商务出版社，2020.7（2023.8 重印）
职业院校公共课系列教材
ISBN 978-7-5103-3398-9

Ⅰ.①创… Ⅱ.①李… Ⅲ.①大学生—创业—高等职
业教育—教材 Ⅳ.①G717.38

中国版本图书馆 CIP 数据核字（2020）第 099455 号

职业院校公共课系列教材

创新创业基础训练
CHUANGXIN CHUANGYE JICHU XUNLIAN

主 编 李俊琦
副主编 温君慧

出 版：中国商务出版社
地 址：北京市东城区安定门外大街东后巷 28 号 邮 编：100710
责任部门：国际经济与贸易事业部（010-64269744 bjys@cctpress.com）
责任编辑：张高平

总 发 行：中国商务出版社发行部（010-64266119 64515150）
网购零售：010-64269744
网 址：http://www.cctpress.com
邮 箱：cctp@cctpress.com

排 版：翟艳玲
印 刷：廊坊蓝海德彩印有限公司
开 本：787 毫米×1092 毫米 1/16
印 张：19 字 数：415 千字
版 次：2020 年 7 月第 1 版 印 次：2023 年 8 月第 4 次印刷
书 号：ISBN 978-7-5103-3398-9
定 价：45.00 元

前　言

　　《创新创业基础训练》作为面向高职院校学生编写的基础课教材，在体例设计上体现以学生为中心，建立了知识学习、能力训练和价值塑造融为一体的课程内容结构，服务于促进学生融合发展的综合育人目标；在内容组织上体现成果导向的教育理念，以项目训练的方式，突出知识能力与行动能力融合培育的训练过程，更加符合高职教育的教学特点。本书内容各部分之间层层递进，强调不断迭代优化的实践特征。本书在培养学生创新思维、创业知识和创新创业能力等方面达到以下目标。

　　一是使学生掌握开展创新创业活动所需要的基本知识。启发拓展学生的创新思维，深化学生对创新创业的认识，认知创业的基本内涵和创业活动的特殊性，辨证地认识和分析创业者、创业机会、创业资源、创业计划和创业项目等。

　　二是使学生具备必要的创新创业实践能力。从实践训练角度教授学生创新的思维方式与工作方法，培养学生的实践应用、综合分析和创新创造能力，掌握创业资源整合与创业计划撰写的方法，提升学生项目实践和分析评估等综合素质和能力。

　　三是使学生树立科学的创新创业观。正确理解创新创业教育的目的与意义，主动顺应新时代社会经济发展要求，自觉遵循创新创业规律，积极投身到大学生创新创业大赛和创新创业实践中。

　　本书具有以下特点：

　　1. 以学习者为中心，建立知识能力素质融合递进的内容逻辑体系。全书共十章，从创新思维与方法、创新与创业、创业机会的识别与评价、创业团队组建、市场营销、商业模式、创业财务、商业计划书、项目路演、创新创业类大赛等方面详细阐述了大学生创新创业准备过程所需要掌握的知识和技能。

　　2. 遵循学习规律，构建学、思、练结合的行动学习模式。本书内容组织采用循序渐进、深入浅出的方式，使知识学习、能力训练、问题导向、思维建构的学习方式相得益彰，激发学生的创新创业激情，帮助他们走好创新创业的每一步。

　　3. 强化知行合一，知识体系和训练体系交叉融合。本书突出理论与实际紧密结合，各章的训练项目设计均来自一线教师的教学实践，让理论在训练体验中得以升

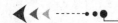

华，更贴切地指导创新创业实践。

4. 创新与创业相融合，充分体现了创新创业教育的主旨和特点。本书特突出了创新在创业过程中所起到的重要作用，明确指出创新之于创业的重要意义，为广大毕业生在创新创业的准备中指明了方向。

5. 体现文化创新，树立大学生创新创业的中国文化自信。全书大部分案例来自大学生广为熟悉的中国企业，其中有近一半案例来自中国成熟企业，其他国内案例为青年大学生创业项目。案例故事阐述了创新创业知识的要点，并辅以详细的讲解分析，使学生能够在案例中更加深刻地领会创新创业的社会文化力量。

本书既适合高等院校学生使用，又适用于企事业单位的创新创业能力训练，也适合拟投身于创新创业事业中的人自学使用。

本书由李俊琦担任主编，负责编写体例总体设计和全书统稿；温君慧担任副主编，主要参与课程设计和整理汇总。本书编写具体分工：第一章由李嘉宁撰写，第二章由蒋梦涵撰写，第三章、第七章由李俊琦撰写，第四章由杨莹、马悦、张昌钰撰写，第五章由温君慧撰写，第六章由许朝雪撰写，第八章由李维、温君慧撰写，第九章由熊春燕撰写，第十章由李嘉宁、李维撰写。

本书由课题"高职院校创新创业教育模式创新与实践研究"资助，在编写过程中得到了课题组专家的悉心指导，也得到了北京投智网络科技有限公司等合作企业的大力支持，借鉴了众多专家学者的研究成果，在此一并表示衷心感谢。

由于编者能力有限，本书难免存在不足之处，还望广大读者予以批评指正。

作者

2020. 3

目　录

第一章　创新思维与方法

知识目标

1. 了解什么是创新思维；
2. 理解创新思维的类型及特征；
3. 掌握创新方法及如何运用创新方法。

技能目标

通过本章的学习，希望可以激发学生的创新意识，锻炼学生的创新能力。

训练项目：

1. 图画托兰斯创造性思维测验
2. 纸桥承重挑战赛
3. 棉花糖挑战赛

案例导入

董明珠的格力店：改变思维，创出中国制造的新路

在创新这条路上，格力一直在寻找怎样让中国的制造业在技术上真正走在世界前列的方法。

格力电器自 2002 年开始致力于自主创新体系的建设，经过十几年的实施与应用，建成了掌握核心技术的全面创新系统，增强了企业自主创新能力，研发出五大核心系统。

格力创新体系里最注重的是人才的创新，是让每一个人都有创新的意识。格力电器目前拥有接近 8000 人的研发队伍。2014 年，格力成立了第 6 个研究院，即健康技术研究院。研究院里的每个研究员都承担了不同的角色。他们承担着格力从家用空调到商用空调，再到一些非标准空调的核心技术突破的任务。

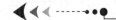

日本在 2005 年已经全部进入到变频时代,而中国的压缩机连能效都没有,也就是从那个时候开始,格力开启了一场漫长艰难却又充满理想的自主创新之路。

首先是人才培养。格力自主培养的一大批大学毕业生已经在格力逐步成长起来,其接近 8000 人的科技队伍,平均年龄才 29 岁。

除了人才培养,就是资金投入。经常有人问董明珠,格力的研发经费是多少?2%、3%,还是百分之几?董明珠说,她没有百分之几的概念,只要需要就投入。就是凭借这些,通过格力十多年的培育和发展创造了很多国际领先的核心技术。

案例解析:

由案例看出,始终创造"原创产品",是格力创新的驱动力。创新体系重要,因为它能产生持续的竞争力。与此同时,格力的创新意识没有仅仅停留在过去,更多的走做原创的、创新的产品的路,以原创产品为研发的导向,而不是墨守成规。这种创新思维的提升也促使格力集团不断创新发展。

第一节　创新思维

一位诺贝尔奖获得者曾说过:"科学史上的每一项重大突破,总是某些杰出的科学家完成最关键或最后一关的,他们之所以超过前人和同时代人,作出划时代的贡献,并不在于他们比别人的知识更渊博,重要的是他们富于科学革命精神和高度的创造性思维。"

创新思维,就是要改变常规、传统、固有思想的框架,从时间、空间、材质、结构等方面,分析、思考、推理、判断、探寻更具包容性和想象力的方向、宽度、广度、深度和厚度等维度。从广义上理解,创新思维是创造者利用已掌握的知识和经验,从某些事物中寻找新关系、新答案,创造新成果的高级的、综合的、复杂的思维活动。从狭义上理解,创新思维可以具体指在思维角度、思维过程的某个或某些方面富有独创性,并由此产生创新成果的思维。

创造性思维具有十分重要的作用和意义。首先,创造性思维可以不断增加人类知识的总量;其次,创造性思维可以不断提高人类的认知能力;最后,创造性思维可以为实践活动开辟新的局面。此外,创造性思维的成功,又可以反馈激励人们去进一步进行创造性思维。正如我国著名数学家华罗庚所说:"人之可贵在于能创造性地思维。"

一、创新思维的特征

(一) 独创性

创新思维在思路的探索、思维的方式方法和思维的结论方面都能独具卓识,提

出新的创见，获得新的发现，实现新的突破，具有开拓性和独创性。

例如，不用牙膏也能达到洁齿目的的牙刷。这种牙刷的刷毛中间有一块"纳米稀土磁芯片"，它是一种超强磁体，具有超强渗透能力，还可迅速瓦解牙垢、牙石，清除口腔异味，并能促进牙周组织血液循环、疏通牙周经络。该发明已获得中国和国际两项专利。[①]

（二）超越性

创新思维不但可以超越时间、空间、物质、现象和一切传统的东西，而且还可以超越过去和现在创造出美好的未来。

（三）灵活性

创新思维不局限于某种固定的思维模式、程序和方法，它既独立于别人的思维框架，又独立于自己以往的思维框架，是一种开创性的、灵活多变的思维活动。它能做到因时、因事而异，也表现为及时放弃旧的思路、转向新的思路，及时放弃无效的方法而采用新的方法。

例如，科学家赫罗金用了20多年的时间研究将高频电流用于加热金属的问题。但是，无数次的实验表明，高频电流无论如何也不能进入金属毛坯的内部，被加热的只是金属表层。之后，人们灵活变通了一下，将这一做法用于金属零件的表层加热，进行表层淬火。

（四）风险性

创新思维的核心是创新突破。它没有成功的经验可借鉴，没有有效的方法可套用。因此，创新思维的结果不能保证每次都取得成功，有时可能毫无成效，有时可能得出错误的结论。但是无论取得什么样的结果，都具有重要的认识论和方法论的意义，都能为人们提供新的启示。

（五）反常规

追求新、奇、特是创新思维的一大特点。为了获得新、奇、特的构思，有时候就需要"反常规"的思路。例如，飞机在空中飞翔，为了克服空气的阻力，必须将机身及机翼制造得光滑。但是，美国道格拉斯公司的科技人员却提出："在飞机机翼上钻很多小孔会怎样？"随后，他们在飞机机翼上打了无数的微孔，结果在试验中发现，微孔可以吸附周围的空气，消除紊流，从而大大减小了空气的阻力。

---

① 腾讯网. 创新创造——创新思维的主要特点. https://new.qq.com/rain/a/20190407 A0211.2，2019-04-07.

（六）综合性

创新思维是一种"高级的、综合的、复杂的思维活动"，它既"寓于各种思维之中"，又是"多种思维的结晶，协同统一"。所以，综合性是创新思维的一个明显的特征。法国遗传学家 F. 雅各布提出过"创造就是重新组合"的观点，创造者在"重新组合"的过程中必然要进行综合性的思考来进行"智慧杂交"，博采众长。[1]

二、创新思维的类型

（一）发散思维

发散思维（Divergent Thinking），又称辐射思维、放射思维、扩散思维或求异思维，是指大脑在思维时呈现的一种扩散状态的思维模式。它表现为思维视野广阔，思维呈现出多维发散状，如"一题多解""一事多写""一物多用"等方式。吉尔福特（Guilford）在研究智力的三维结构模型时，对创造力所涉及的思维能力进行了实证研究，指出训练人的发散思维能力是培养创造力的一种方法。

发散思维的客观依据是，由于事物的内部及其所处客观环境的复杂性，事物的发展往往不是只有单一的可能性，而是有多种可能性，而其中的每一种可能性都可以被作为设计一个解决问题方法的依据。事物发展的可能性是多样的，以多种多样的可能性为依据而设计出来的解决问题的方法也是多种多样的。

发散思维的经典案例——曲别针的用途。1987 年，在广西南宁召开了我国"创造学会"第一次学术研讨会。其中，与会的日本专家村上幸雄先生在会议期间让大家思考曲别针的用途。与会者说可以别胸卡、挂日历、别文件、挂窗帘、钉书本……大约有 20 种。村上幸雄先生表示，曲别针的用途能有 3000 种。而我国魔球理论的创始人许国泰先生则表示，他能说出更多的用途。许先生说："曲别针的用途可以简单地用 4 个字加以概括，即钩、挂、别、联。"接着，他绘制了曲别针的二维信息场图示，X 轴指人类活动，即想象曲别针在钩、挂、联、画、化学反应、计算、书写、日常生活等方面的应用，Y 轴表示曲别针的要素，包括材质、重量、体积、长度、截面、韧性、弹性、硬度、直边、弧边等。两轴相交就是信息场，各点相乘，进行信息交和，可见其用途是无穷无尽的。

1. 发散思维的特征[2]

（1）流畅性

流畅性就是观念的自由发挥，是指在尽可能短的时间内生成并表达出尽可能多

---

① 王峰，向海斌. 创新创业基础. 北京：中国财政经济出版社，2019.

② 发散思维及经典例子. 百度文库. https://wenku.baidu.com/view/，2018-06-26.

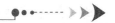

的思维观念，以及较快地适应、消化新的思想观念。流畅性反映的是发散思维的速度和数量特征。

（2）变通性

变通性就是克服人们头脑中某种自己设置的僵化的思维框架，按照某一新的方向来思索问题的过程。变通性需要借助横向类比、跨域转化、触类旁通，使发散思维沿着不同的方面和方向扩散，表现出及其丰富的多样性和多面性。

（3）独特性

独特性是指人们在发散思维中做出不同寻常的异于他人的新奇反应的能力。独特性是发散思维的最高目标。

（4）多感官性

发散思维不仅要运用视觉、听觉，而且也要充分利用其他感官接收信息并进行加工。发散思维还与情感有密切关系。如果思维者能够想办法激发兴趣，产生激情，把信息情绪化，赋予信息以感情色彩，会提高发散思维的速度与效果。

2. 发散思维的工具

"思维导图"一词最早由英国流行心理学作家和电视名人托尼·布赞在其主持的英国广播公司连续剧"开动大脑"期间提出并普及，此后，布赞又用该词注册了商标。思维导图（The Mind Map），又称脑图、心智地图、脑力激荡图、灵感触发图、概念地图、树状图、树枝图或思维地图，是一种图像式思维的工具，是一种利用图像式思考辅助工具，是表达发散性思维的有效图形思维工具。它简单却又很有效，是一种具有实用性的思维工具。思维导图是使用一个中央关键词或想法引起形象化的构造和分类的想法；它用一个中央关键词或想法以辐射线形连接所有的代表字词、想法、任务或其他关联项目的图解方式。

思维导图运用图文并重的技巧，把各级主题的关系用相互隶属与相关的层级图表现出来，把主题关键词与图像、颜色等建立记忆链接。思维导图充分运用左右脑的机能，利用记忆、阅读、思维的规律，协助人们在科学与艺术、逻辑与想象之间平衡发展，从而开启人类大脑的无限潜能。

思维导图是一种将思维形象化的方法。我们知道放射性思考是人类大脑的自然思考方式，每一种进入大脑的资料，不论是感觉、记忆或想法——包括文字、数字、符码、香气、食物、线条、颜色、意象、节奏、音符等，都可以成为一个思考中心，并由此中心向外发散出成千上万的关节点，每一个关节点代表与中心主题的一个联结，而每一个联结又可以成为另一个中心主题，再向外发散出成千上万的关节点，呈现出放射性立体结构，而这些关节的联结可以视为你的记忆，就如同大脑中的神经元一样互相连接，也就是你的个人数据库。

思维导图的绘制可以手绘，也可使用专门的软件工具。常用的软件工具有百度

脑图、MindMaster、Mindmanager、Xmind、FreeMind 等。

(二) 集中思维

集中思维，是与发散思维相对而言的，又称为求同思维或聚敛思维，就是从已知的各种信息中产生一个结论，从现成的众多材料中寻找一个答案。

在工作、生活中，绝大部分问题都是运用集中思维。例如，学生考试时选择正确选项，用理论证明某个观点；警察根据搜集到的证据寻找案件真相；医生根据病人的各种症状做诊断；科学家根据多种因素的共同作用发现规律等。

1. 集中思维的特点

一是归一性，是一种求同性的思维过程，即通过求同找到解决问题的方法，而且是唯一最优的那个；二是程序性，指在解决问题的过程中，先做什么，后做什么，有一定的顺序，使解决问题有章法可循；三是求实性，指信息搜集、分析、论证必须是根据客观真理进行，不可随意想象、捏造。

2. 集中思维与发散思维的区别与联系

作为两种思维方式，集中思维与发散思维有着明显的区别。从思维方向上来讲，集中思维是由多方位向中心集中，发散思维是由中心向四面八方扩散；从作用上讲，集中思维有利于人们从各种思维中选取精华，有利于问题取得突破性进展，发散思维有利于人们思维的广阔性、开放性，有利于空间上的拓广和时间的延伸；从质量效果来看，集中思维求质，发散思维求量。

从相对完整的思维过程的角度来看，发散思维与集中思维是创造过程中相辅相成的统一体。创造性思维活动实际上是发散思维和集中思维有机结合、循环往复而构成的思维活动。其活动过程：集中→发散→再集中→再发散或发散→集中→再发散→再集中。

(三) 正向思维

正向思维就是人们在创造性思维活动中，沿袭某些常规去分析问题，按事物发展的进程进行思考、推测，是一种从因到果、从已知到未知的思维，通过已知来揭示事物本质的思维方法。这种方法一般只限于对一种事物的思考。

我国"月晕而风，础润而雨"，"朝霞不出门，晚霞行千里"，"鱼鳞天，不雨也风颠"之类预报天气的谚语都体现为正向思维。

(四) 逆向思维

逆向思维也称求异思维，它是对司空见惯的似乎已成定论的事物或观点反过来思考的一种思维方式。敢于"反其道而思之"，让思维向对立面的方向发展，从问

题的相反面深入地进行探索，树立新思想，创立新形象。逆向思维主要有结构逆向、功能逆向、状态逆向、原理逆向、序位逆向、方法逆向。

1. 逆向思维的特点

（1）普遍性

逆向性思维在各种领域、各种活动中都有适用性，由于对立统一规律是普遍适用的，而对立统一的形式又是多种多样的，有一种对立统一的形式，相应地就有一种逆向思维的角度，所以，逆向思维也有无限多种形式。如性质上对立两极的转换：软与硬、高与低等；结构、位置上的互换、颠倒：上与下、左与右等；过程上的逆转：气态变液态或液态变气态、电转为磁或磁转为电等。不论哪种方式，只要从一个方面想到与之对立的另一方面，都是逆向思维。

（2）批判性

逆向是相对于正向而言的，正向是指常规的、常识的、公认的或习惯的想法与做法。逆向思维则恰恰相反，是对传统、惯例、常识的反叛，是对常规的挑战。它能够克服思维定式，破除由经验和习惯造成的僵化的认识模式。

（3）新颖性

循规蹈矩的思维和按传统方式解决问题虽然简单，但容易使思路僵化、刻板，摆脱不掉习惯的束缚，得到的往往是一些司空见惯的答案。其实，任何事物都具有多方面属性。由于受过去经验的影响，人们容易看到熟悉的一面，而对另一面却视而不见。逆向思维能克服这一障碍，往往是出人意料，给人以耳目一新的感觉。

2. 逆向思维的具体应用

一般情况，人们都希望写出的字能字迹清晰、保留时间长，但有时在不能涂改的情况下，人们又希望字迹可以轻易擦除。南京理工大学的王卫东便发明了可擦圆珠笔油墨，如今市场上也已出现了可擦圆珠笔、可擦中性笔、可擦水性笔（颜色比水笔略微淡淡些）、可擦钢笔等不同种类的可擦笔。

此外，我们很熟悉的"司马光砸缸"就是非常知名的逆向思维案例。如果有人落水，常规的思维模式是"救人离水"，而司马光面对紧急险情，运用了逆向思维，果断地用石头把缸砸破，"让水离人"，救了小伙伴性命。

（五）想象思维

想象思维是人体大脑通过形象化的概括作用，对大脑内已有的记忆表象进行加工、改造或重组的思维活动。想象思维可以说是形象思维的具体化，是大脑借助表象进行加工操作的最主要形式，是人类进行创新及其活动的重要的思维形式。

想象思维的基本元素是记忆表象。表象，是大脑对外界事物通过形象储存下来的信息，包括静止的、活动的画面，平面的、立体的画面，有声的、无声的画面。作为心理过程结果，它就是在大脑中保持的客观事物的形象。我们在看小说时，大脑中会出现各种人物和情景的形象；久别的老同学偶然相遇时，从前在一起生活、学习中的情景都仿佛浮现在自己的眼前，这些情景就是表象。与此同时，想象思维是个体对已有表象进行加工，产生新形象的过程。想象以记忆表象为基础，但它不是记忆表象的简单再现。想象是以组织起来的形象系统对客观现实的超前反映。工程师根据自己在建筑方面的知识经验，设计出建筑物的形象。在想象中，这些记忆表象的画面就像过电影一样，在脑中涌现，经过黏合、夸张、人格化、典型化等加工，当形成新的有价值的表象时，新想法、新技术、新产品出现了。[①]

想象思维有再造想象思维和创造想象思维之分。再造想象思维是指主体在经验记忆的基础上，在头脑中再现客观事物的表象；创造想象思维则不仅再现现成事物，而且创造出全新的形象。文学创作中的艺术想象属于创造性想象，是形象思维的主要形式，存在于整个过程之中。即作家根据一定的指导思想，调动自己积累的生活经验，进行创造性的加工，进而形成新的完整的艺术形象。

想象思维具有形象性、概括性、新颖性、超越性的特征。想象思维是借助形象或图像展开的，不是数字、概念、或符号。想象思维是对外部世界的整体把握，概括性很强。想象中出现的形象是新的，它不是表象的简单再现，而是在已有表象的基础上加工改造的结果。想象中的形象源于现实但又不同于现实，是对现实形象的超越。

例如：有个商人在外做生意。他的同乡要回家，于是他就托同乡带 100 两银子和一封家书给妻子。同乡在路上打开信一看，原来只是一幅画，上面画着一棵大树，树上有 8 只八哥，4 只斑鸠。同乡大喜：信上没写多少银子，我留下 50 两，她也不知。同乡将书信和银子交给商人妻子以后，说："你丈夫捎给你 50 两银子和一封家书，你收下吧。"商人妻子拆信看过后说："我丈夫让你捎带 100 两银子，怎么成了 50 两？"那同乡见被识破，忙道：我是想试试弟媳聪明不聪明。忙把那 50 两银子还给了商人的妻子。

商人妻子怎么知道是 100 两银子的呢？原来那幅画上写的意思是：8 只八哥是八八六十四，4 只斑鸠是四九三十六，加起来是 100，所以商人妻子知道是 100 两银子。

商人写信不用文字而用图画，商人妻子读信不是认字而是解画，他们两人使用的思维法就是再造想象思维法。

---

① 想象思维训练. 瞧这网. http://www.795.com.cn/wz/86825.html.

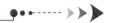

（六）联想思维

联想思维是一种由一事物的表象、语词、动作或特征联想到其他事物的表象、语词、动作或特征的思维活动。联想一般是由于某人或者某事而引起的相关思考，人们常说的"由此及彼""由表及里""举一反三"等就是联想思维的体现。

1. 联想思维的类型

（1）相似联想

其是指由一个事物外部构造、形状或某种状态与另一种事物的类同、近似而引发的想象延伸和连接。这种相似可以是事物的形状、结构、功能、性质等某一方面或某几个方面。最主要的特征是不同质的甲与乙之间由此及彼地类比推移。例如，床前明月光，疑是地上霜。

（2）相关联想

其是指联想物和触发物之间存在一种或多种相同而又具有极为明显属性的联想。例如，看到鸟想到飞机。

（3）对比联想

其是指联想物和触发物之间具有相反性质的联想。例如，看到白色想到黑色。

（4）因果联想

其源于人们对事物发展变化结果的经验性判断和想象，触发物和联想物之间存在一定因果关系。例如，看到蚕蛹就想到飞蛾，看到鸡蛋就想到小鸡。

（5）接近联想

其是指联想物和触发物之间存在很大关联或关系极为密切的联想。例如，看到学生想到教室、实验室及课本等相关事物。

2. 联想思维与想象思维的比较

联想思维与想象思维的主要区别是：联想只能在已存入人的记忆系统的表象之间进行，而想象则可以超出已有的记忆表象范围。想象可以产生新的记忆表象，而联想不能。联想思维的操作过程是一维的、线性的、单向的，想象思维则可以是多维的、立体的、全方位的。联想思维的活动空间是封闭的、有限的，想象思维的活动空间则是开放的，无限的。想象思维的结果可以超越现实，联想思维的结果不能超越现实。

联想思维与想象思维的共同点是：它们都可以呈现为非逻辑形式。它们都属于形象思维的范畴，都可以借助于形象展开。二者可以互为起点，也就是说，想象思维可以在联想到的事物周围展开，同时，想象思维所获得的结果又可以引起新的联想。

三、创新思维的测验及训练

（一）托兰斯创造思维测验①

托兰斯创造思维测验（Torrance Tests of Creative Thinking，TTCT）由美国明尼苏达大学的托兰斯（E. P. Torrance）等人于1966年编制而成，是目前应用最广泛的创造力测验，适用于各年龄阶段的人。其主要考察流畅性、灵活性、独创性、精确性这几个变量。

托兰斯测验由言语创造思维测验、图画创造思维测验及声音和词的创造思维测验构成。这些测验均以游戏的形式组织、呈现，测验过程轻松愉快。

1. 言语创造思维测验

言语创造思维测验，包括7个分测验：

（1）提问题——要求被试列出他对图画内容所想到的一切问题；

（2）猜原因——要求被试列出图画事件的可能原因；

（3）猜后果——要求被试列出图画中所发生的事情的各种可能后果；

（4）产品改造——要求被试对一个玩具图形列出所有可能的改进方法；

（5）非常用途测验——其原理与吉尔福德的第五分测验相同；

（6）非常问题——要求被试对同一物体提出尽可能多的不同寻常的问题；

（7）假想——要求被试推断一种不可能发生的事件将出现的各种可能后果。

2. 图画创造思维测验

图画创造思维测验，都是呈现未完成的或抽象的图案，要求被试完成它们，使其具有一定的意义。由3个分测验组成：

（1）图画构造——呈现一个蛋形彩图，让被试以此为基础去构造富于想象的图画；

（2）未完成图画——向被试提供10个由简单线条勾出的抽象图形，让他们完成这些图形并加以命名；

（3）圆圈（或平行线）测验——共包括30个圆圈（或30对平行线），要求被试据此尽可能多地画出互不相同的图画。

3. 声音和词的创造思维测验

声音和词的创造思维测验，由两个分测验组成：

（1）音响想象——采用4个被测者熟悉和不熟悉的音响系列，各呈现三次，让被试分别写出所联想到的物体或活动；

（2）象声词想象——采用10个模仿自然声响的象声词各呈现三次，让被试分

① 托兰斯创造性思维测验（TTCT）. 新浪博客. http://blog.sina.com.cn/s/blog_ dbdd6d6d0101lmtl.html, 2013-12-06.

别写出所联想到的事物。

三套测验的记分标准是不同的。言语测验从流畅性、变通性、独特性三方面记分；图画测验除从以上三方面记分外，还对精致性记分；声音和词的测验只记独特性得分。

（二）六顶思维帽

六顶思维帽是"创新思维学之父"爱德华·德·博诺（Edward de Bono）博士开发的一种思维训练模式，或者说是一个全面思考问题的模型。它提供了"平行思维"的工具，避免将时间浪费在互相争执上。强调的是"能够成为什么"，而非"本身是什么"，是寻求一条向前发展的路，而不是争论谁对谁错。运用博诺的六顶思维帽，将会使混乱的思考变得更清晰，使团体中无意义的争论变成集思广益的创造，使每个人变得富有创造性。

作为思维工具，六顶思维帽已被美、日、英、澳等 50 多个国家政府在学校教育领域内设为教学课程。同时也被世界许多著名商业组织所采用作为创造组织合力和创造力的通用工具。这些组织包括微软、IBM、西门子、诺基亚、摩托罗拉、爱立信、波音公司、松下、杜邦及麦当劳等。

六顶思维帽，是指使用 6 种不同颜色的帽子代表 6 种不同的思维模式。任何人都有能力使用以下 6 种基本思维模式。

1. 白色思维帽

白色是中立而客观的。戴上白色思维帽，人们思考的是客观的事实和数据。

2. 绿色思维帽

绿色代表茵茵芳草，象征勃勃生机。绿色思维帽寓意创造力和想象力。具有创造性思考、头脑风暴、求异思维等功能。

3. 黄色思维帽

黄色代表价值与肯定。戴上黄色思维帽，人们从正面考虑问题，表达乐观的、满怀希望的、建设性的观点。

4. 黑色思维帽

戴上黑色思维帽，人们可以运用否定、怀疑、质疑的看法，合乎逻辑的进行批判，尽情发表负面的意见，找出逻辑上的错误。

5. 红色思维帽

红色是情感的色彩。戴上红色思维帽，人们可以表现自己的情绪，人们还可以表达直觉、感受、预感等方面的看法。

6. 蓝色思维帽

蓝色思维帽负责控制和调节思维过程。负责控制各种思维帽的使用顺序，规划

和管理整个思考过程，并负责做出结论。

六项思维帽的最大价值在于其非常便于思考，为避免思考受到干扰，该方法只允许思考者在同一时间内做一件事情。其应用程序为：陈述问题（白帽）；提出解决问题的方案（绿帽）；评估该方案的优点（黄帽）；列举该方案的缺点（黑帽）；对该方案进行直觉判断（红帽）；总结陈述，作出决策（蓝帽）。

第二节　创新方法的类型及具体运用

一、列举型创新方法

列举型创新方法即依据一定规则，列举研究对象的各种性质，通过对这些性质的逐项分析，寻求改变来诱发创新设想的方法。其主要包括缺点列举法、希望点列举法、特性列举法。

（一）缺点列举法①

缺点列举法即通过发掘事物的缺陷，把它的具体缺点一一列举出来，然后针对发现的缺点，有的放矢地设想改革方案，从而确定创新目标、获得创新发明成果的一种创新方法。该方法的实质是一种否定思维，对事物抱否定的态度，继而充分地揭露事物的缺点，然后再加以改进。

缺点列举法是日本鬼冢喜八郎提出的一种决策方法。他是在改进运动鞋设计过程中总结出的这个方法。为了战胜竞争对手，他走访了许多运动员，请他们指出市场上现有运动鞋的各种缺点。大多数人反映鞋底容易打滑。他便设法使自己的产品克服这个缺点，从而占领了市场。鬼冢喜八郎在调查中发现，在提方案的过程中，一般提方案者，总是考虑优点多，对缺点考虑不够，因此他将重点转向事物的缺点，从而总结出缺点列举法。

使用缺点列举法并无十分严格的步骤，一般可按照如下步骤进行：首先，找出选定事物的缺点；其次，将所找出的缺点加以归类整理并分析缺点产生的原因；最后，针对所列缺点逐条分析，要有针对性、系统性，要研究其改进方案能否将其缺点逆用、化弊为利。

例如，对雨伞各种缺点进行改进，每改进一种，就是一种新产品。纯色雨伞颜色单调，许多放一起不易区别，容易拿错，改变雨伞的颜色和图案；雨伞太长，不

---

① 缺点列举法. MBA 智库·百科. https://wiki.mbalib.com/wiki.

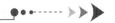

易收纳和携带，改为折叠式，有二折、三折、五折之分，雨伞体积及重量越来越小；为了挡住迎面吹来的雨，伞布遮住了视线，容易撞到别人，改伞布为透明塑料；拿东西撑伞不方便，做成自动伞；上车收伞时，雨水会滴落到别人或自己脚上且容易弄湿座椅，做成反向伞，湿面朝内；打伞抱孩子、用手机不方便，将雨伞手柄做成"C"型，便于将雨伞挂在手上；对于狂风暴雨天气，雨伞很容易损坏，双层伞面、加厚加粗伞骨、伞面通风孔等设计可以增强雨伞防风防雨的功效……

在具体运用缺点列举法做创造发明时，主要有会议法、用户调查法、对照比较法。

1. 会议法

召开一次缺点列举会，会议由 5~10 人参加，会前负责人先选定一项需要改革创新的事物，在会上发动与会者围绕这一事物尽量列举各种缺点，愈多愈好，另请人将提出的缺点逐一编号，记在一张张小卡片上，然后从中挑选出主要的缺点，并围绕这些缺点制订出切实可行的革新方案。一次会议的时间大约在一两小时之内，会议讨论的主题宜小不宜大，即使是大的主题，也要分成若干小题，分次解决，以使缺点不致被遗漏。

2. 用户调查法

现在的商品大都配有厚厚的说明书来说明产品的使用方法，而这种使用方法对于用户来说是否如设计师所愿，方便用户和容易操作呢？如果说明书本身语义明确，具有很强的指示功能，就可以帮助消费者掌握使用方法，则产品就是成功的，否则由于产品本身设计不良，会使用户在使用过程中产生这样或那样的误操作。产生这种缺点的原因往往是由于设计师没有深入研究实际生活中消费者的心理和行为模式，而主观臆断造成的。因此，从用户意见中找缺点也是对事物进行创新改良的有效途径。

如若物品已投入市场，则要重视收集用户使用后的反馈意见。消费者在实际使用过程中发现产品的不足，将意见反馈到厂家。通过用户意见反馈所获得的信息针对性比较强，有较高的参考价值。

如若产品尚未进入市场流通，在产品进入市场之前，则可让一定量的对产品没有了解的人来试用该产品，通过实际的操作发现存在的弊端，及时改进后再大规模上市。让无关人员进行实验是因为相关人员对所设计的产品过于了解，往往发现不了使用过程中的缺点。如某种电磁炉的操作面板的设计，设计人员对消费者的需求考虑得十分周到，烹饪方法样样俱全，火力从小到大有 6 档，火力与烹饪方法的组合方案达 30 种之多。但在实际操作中，由于它调节火力虽可循环选择但需要逐一调节，想从小火 1 变为大火 6 就需要按火力按钮 5 下。在这个过程中，消费者

要精力集中，否则一不小心按过了，还得从头再来，非常麻烦而且容易造成误操作。通过用户意见的反馈，该产品设计者改进了操作面板设计，消费者不论换哪种火力，只需按一次按钮，这样不但方便了操作，还可避免因误操作而造成的事故。

（二）希望点列举法

希望点列举法由内布拉斯加大学的克劳福特（Robert Crawford）发明。从发明者的意愿提出各种新的设想，它可以不受原有物品的束缚，不断地提出希望、怎么样才会更好等创造性强且又科学、可行的理想和愿望，进而探求解决方法和改善对策，是一种积极主动型的创造发明方法。通常用于新产品开发上。

以风扇为例（见表1-1），看看原始的风扇是如何一步步发展到现今种类繁多、功能多样的。

表1-1　希望点列举法在风扇上的运用

希望点	产生的效果
希望角度不仅仅限制在一定角度范围	摆头风扇
希望不摆头部就能得到不同的风向	转页式台扇
希望风吹的范围更大	吊扇
随意调节风力的强弱，而不用换挡位	无极调整风扇
希望电扇也像电视一样用遥控器控制	遥控风扇
希望风扇样式能丰富多彩	各式各样的卡通风扇，可装点生活
希望风扇像折扇那样方便随身携带	帽檐风扇、手持风扇
希望风扇的扇叶不会伤到人	弯曲叶，采用软性材料，无叶风扇
希望节约空间	挂壁式风扇
希望只是调节空气流动	塔式气流扇
希望更关注身体健康	带负离子功能的电风扇
希望风速根据温度的高低而大小变化	温控电风扇
希望能驱蚊虫	驱蚊风扇
希望在停电时也能享受风扇	带蓄电池电源风扇
希望在电脑前享受舒服的凉风	USB风扇
希望结合空调和风扇的优点	空调扇

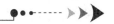

（三）特性列举法①

特性列举法亦称属性列举法或分部改变法，是一种通过列举事物的各种特性以便引发新思维寻求问题解决途径的创造学方法。由美国学者克劳福德（R. P. Crawford）在他 1954 年发表的《创造性思维方法》一书中提出。他提出该法的理论依据主要出自于他的一个基本观点，他认为世界上一切新事物都出自旧事物，只有对旧事物的某些特征进行继承和改造，才能做出创造。因此，列举特性的过程，就是通过分解分析，把问题分成局部小问题加以解决的过程。

日本学者上野阳一为找到研究对象的特性，提出了区分研究对象特性的 3 种方式：（1）名词特性，指事物的整体、部分、材料、制法、要素等；（2）形容词特性，指事物的性质、形状、颜色、状态等；（3）动词特性，指事物的功能、变化。

具体实施该创新方法时分为 4 个步骤：首先，选取改进对象；其次，了解事物现状，熟悉其基本结构、工作原理及使用场合，应用分析、分解及分类的方法对研究对象进行一些必要的结构分解；再次，从需要出发，对列出的属性进行分析、抽象、与其他物品对比，通过提问方式诱发创新思想，采用替代、联想、修改、补充的方法对原属性进行改造；最后，应用综合的方法将原属性与新属性进行综合，寻求功能与属性的替代与更新完善，提出新设想。在采用该法的过程中，特别注意抓住特性分析这个关键环节，一要做到从各个角度全面进行分析；二要做到具体分析，使各种特性越明确越好。

改进烧水的水壶，已经成为介绍特性列举法的典型案例，虽然水壶似乎已经不易想到可以改进之处，但运用特性列举法分析它，仍然可以打开思路找到创新思路。

1. 名词特性

整体：水壶；

部分：壶嘴、壶把手、壶盖、壶底、蒸汽孔；

材料：铝、铁皮、搪瓷、铜材等；

制作方法：冲压、焊接、烧铸。

根据所列特性，可作如下提问并进行分析：壶嘴的长度是否合适？壶把手可否改成塑料以免烫手？壶体可否一次成型？蒸汽孔可否改变位置以免烫手？制作材料有无更适用的？

2. 形容词特性

性质：轻、重；

状态：美观、清洁、高低、大小等；

---

① 特征列举法. 百度百科. https://baike.baidu.com/item.

颜色：白色、紫色、各种图案；

形状（壶底）：圆形、椭圆形等。

针对形容词特性，可做如下提问：怎样改进更便于清洁？颜色图案还可做哪些变化？壶底用什么形状才更利于吸热传热？

3. 动词特性

功能：烧水、装水、倒水、保温等。

针对动词特性，可做如下提问：能否在壶体外加保温材料，以提高热效率并具有保温性能？

二、联想类比型创新方法

联想类比型创新方法即通过将一种事物与另一种事物对比，而进行创新的方法。其特点是以大量联想为基础，以不同事物间的相同、类比为纽带。

（一）移植法

一位著名的发明家说过："移植发明是科学研究最有效、最简单的方法，也是应用研究最多的方法之一，重要的科学研究成果，有时也来自于移植。"[1] 移植法就是将某一领域中的原理、方法、结构、材料、用途等移植到另一事物中，从而创造出新产品。移植法的原理是在各种理论和技术互相之间的转移。一般是把已成熟的成果转移、应用到新的领域，用来解决新的问题，因此，它是现有成果在新情境下的延伸、拓展和再创造。

移植法的基本方法主要有：[2][3]

1. 原理移植

原理移植即把某一学科中的科学原理应用于解决其他学科中的问题。因为无论是原理还是技术，尽管领域不同，但常可发现一些共同的基本原理。

例如，电子语音合成技术最初用在贺年卡上，后来就把它用到了倒车提示器上，又有人把它用到了玩具上，出现会哭、会笑、会说话、会唱歌、会奏乐的玩具。红外辐射是一种很普通的物理过程，凡高于绝对温度零度的物体，都有红外辐射，只是温度低时辐射量极微罢了。将这一原理移植到其他领域，可产生一些新奇的成果，如红外线探测、遥感、诊断、治疗等。

2. 技术移植

技术移植即把某一领域中的技术运用于解决其他领域中的问题。

---

① 余上坊. 移植创新法. 科学启蒙, 2004 (4).
② 王振杰, 刘彩琴, 刘莲花, 池云霞. 大学生创新创业基础. 北京：高等教育出版社, 2018.
③ 移植法. 百度百科. https://baike.baidu.com/item.

例如，弗朗施（北京）纳米科技有限公司于 2013 年成立，是一家专业研发制作新型金属纳米材料等产品的公司。公司拥有完整、科学的质量管理体系，致力于成为全球纳米材料领域的领导者。公司自主研发出世界上第一台达到工业稳定量产标准的新型纳米材料设备，制作出来的纳米材料纯度高、净度高、成本低、种类多，生产效率比国内外同行企业提升几十倍。而且生产过程对环境零污染，资源的利用率达到 95% 以上。新型纳米材料的应用，将会极大改善 3D 打印、电子行业、生物医药、航空航天等行业的现有产品性能，目前该产品已经应用于诸多领域，成倍增强了制成品的性能。

3. 方法移植

方法移植即把某一学科、领域中的方法应用于解决其他学科、领域中的问题。17 世纪，笛卡尔是科学方法移植的先驱。他以高度的想象力，借住曲线上"点的运动"的想象，把代数方法移植到几何领域，使代数、几何融为一体而创立解析几何。

例如，香港中旅集团有限公司总经理马志民赴欧洲考察，参观了融入荷兰全国景点的"小人国"，回来后就把荷兰的"小人国"的微缩处理方法移植到深圳，融华夏的自然风光、人文景观于一炉，集千种风物、万般锦绣于一园，建成了具有中国特色和现代意味的崭新名胜"锦绣中华"，开业以来游人如织，十分红火。美国阿波罗 II 号所使用的"月球轨道指令舱"与"登月舱"分离方法，实际上就移植于巨轮不能泊岸时用驳船靠岸的办法。照相技术被移植到印刷排字中便形成了照相排版技术。

4. 结构移植

结构移植即将某种事物的结构形式或结构特征，部分地或整体地运用于另外的某种产品的设计与制造。

例如，缝衣服的线移植到手术中，出现了专用的手术线；用在衣服鞋帽上的拉链移植到手术中，完全取代用线缝合的传统技术，"手术拉链"比针线缝合快 10 倍，且不需要拆线，大大减轻了病人的痛苦。

5. 功能移植

功能移植即设法使某一事物的某种功能也为另一事物所具有而解决某个问题，诸如激光技术、超声波技术、超导技术、光纤技术、生物工程技术及其他信息、控制、材料、动力等一系列通用技术所具有的技术功能。

例如，在自然界，河川中夹杂着有机物质的净化细菌，有机物经它消化后变成水和一氧化碳。环保专家将此功能移植于废水处理——引进净化细菌让它大量繁殖，以达到去污变清的目的。

6. 材料移植

材料移植就是将材料转用到新的载体上，以产生新的成果。

例如，用纸造房屋，经济耐用；用塑料和玻璃纤维取代钢来制造坦克的外壳，

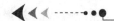
不但减轻了坦克的重量，而且具有避开雷达的隐形功能。

（二）综摄法①

综摄法（Synectics Method）又称类比思考法、类比创新法、提喻法、比拟法、分合法、举隅法、集思法、群辨法、强行结合法、科学创造法。综摄法是由美国麻省理工学院教授威兼·戈登（W. J. Gordon）于 1944 年提出的一种利用外部事物启发思考、开发创造潜力的方法。戈登发现，当人们看到一件外部事物时，往往会得到启发思考的暗示，即类比思考。而这种思考的方法和意识没有多大联系，反而是与日常生活中的各种事物有紧密关系。事实证明，我们的不少发明创造、文学作品都是由日常生活的事物启发而产生的灵感。这种事物从自然界的高山流水、飞禽走兽到各种社会现象，甚至各种神话、传说、幻想、电视等，比比皆是，范围极其广泛。戈登由此想到，可以利用外物来启发思考、激发灵感解决问题，这一方法便被称为综摄法。

综摄法是指以外部事物或已有的发明成果为媒介，并将它们分成若干要素，对其中的元素进行讨论研究，综合利用激发出来的灵感，来发明新事物或解决问题的方法。

1. 思考原则

综摄法的思考原则主要为"异质同化""同质异化"。综摄法作为一种创造技法虽然诞生于美国，但是，早在 1921 年，我国著名的学者梁启超在《中国历史研究法》一文中，就提出过："天下古今，从无同铸一型的史迹，读史者与同中观异，异中观同，则往往得新理解蔫。"这里讲的"同中观异，异中观同"正是综摄法的精髓，比美国的康顿提出相类似的思想早三十年。

（1）异质同化

简单说来，异质同化是指把不熟悉的事物当成早已习惯的熟悉事物。在发明没有成功前或问题没有解决前，他们对我们来说都是陌生的，异质同化就是要求我们在碰到一个完全陌生的事物或问题时，要用所具有的全部经验、知识来分析、比较。例如，人们根据原有的 PTC 半导体陶瓷片的发热原理，设计出过去从未见过的电蚊香器；通过对人手的模拟而发明的挖土机。

（2）同质异化

同质异化就是指对某些早已熟悉的事物，根据人们的需要，从新的角度或运用新知识进行观察和研究，以摆脱陈旧固定的看法的桎梏，产生出新的创造构想，即将熟悉的事物化成陌生的事物看待。例如，将人们熟悉的热水瓶用不熟悉的态度来重新分析、思考、研究，创造出气压热水瓶、电热水瓶等。

---

① 综摄法. 百度百科. https://baike.baidu.com/item.

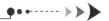

2. 模拟技巧

为了加强发挥创造力的潜能，使人们有意识地活用异质同化、同质异异化两大原则，戈登提出了4种极具实践性、具体性的模拟技巧：

（1）人格性的模拟

这是一种感情移入式的思考方法。先假设自己变成该事物以后，再考虑自己会有什么感觉，又如何去行动，然后再寻找解决问题的方案。

（2）直接性的模拟

其是指以作为模拟的事物为范本，直接把研究对象范本联系起来进行思考，提出处理问题的方案。

（3）想象性的模拟

其是指充分利用人类的想象能力，通过童话、小说、幻想、谚语等来寻找灵感，以获取解决问题的方案。

（4）象征性的模拟

其是指把问题想象成物质性的，即非人格化的，然后借此激励脑力，开发创造潜力，以获取解决问题的方法。

三、逆向反求型创新方法

逆向反求型创新方法主要是用相反的方法或从相反的方向去思考问题和解决问题，通常所说的逆向思维、反过来想一想、换位思考、反其道而行之等都是逆向反求的具体应用。例如，美国有位叫罗伯特的人，曾用数年时间收集了7万多件"失败的产品"，然后创办了一个"失败产品陈列室"，并尽可能地一一配上言简意赅的解说词。由于这一展览室能给人们以真实深切的警示，开展后非常红火。罗伯特先生用逆向反求的方法经营失败，使失败在经营中成功。

逆向创新有多种途径，包括对功能、结构、因果作逆向反转，心理逆反、常规悖逆、重点转移、还原分析、缺点逆用等。

（一）缺点逆用法

缺点逆用法就是指针对某一事物中已经发现的缺点，不是采用改掉缺点的做法，而是从反面考虑如何利用这些缺点，从而做到"变害为利"的一种创造技法。

例如，"以毒攻毒"，这是我国中医宝库中出奇制胜的方略。大黄、砒霜、蟾酥等，无不被称为"毒药"，可就是这些毒药，却被当成中药，如大黄去火、蟾酥治癫痫等。科学技术发展史上，也有一些"利用缺点"的创造发明。例如，人们利用腐蚀的原理发明了蚀刻、电化学加工工艺；机械的不平衡转动不仅会产生剧烈的振

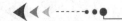

动，破坏机器的正常运转，还会造成振动波及物的损坏，人们利用振动，发明了电动按摩器、夯实地基的蛤蟆夯。

（二）逆向反转法[①]

根据辩证法的基本原理，任何事物都包含两方面，这两方面既相互依存又相互排斥地存在于一个统一的整体中。逆向反转法的"逆"可以是方向、位置、过程、功能、原因、结果、优缺点、破（旧）、立（新）矛盾的两个方面等诸方面的逆转。

1. 结构逆向

从已有事物的结构形式出发所进行的逆向思维，通过结构位置的颠倒、置换等技巧，使该事物产生新的性能。

例如，日常生活煮饭做菜都是锅架在火的上方，夏普公司的技术人员改变烤箱电热丝的位置，将加热用的电热丝装在烤箱的上部，所烤食品置于下方，这样烘烤的食物即使析出油脂也不会掉在电热丝上而产生焦烟。

2. 功能逆向

例如，1877 年，爱迪生在试验改进电话时，发现传话器里音膜随着声音能发生有规律的振动。那么，同样的振动能不能转换成原来的声音呢？据此，爱迪生发明了人类历史上第一台会说话的机器——留声机。

3. 状态逆向

例如，木匠用锯和刨来加工木头，都是木头不动工具动（实际是人动）。这样做，人的体力消耗极大。为了改变这一状况，人们从工具不动、木头动的角度出发，设计发明了一种大型电锯和电刨，从而大大提高了效率和工艺水平，减轻了劳动强度。

4. 原理逆向

科技史上有些重大的创新发明其起源就是在原理上做相反的想象。例如，发电机的发明。1819 年，丹麦的物理学家奥斯特发现了通电导体可使磁针转动的磁效应；1820 年，法国的安倍发现通电的螺线管具有与磁石相同的作用。英国的物理学家法拉第想："为何不能用磁产生电呢？"于是，法拉第开始做各种试验，于 1831 年发现了电磁感应现象，由此创制了世界上第一台发电机。

5. 序位逆向

顺序和方位。顺序又指时序或程序，方位又指方向和位置。例如，"种菜种瓜要

---

① 逆向转换法. 百度文库. https://wenku.baidu.com/view.

抢先，迟了不值钱。""迟"字做文章，以迟取胜，反季节瓜果能给农民带来良好的经济效益；"反向建造法"对造船的质量与速度有着重大影响。早先的船体结构装焊时都是在同一固定状态进行，很多部位必须做仰焊。仰焊的劳动强度大，质量不易保证，于是人们便调整了焊接程序，待其他部位焊好后将整个分段翻个身，变仰焊为俯焊；火箭一般是向上发射升空，苏联工程师米哈伊尔于 1968 年研制成钻井火箭，能穿透土壤、冰层、岩石，比普通钻机的效率提高了5~8倍；普通动物园是将动物关在笼子里，人在笼子外观看；而野生动物园中，人是在笼子一样的车内观看动物。

6. 因果相反

原因结果互相反转即由果到因。如数学运算中从结果倒推回来以检查运算是否正确。

（三）重点转移与问题逆转法

俗话说：有心栽花花不开，无心插柳柳成荫。重点转移法即转变研究重点。例如，青霉素的发明。细菌学家弗莱明做培育葡萄球菌的试验时，偶然发现器皿中的葡萄球菌成片死亡，经研究发现是青霉孢了导致的。于是他将研究目标转向青霉孢子的杀菌研究，最终发明了青霉素。

此外，当一个问题难以解决时，可试着将问题转移，变换成与之相关的另一问题甚至是想法相反的问题，然后加以解决。例如，洗碗是个麻烦事，洗碗机的发明帮很多人解决了这件麻烦事。而有人却将问题逆转为碗不用洗，用层压纸制造出"不用洗的碗"，每次用餐后，只要撕去一层纸，就会露出干净的下一层。这种碗对于缺水的地方及勘探、旅游很合适。

四、设问型创新方法

创新源于实践，始于问题。我国著名教育家陶行知说过："发明千千万，起点是一问。"著名的科学家爱因斯坦也曾说过："提出一个问题往往比解决一个问题更为重要，因为解决一个问题也许只是一个数学或实验上的技巧问题。而提出新的问题、新的可能性，从新的角度看旧问题，却需要创造性的想象力，而且标志着科学的真正进步。"巧妙的设问可以启发想象、开阔思路、引导创新。

设问型创新方法即围绕现有的事物或想要开发的新事物提出各类问题，通过提问，发现事物存在的问题或者暂不能满足消费者需求的方面，从而找到事物需要改进、革新的方面，以针对性地开发出新产品的创新方法。设问型创新方法主要包括奥斯本检核表法、5W1H 法、和田十二法。

（一）奥斯本检核表法①

奥斯本检核表法（Checklist Technique），又称奥斯本法则、稽核表法、对照表法或分项检查法，该方法以其发明者奥斯本命名，主要是指根据需要研究的对象之特点列出有关问题，形成检核表。然后一个一个地来核对讨论，以便启迪思路、开拓思维想象的空间、促进人们产生新设想、新方案。奥斯本检核表法是一种产生创意的方法。在众多的创造技法中，这种方法是一种效果比较理想的技法。由于它突出的效果，被誉为创造之母。其发明者亚历克斯·奥斯本是美国创新技法和创新过程之父，他曾说过："人类从问号中得到的启示比从句号中得到的多得多。"1941年，《思考的方法》一书中提出了世界第一个创新发明技法"智力激励法"。同年，世界上的第一部创新学专著《创造性想象》提出了奥斯本检核表法。

该方法引导人们在创造过程中对照9个方面的问题进行思考，这9个方面主要包括有无其他用途、能否借用、能否改变、能否扩大、能否缩小、能否代用、能否重新调整、能否颠倒、能否组合，具体内容见表1-2。

表1-2 奥斯本检核表法

序号	检核项目	含义
1	有无其他用途	现有的事物有无其他的用途、保持不变能否扩大用途；稍加改变有无其他用途
2	能否借用	能否引入其他的创造性设想；能否模仿别的东西；能否从其他领域、产品、方案中引入新的元素、材料、造型、原理、工艺、思路
3	能否改变	现有事物能否做些改变？例如，颜色、声音、味道、式样、花色、音响、品种、意义、制造方法；改变后效果如何
4	能否扩大	现有事物可否扩大适用范围；能否增加使用功能；能否添加零部件；延长它的使用寿命，增加长度、厚度、强度、频率、速度、数量、价值

---

① 奥斯本检核表法. 百度百科. https://baike.baidu.com/item.

续 表

序号	检核项目	含义
5	能否缩小	现有事物能否体积变小、长度变短、重量变轻、厚度变薄以及拆分或省略某些部分（简单化）？能否浓缩化、省力化、方便化、短路化
6	能否代用	现有事物能否用其他材料、元件、结构、力、设备、方法、符号、声音等代替
7	能否调整	现有事物能否变换排列顺序、位置、时间、速度、计划、型号；内部元件可否交换
8	能否颠倒	现有的事物能否从里外、上下、左右、前后、横竖、主次、正负、因果等相反的角度颠倒过来用
9	能否组合	能否进行原理组合、材料组合、部件组合、形状组合、功能组合、目的组合

　　奥斯本检核表法的核心是改进，通过变化来改进。其基本做法：首先，明确问题，即选定一个要改进的产品或方案；其次，检核讨论，即面对一个需要改进的产品或方案，或者面对一个问题，对照前文所述 9 个方面提出一系列的问题，并由此产生大量的思路；最后，评估筛选，即根据第二步提出的思路，进行筛选和进一步思考、完善。在实施过程中需要注意：（1）联系实际逐条进行核检，不遗漏。（2）多核检几遍，效果会更好，或许会更准确地选择出所需创新发明的方面。（3）在检核每项内容时，要尽可能地发挥自己的想象力和联想力，产生更多的创造性设想。进行检索思考时，可以将每大类问题作为一种单独的创新方法来运用。（4）核检方式可根据需要，可一人核检，也可多人共同核检。集体核检可以互相激励，产生头脑风暴，更有希望创新。

　　在此，举一些奥斯本检核表法的应用案例以方便理解：（1）有无其他用途：杯子通常用来盛水，其也可成为乐器、量具；（2）能否借用：电灯在开始时只用作照明，之后改进了光线的波长，发明了紫外线灯、红外线加热灯、灭菌灯等；（3）能否改变：1898 年，亨利·丁根将轴承的滚柱改成圆球，发明了滚珠轴承，这一形状的改变大大提高了轴承的使用寿命；（4）能否扩大：织袜厂通过加固袜头和袜跟，使袜的销售量大增；（5）能否缩小：1 号电池→2 号电池→3 号电池→5 号电池→7 号电池→纽扣电池；（6）能否代用：用不锈钢制作水龙头，耐腐蚀；（7）能否调整：飞机诞生的初期，螺旋桨安装在头部，之后将螺旋桨安装到飞机顶部，形成了直升机；（8）能否颠倒：通常情况下，水龙头是向下出水，将出水口上下颠倒，则形成

了拥有向上、向下出水的水龙头，上面的出水口方便人们直接饮用或漱口；（9）能否组合：把铅笔和橡皮组合在一起成为带橡皮的铅笔。

（二）和田十二法

和田十二法，又叫"和田创新法则"，是我国学者许立言、张福奎和上海市和田路小学的师生在奥斯本检核表基础上，借用其基本原理，结合我国实际情况，加以提炼和总结而提出的一种思维技法。它既是对奥斯本检核表法的一种继承，又是一种大胆的创新。和田十二法的十二指十二个动词，具体内容见表1-3。[①]

表1-3 和田十二法

项目	含义	案例
加一加	把一件物品加大、加长、加高、加宽，或者把功能加多，在形态、功能、尺寸上有所变化，实现创造	橡皮擦+铅笔=橡皮头铅笔 蓝圆珠笔+各色圆珠笔=多色圆珠笔 双层公交
减一减	把一件物品减少一点、薄一点、短一点、窄一点等	普通风扇→无叶风扇（安静、安全，便于清洁） 镜框眼镜→隐形眼镜
扩一扩	扩大、放宽、提高功效等	自行车雨衣、巨幕电影
变一变	变形状、尺寸、颜色、气味、滋味、音响、次序等	布制书本，用布代替纸张使其不易被撕破，适用于儿童、婴儿书刊
改一改	改缺点、不便、不足之处，改形状、结构、性能	手机：按键改为触摸屏 王老吉：卖点改为"预防上火"
缩一缩	压缩、缩小、微型化	压缩饼干、拉杆式教鞭、折叠伞
联一联	原因和结果有何联系，把某些东西联系起来	电机+自行车=电动自行车 指纹→防盗锁
学一学	模仿别的事物的形状、结构、色彩、性能、规格、功能、动作、机理等，学习先进	鲁班被茅草割伤了手，模仿茅草边缘的小齿形状，发明了锯
代一代	用别的材料代替，用别的方法代替	自动铅笔→铅笔
搬一搬	移作他用	照明灯→信号灯、灭蚊灯

---

① 王振杰，刘彩琴，刘莲花，池云霞. 大学生创新创业基础. 北京：高等教育出版社，2018.

续 表

项目	含义	案例
反一反	逆向思维的一种体现,把某一事物的形状、性质、功能、横竖、里外等反一反	吸尘器:发明者想发明清扫工具,开始时是把灰尘吹掉,效果不理想,灰尘飞扬;之后,他将"吹尘"改为"吸尘",从而发明了吸尘器
定一定	定个界限、标准。对于一个产品,企业在设计、管理、工艺、产品定型等方面制订章程和标准,保证产品的质量和数量、品种,这也是创造	声级计,85分贝以上定为噪声

(三) 5W1H 法

5W1H 法也叫六何分析法,在企业管理、日常工作生活和学习中得到广泛的应用。1932 年,美国政治学家拉斯维尔提出"5W 分析法",后经过人们的不断运用和总结,逐步形成了一套成熟的"5W+1H"模式。该创新方法强调对选定的项目、工序或操作,都要从原因(Why)、对象(What)、地点(Where)、时间(When)、人员(Who)、方法(How)等方面提出问题,明确需要探索和创新的范围,设法找到满足条件的答案,最终获得创新方案。具体分析思路见表 1-4。

表 1-4　5W1H 法分析思路

	现状如何	为什么	能否改善	该怎么改善
对象(What)	是什么?	为什么是这一对象?	能否是别的对象?	应该是何种对象?
目的(Why)	什么目的?	为什么是这一目的?	有无别的目的?	应该是什么目的?
地点(Where)	在哪里?	为什么在那里?	能否在别处?	应该在哪里?
时间(When)	何时?	为什么是那个时间?	能否是别的时间?	应该是什么时间?
人员(Who)	谁?	为什么是此人?	能否是别人?	应该是谁?
方式方法(How)	怎么做?	为什么这么做?	能否用其他方式做?	应该怎么做?

此外,关于 How,可扩展为 How 及 How much,此即 5W2H 法,其中 How much 指代多少?做到什么程度?数量如何?质量水平如何?费用产出如何?

例如,某航空公司在机场候机室二楼设小卖部,生意相当惨淡。公司经理用 5W1H 法检查问题何在,结果发现问题出在 Who、Where 及 When 三方面。首先,谁是顾客？对于小卖部而言，出入境的旅客应当是主要顾客，而这些客人不需要上楼。在二楼逗留的大部分是送客或接客的人，他们完全可以在市内大商场里挑选商品，不必到机场来买东西。其次，小卖部设置在何处？旅客出入境的路线，都是经海关检查后，直接从一楼左、右侧走了，根本不需走二楼。小卖部的位置没有设在旅客的必经之路。最后，何时购物？出境旅客只有通过海关检查并将行李交付航空公司后，才有闲情光顾小卖部。而原来机场安排旅客上机前才能将行李交运，这样从时间上限制了旅客。由此可见，小卖部生意不佳的原因：（1）未把出入境旅客当主要顾客；（2）小卖部的位置偏离了旅客的必经路线；（3）旅客没有购物的时间。针对这三点，航空公司研究改进措施，以出入境旅客为主要顾客，调整海关检查路线和行李交付时间。此后，小卖部生意兴隆了起来。①

五、智力激励法②

智力激励法又叫头脑风暴法（Brain Storming）、BS法、自由思考法，是指一组人员通过召开特殊的专题会议形式，对某一特定问题，与会成员之间互相交流、互相启迪、互相激励、互相修正、互相补充、集思广益，从而达到产生大量新设想的集体性发散技法。这是世界上最早付诸实践的创新技法。该方法由美国创造学家亚历克斯·奥斯本于1939年首次提出、1953年正式发表，深受世界各国欢迎。"三个臭皮匠，顶个诸葛亮"，也即头脑风暴法的"中国式"译义。

（一）遵循原则③

头脑风暴法应遵守如下原则：

（1）庭外判决原则（延迟评判原则）。对各种意见、方案的评判必须放到最后阶段，此前不能对别人的意见提出批评和评价，即不发表"这主意好极了！""这种想法太离谱了！"之类的"捧杀句"或"扼杀句"。认真对待任何一种设想，而不管其是否适当和可行。

（2）自由畅想原则。欢迎各抒己见，自由鸣放，创造一种自由、活跃的气氛，激发参加者提出各种荒诞的想法，使与会者思想放松，这是智力激励法的关键。

（3）以量求质原则。追求数量。意见越多，产生好意见的可能性越大，这是获得高质量创造性设想的条件。

（4）综合改善原则。探索取长补短和改进办法。除提出自己的意见外，鼓励参

① 创新方法设问检查法型技法. 豆丁网. https://www.docin.com/p-474216632.html，2012-09-04.
② 智力激励法. 百度百科. https://baike.baidu.com/item.
③ 头脑风暴法. 百度百科. https://baike.baidu.com/item.

加者对他人已经提出的设想进行补充、改进和综合，强调相互启发、相互补充和相互完善，这是智力激励法能否成功的标准。

（5）突出求异创新，这是智力激励法的宗旨。

（6）限时限人原则。

（二）基本要求

1. 组织形式

小组人数一般为 10~15 人（课堂教学也可以班为单位），最好由不同专业或不同岗位者组成；时间一般为 20~60 分钟；设主持人一名，主持人只主持会议，对设想不作评论。记录员设 1~2 人，要求认真将与会者每一设想不论好坏都完整地记录下来。

2. 会议类型

设想开发型：这是为获取大量的设想，为课题寻找多种解题思路而召开的会议，因此，要求参与者要善于想象，语言表达能力要强。

设想论证型：这是为将众多的设想归纳转换成实用型方案召开的会议。要求与会者善于归纳、善于分析判断。

3. 会前准备工作

会议要明确主题。会议主题提前通报给与会人员，让与会者有一定准备；选好主持人。主持人要熟悉并掌握该技法的要点和操作要素，摸清主题现状和发展趋势；参与者要有一定的训练基础，懂得该会议提倡的原则和方法；会前可进行柔化训练，即对缺乏创新锻炼者进行打破常规思考，转变思维角度的训练活动，以减少思维惯性，以饱满的创造热情投入激励设想活动。

（三）发展沿革

智力激励法经各国创造学研究者的实践和发展，至今已经形成了一个发明技法群，如三菱式智力激励法、卡片式智力激励法、默写式智力激励法等。

1. 三菱式智力激励法

智力激励法虽然能产生大量的设想，但由于它严禁批评，这样就难于对设想进行评价和集中，日本三菱树脂公司对此进行改革，创造出一种新的智力激励法——MBS 法，又称三菱式智力激励法。活动进行时，首先要求出席者预先将与主题有关的设想分别写在纸上，然后轮流提出自己的设想，接受提问或批评，接着以图解方式进行归纳，再进入最后的讨论阶段。

2. 卡片式智力激励法

卡片式智力激励法也称卡片法。这种技法又可分为 CBS 法和 NBS 法两种，CBS 法由日本创造开发研究所所长高桥诚根据智力激励法改良而成。其特点是对每个人提出的设想可以进行质询和评价。具体做法：会前明确会议主题，每次会议由 3~8 人参加，每人持 50 张名片大小的卡片，桌上另放 200 张卡片备用。会议约举行 1 个小时。最初 10 分钟为"独奏"阶段，由到会者各自在卡片上填写设想，每张卡片只写 1 条。接下来的 30 分钟，由到会者按座位次序轮流发表自己的设想，每次每人只宣读一张卡片。宣读后，其他人可以提出质询，也可以将受启发得出的新设想填入备用的卡片中。剩余的 20 分钟，让到会者相互交流和探讨，各自提出设想，以期从中再诱发出新的设想来。NBS 法是日本广播电台开发的一种智力激励法。[①]

3. 默写式智力激励法

无参照扩散法的一种。由联邦德国创造学家荷立创造。其特点是用书面畅述来激励智力。具体做法：每次会议由 6 人参加，每人用书面提出 3 个设想，要在 5 分钟内完成，所以又称 635 法。开会时，会议主持人宣布议题，并对与会者提出的疑问进行解释。接着每人发 3 张卡片。第一个 5 分钟内，每人针对议题在卡片上填写 3 个设想，然后将卡片传给右邻的到会者。第二个 5 分钟内，每人从别人的 3 个设想中得到新的启发，再在卡片上填写 3 个新的设想，然后将设想的卡片再传给右邻的到会者。这样，半小时内可传递 6 次，一共可产生 108 个设想。635 法可避免许多人争相发言而使设想遗漏的弊病。其不足是相互激励的气氛没有公开发言方式强。

六、组合型创新方法

组合型创新法是指按照一定的技术原理，通过将两个或多个功能元素合并，从而形成一种具有新功能的新产品、新工艺、新材料的创新方法。

组合型创新方法具有以下特点：

（1）将多个特征组合在一起；

（2）组合在一起的特征相互支持、相互补充；

（3）组合后要产生新方法或达到新效果，有一定的飞跃；

（4）利用现成的技术成果，不需要建立高深的理论基础和开发专门的高级技术。

---

① 卡片式智力激励法. 百度百科. https://baike.baidu.com/item.

组合型创新技法常用的有主体附加法、异类组合法、同物自组法、重组组合法及信息交合法等。

（一）主体附加法[①]

主体附加法以某事物为主体，再添加另一附属事物，以实现组合创新的方法。在琳琅满目的市场上，我们可以发现大量的商品是采用这一技法创造的。如在铅笔上端安上橡皮头，在电风扇中添加香水盒，在摩托车后面的储物箱上装上电子闪烁装置，都具有美观、方便又实用的特点。主体附加法是一种创造性较弱的组合，人们只要稍加动脑和动手就能实现，但只要附加物选择得当，同样可以产生巨大的效益。

主体附加法的运用，首先，要确定主体附加的目的，可以通过缺点列举法全面分析主体的缺点，然后用希望点列举法列出种种希望，再确定某种希望作为附加的目的。其次，根据附加目的确定附加物。主体附加法的创造性很大程度上取决于附加物的选择是否使主体产生新的功能和价值，以增加其实用性。

例如，电扇加定时器、电冰箱加温度显示器、含微量元素的食品等。江苏省常熟中学的庞颖超发明了一种能够让色盲识别的红绿灯，在现行的纯红绿颜色的灯中加入一些白色的有规则形状的图形。如红色圆形中间加入一条横着的白杠，绿色圆形中间加入一条竖着的白杠，以此来让色盲进行识别。

（二）异类组合法

异类组合法又称异物组合法，将两种或两种以上的不同种类的事物组合，产生新事物的技法。这种技法是将研究对象的各个部分、各个方面和各种要素联系起来加以考虑，从而在整体上把握事物的本质和规律，体现了综合就是创造的原理。异类组合法和主体添加法在形式上很相近，但又有区别，主体添加法是一种简单要素的补充，而异类组合法是若干基本要素的有机综合。

例如，根据统计，因火灾丧生的人们，大多数并非因为火本身，而是因为东西着火后导致的浓烟和有毒气体。所以很多火灾救生指南中都有类似的表述"建议人们能佩戴防毒面罩，并弯腰沿着墙壁逃生"。不过，当人们佩戴防毒面罩后，于浓烟之中，该如何提醒救援人员自己的存在呢？于是，带哨子的面罩应运而生，伴随每一次的呼吸，哨子都能被吹响。再者，还有结合 VR 技术的室内健身器械。该健身器械看起来像一台个人飞行模拟器，佩戴好 VR 头盔后，需要调动全身肌肉来保

---

① 主体附加法. 百度百科. https://baike.baidu.com/item.

持平衡与策应，运动量很大且惊险刺激。

（三）同物自组法

同物自组法就是将若干相同的事物进行组合，以图创新的一种创新技法。例如，在两支钢笔的笔杆上分别雕龙刻凤后，一起装入精制考究的笔盒里，称为"情侣笔"，作为馈赠新婚朋友的好礼物；把 3 支风格相同颜色不同的牙刷包装在一起销售，称为"全家乐"牙刷。

同物自组法的创造目的，是在保持事物原有功能和原有意义的前提下，通过数量的增加来弥补不足或产生新的意义和新的需求，从而产生新的价值。

（四）重组组合法

任何事物都可以看作是由若干要素构成的整体。各组成要素之间的有序结合，是确保事物整体功能和性能实现的必要条件。如果有目的地改变事物内部结构要素的次序，并按照新的方式进行重新组合，以促使事物的性能发生变化，这就是重组组合。

在进行重组组合时，首先，分析研究对象的现有结构特点。其次，列举现有结构的缺点，考虑能否通过重组克服这些缺点。最后，确定选择什么样的重组方式。田忌赛马的故事就是这一创新方法的最好例证。

本章小结

习近平总书记指出：抓创新就是抓发展，谋创新就是谋未来。创新对于大学生而言具有重要意义。本章主要介绍了创新思维及创新方法。希望学生能掌握创新思维、创新方法的类型，并能灵活运用创新方法，通过练习激发创新意识、开拓创新思维、锻炼创新能力。

>>> **技能训练**

训练项目1　图画托兰斯创造性思维测验

这是一份帮助你了解自己创造力的测验，此次测验十分重要，必须严格按照题目要求独自完成，不可查阅手机，每道题限时 10 分钟。测试得分计入平时成绩。

1. 请在圆内涂上任意一种颜色，并以此为基础，画一个能说明一段有趣的振奋人心的故事的图画。

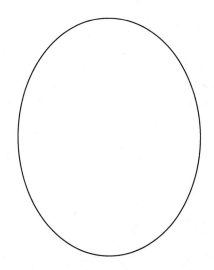

2. 把下面不完整的线条图案添加完整，并为你的图画起名字。

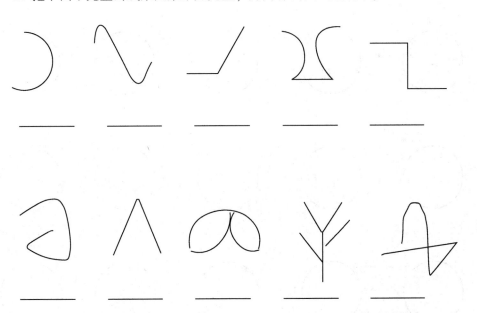

3. 给以下圆圈图案添加细节，让这些圆成为你的图画的一部分，尽可能多的画出不同图案。

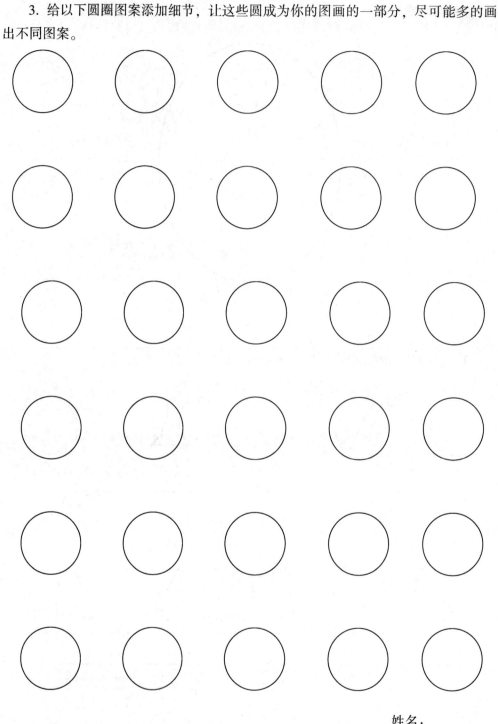

姓名：

学号：

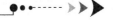

训练项目2 纸桥承重挑战赛

所需材料：A4 纸 20 张、胶带 1 卷。

比赛要求：1. 桥面长度不可短于 28cm；

2. 桥面宽度不可窄于 10cm；

3. 桥面高度不可低于 20cm；

4. 两桥墩之间的距离不短于 16cm；

5. 承重时长不短于 10s。

比赛内容：将重物放于桥梁中间，计算承重时长。

评分内容	满分
所承重量	50
承重时长	20
用纸数量	20
外形	10

训练项目3 棉花糖挑战赛

所需材料：棉花糖 1 颗、双面胶 1 卷、意大利面 20 根。

比赛要求：1. 不可改变棉花糖大小；

2. 不可借助其他工具。

比赛内容：最终棉花糖距离桌面的高度及所使用的意大利面数量。

第二章　创新与创业

知识目标

通过本章的学习，希望学生了解：

1. 什么是创新，什么是创业，创新与创业之间的联系与区别，创业活动具备哪些特点及重要的影响因素？

2. 创业者的素质与能力特点。

3. 创新创业活动的主要来源有哪些？主要方法有哪些？

4. "互联网+"背景下有哪些创新创业的新思维？

技能目标

通过本章的学习，希望学生掌握一到两种创新的思路与方法，并且运用新思维，结合自己的观察，产生商业创意并能够进行基本的评估。

训练项目：

1. 你可以开始创业了吗？

2. 纸飞机

3. 痛点风暴

案例导入

从"双创大赛"项目到独角兽企业

作为浙江大学在读博士生，2017年，白云峰带领的"杭州光珀智能科技"团队获得了第三届"双创大赛"的全国总冠军。他们的参赛项目"新一代固态面阵激光雷达"基于飞行时间测量法，结合光珀独有的创新性技术，可以十分经济的价格获得稠密的点云数据，同时解决了传统线扫激光雷达体积大、分辨率低、成本高等问题。如今，光珀科技已经成长为一家准独角兽企业。

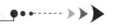

像白云峰这样从一名普通学生到双创生力军的例子，在"双创大赛"的舞台上，比比皆是。从无人直升机系统、微小卫星，到 Niceky 自抗凝性高通量血液透析器、终极发动机……注重学科交叉和跨行业创新，体现大数据、云计算、人工智能等新一轮工业革命重点领域的前沿趋势和最新成果，一大批高精尖项目竞相涌现，青年学子创新创业的热情被激发点燃。

即便已经过去两年多，大连理工大学的"终极发动机项目"团队创始人田华依然清晰记得，夺得第三届中国"互联网＋"大学生创新创业大赛总决赛金奖时的点点滴滴。

"除了本身的兴趣外，关键是学校提供的创新创业学院这个平台，把我们聚在了一起。"田华说，学校教育功不可没，为了帮助更多年轻创客解决盲点，大连理工大学搭建创新创业实践平台，组织学生深入企业了解运营模式，"课堂教育＋体验实习＋创业实战，让我们的创意创新创业真正融合了起来"。

吴岩介绍，"双创大赛"不仅是一项活动，更是一种制度创新。各地各高校以大赛为抓手，推动创新创业教育改革不断深化，改革触角延伸到课程、教法、师资、实践等环节，孵化平台、创业基金等支持体系不断完善，大学生的创新精神、创业意识和创造能力持续提升。

——节选自《光明日报》

案例解析：

案例告诉我们，创新创业不是虚无缥缈的妄想，而是基于我们实际的生活经验，观察生活中存在的问题，并通过创新思维寻求解决办法，促进社会更好的发展。创新创业不仅仅是一种谋生的手段，更是一种生活的态度和方式。所以，真正认识创新创业对我们个人、社会的积极影响，才能够让自己更快适应新时代对人才的需求，更好的谋求个人职业发展与社会进步，真正成长为符合市场需求的高质量人才。

第一节　创新与创业的概念

一、理解创新

根据经济学家熊彼特的观点，创新是把一种新的生产要素和生产条件的"新结合"引入生产体系。包括引入一种新产品，引入一种新的生产方式，开辟一个新的市场，获得原材料获半成品的一种新的供应来源，新的组织形式。

说到创新，一般只会令人想到技术型的东西，但实际上在经营领域的各个层面，

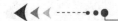

如经营模式、人才引用、交流方法等，只要是前所未有的想法、做法，统统可以划入创新的范畴。所以，美国小企业局对创新也有定义：创新是一种过程，这一过程始于发明成果，重点是对发明的利用和开发，结果是向市场推出新的产品或服务。这个定义也有助于大家更好地理解创新与发明之间的区别。

1. 创新与发明之间的区别

发明是一个技术概念，其结果是发现了新物品，而创新是一个经济术语，是将新思想、新事物付诸实践的过程。创新的过程可以开始于发明，比如将某种发明用于生产过程，或将某种新的资源与现有资源组合在一起，以达到创新的预期目的。但创新过程也可以根本不依赖于哪种特定的发明，而仅仅是对目前的活动进行重新组合，同样能达到创新的目标。

2. 创新与创业之间的联系

有些创业活动主要是在模仿甚至复制别人的产品、服务及经营模式，自身并没有什么创新，也是在创业，它的竞争力就比较差，只能依赖顾客的评价生存发展。这样的例子很多，淘宝上需要以模仿为主的店铺很多，但其竞争力相对则比较差。相对于创新，创业更侧重于财富创造，更加关注市场和顾客。当然，基于创新的创业活动更容易形成独特的竞争优势，也可能为顾客带来新的价值，进而实现更好地成长。

综上，讨论发明、创新、创业之间的异同并非简单的文字游戏，很多创业工作者经常会遇到这样的情况，他们对自己的产品很自豪，经常沾沾自喜，强调自己的技术优势，对顾客不选择自己的产品感到无法理解，许多具有技术背景的创业者更像工程师，擅于发明，却忽视了顾客的需求，无法从顾客、价值创造的角度创新。

有利于创新的五件可为之事

1. 先着眼于自己拥有哪些机遇，而不是面临哪些障碍。

2. 多看，多问，多听，无论你使用哪种思维方式，都不仅要看数据，还要多请教。多问问题，多倾听别人的想法。

3. 坚持简单化原则。你的创新应该每次只解决一个问题，不然事情就会乱作一团。

4. 从小处着手，而不是大处。思考一下如何利用少量的资金、人力和有限的市场。

5. 瞄准领军地位，谁也无法预测你的创新将来是流于平庸还是能征服世界。但如果你从一开始就没瞄准领军地位，你的创新也不可能有什么大的成就。

思考：

创新的过程不一定一样，但许多创新的出现都是问题导向，思考一下自己身边有哪些问题是需要解决的呢？是否考虑过解决的方法？

二、认识创业

创业是指创业者对自己拥有的资源或者通过努力对能够拥有的资源进行优化整合，从而创造出更大经济价值和社会价值的过程。创业是一种劳动方式，是一种需要创业者运营、组织、运用服务、技术、器物作业的思考、推理和判断的行为。

创业作为一种商业行为，致力于理解创造新事物（新产品、新市场、新生产过程或原材料、组织现有技术的新方法）的机会，如何出现并被特定个体发现或创造，这些人如何运用各种方法去利用和开发它们，然后产生各种结果。

（一）创业的类型

1. 生存型创业与机会型创业

这种分类首先是由全球创业观察项目依据创业者的动机提出来的。生存型创业是指创业者因为没有其他更好的选择，不得不参与创业活动来解决其面临的困难，这种创业活动通常创新度不高、被动，带动整个就业的成效也不明显，不少下岗员工的创业行为便属于这种类型。而机会型创业认为创业行为的动机是个人想抓住现有机会并实现价值的强烈愿望，它是通过发现或创造新的市场机会进行的创业，主动性强，产品科技含量高，成长速度快，带动就业多，如比尔·盖茨中途放弃学业创建微软就属于机会型创业。

2. 个体创业与公司创业

这是根据创业活动的发生场所和创业者的个体差异进行的分类。个体创业是指不依托于某一特定组织而开展的创业活动。而公司创业是既有组织发起的有关组织创造、更新与创新活动，创业活动时组织中工作的个体或团队推动的。本质上，公司创业与个体创业是有一定共同点的，但由于在开始的资源禀赋不同，组织形态不同，战略目标不同，两者在风险分担与成果收获等方面也存在较大的差异。

3. 互联网创业

互联网创业是充分利用信息技术网络资源和条件而开展的创业活动，往往以小产品、精客户、快迭代、大市场为典型特征。由于互联网具有传播速度快、互动性强、不受地理等自然条件限制等特点，成为现在创业者关注的重要平台。

4. 衍生创业

1955 年，晶体管之父肖克里博士离开贝尔实验室在硅谷创办了肖克里半导体实验室，一时吸引了众多有才华的科学家加入，这其中有 8 位精英因不满肖克里的"唯我独尊"而出走，创办了仙童半导体公司，之后仙童利用技术优势成为硅谷成长速度最快的公司，后来一批又一批的人从仙童离开，在硅谷创办了许多衍生企业，其中就包括因特尔等知名大公司。

（二）创业的特点

1. 价值创造

创业是创造出某种"有价值"新事物的过程。创业者将自己的创意通过商业手段转化为产品或服务，满足消费者需求的同时创造了就业机会，有利于缓解当前严峻的就业形势，同时也创造了社会价值。

2. 过程性

创业需要贡献必要的时间，付出极大的努力，同时也是一个完整性的工作。创业包含机会的诞生、创业机会的识别、创业项目的实现、创业资源的整合等。

3. 风险性

创业须承担必要的风险，包括财务、精神、家庭等方面。"创业有风险"，尤其是高技术行业的创业风险相对更大，但相对其回报也会越大，其所蕴含的创业者的付出和努力也相对更大。

4. 创新性

优质的创业活动蕴含一定的创新性，往往是变革型的、突破性的。

（三）创业的要素

1999 年，世界创业教育之父杰弗里·蒂蒙斯提出了一个创业管理模型—蒂蒙斯模型，在这个模型中，蒂蒙斯指出了创业的三个关键要素，即创业机会、创业资源和创业团队，蒂蒙斯的创业三要素模型（见图 2-1）。

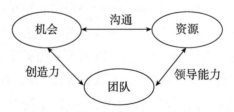

图 2-1 蒂蒙斯的创业三要素模型

1. 创业机会

创业机会是指创业者可以利用的商业机会，在模型中，创业机会是创业的起点，尤其创业的初期阶段，创业机会相比创业团队和创业资源会更重要。

2. 创业资源

创业资源是指新创企业在创造价值的过程中需要的特殊财产，包括有形和无形资产，它是新创企业创立和运营的必要条件。

3. 创业团队

创业团队是指由一群才能互补、责任共担、愿为共同创业目标而奋斗的人组成的特殊群体，其稳定性直接决定了创业过程的稳定性。

 案例

焦云飞的"双创之路"

焦云飞，1991 年出生于江苏南京。大学伊始，焦云飞不仅积极参加班级、社团事务，还对创新创业表现出了非常浓厚的兴趣。一方面，他参加了许多省内、校内的创新训练计划项目与课题，如"丝网印刷技术制备银纳米线柔性透明导电薄膜"，"管状纳米 ZnO 及其复合材料的自然光降解研究"等，发表专利的同时还在各类竞赛中斩获不俗佳绩；另一方面，焦云飞从未停止过对创业道路的探索。从大一到大二，他先后成功运作了平安夜"平安果""兼职邮你"公益兼职平台等项目，曾仅用 3 个月的时间就在主打毕业生相关产品服务的"时光机毕业创意"这一品牌项目中完成过 10 万元的订单。

经历过这样一段对能力和思维的双重磨炼期，从小就有着创业梦想的焦云飞，在国家号召"大众创业、万众创新"，学校大力支持创新创业的氛围下，渴望真正地跨出创业第一步，也就是一件不难理解的事情了。结合之前的创业试水，他在刚起步时选择了更适合大学生创业的文化创意领域，通过参加学校的创业比赛，最终在学校物联网国家大学科技园落户，创立了南京艾兰特文化传播有限公司担任总经理。在随后的两年里，焦云飞带领着公司投身到舞台演出设备租赁和"由你派"别墅轰趴两个主营项目，取得了巨大的经济效益和良好的市场口碑。

随着国家大力推行"双创"战略，越来越多的创业公司如雨后春笋般涌现。在创业过程中，焦云飞也对科技创业、互联网创业等形形色色的创业项目有了更加深入的认识。其中，科创项目立意新颖、发展飞速，其所包含的广阔市场是文创行业所不可比拟的。焦云飞逐渐意识到，科技创新成果转化将是日后最有前景的创业方向。与此同时，学校中浓厚的科研氛围，大大小小的科研竞赛，使他对科技创新的兴趣愈加深厚。顺理成章，他产生了转型科技创新道路的想法。

创业团队哪里来？焦云飞早有了自己的打算——周遭的同学们，就是最好的人才库！配合着学院的人才培养理念，他很快就组建了一支"本—硕—博"多层次、多学科人才交叉交融的团队，既有他的师兄师姐、师弟师妹，也有他们学院本科的

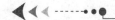

学弟学妹。团队中的博士生、硕士生主要负责产品研发，本科生则主要负责市场和策划。焦云飞在带领学弟学妹们做好实验的同时，也向他们传授创业知识，将创新和创业的理念放在一起，鼓励学弟学妹大胆实践。

就这样，2015 年，梦想变成现实，南京火石光电材料科技有限公司在万众期待中成立了。有了文创项目所积累的财务、管理经验，焦云飞在这次创业过程中显得更加得心应手。公司定位为基于染料敏化太阳能电池的智能硬件光伏集成系统解决方案供应商，主要从事染料敏化太阳能电池的便携式消费级终端产品开发。这一项目不仅取得了江苏省大学生优秀创业项目和南京市青年大学生优秀创业项目称号，还收获了近百万元的天使投资和财政补助。目前，焦云飞带领研发团队所开发出来的智能手表光伏充电系统，在光照 5 小时的情况下，可产生约 100mAh 的电量，提升了智能手表 30% 的续航能力。公司预计会在 2016 年上半年会正式推出产品，实现这一阶段的突破。

思考：

1. 结合案例，思考创业和创新的关系是什么？

2. 焦云飞的创业属于哪种类型？在众多的创业活动中，你喜欢哪些类型的创业，为什么？

第二节　创业者的素质和能力

上一节内容向大家展示了创新与创业的概念以及他们之间的区别，而作为创新创业活动的实践者——"创业者"则承担着创业活动的重大责任，对创业实践的成败起到至关重要的作用。而说起创业者，人们常会如数家珍般列出一份长长的名单，如联想集团的柳传志、蒙牛集团的牛根生、新东方集团的俞敏洪等，他们的创业经历令人神往，也会令人更加关注他们的品质特征，比如他们的精神、态度、行动力等。那么创业者需要哪些素质和能力？创业者是天生的吗？希望通过本节的内容，大家能够对于自己心目中的创业者有所思考，定义出你所理解的创业者是什么样的？

一、创业者的素质

1. 敢于创新的胆略

创业本身就是有计划地创新、冒险，只有敢闯敢干、不怕失败的人，才有可能走出一条属于自己的新路。在创业期间，必会因资金、经验、人事等阻碍而面临重重困难，对于开拓者而言，敢于创新的胆略是非常重要的，因为创业者必须首先具

备勇往直前、甚至破釜沉舟的胆略，勇于创新，敢于拼搏，才能抓住市场的风口，赢得成功的机会。

机会往往与风险并存，只要进行创业活动，则会有风险伴随左右，而且随着事业的范围和规模扩大，取得的成就越大，风险也就越大。当今市场的变化受经济、政治、自然等诸多因素的影响，一个初创企业要想在开放的市场上求生存、求发展，创业者必须要有长远的战略眼光，根据内外部环境的变化做出决策。决策活动最能体现创业者的特质。在决策活动中通过"谋"和"断"，对决策方案了如指掌，只有这样，最后才会充满信心、胸有成竹地作出决断。

2. 坚持不懈的精神

创业过程中遇到困难和挫折是正常的，有了坚持不一定成功；但没有坚持，就注定失败。坚毅的性格和永不言弃的精神，是创业者的精神源泉，是创业成功的必要支撑。如果创业者没有坚持不懈、百折不挠的精神，很容易放弃自己的事业和初心。

哲学上辩证法的三大规律之一论述到：量变引起质变。只要坚持不懈地做下去，总有一天会有质的飞跃。所以，创业者要想取得最终的成功，一定要有坚毅的性格，要有坚持不懈的精神和长久的进取心，三天打鱼两天晒网或者虎头蛇尾、朝秦暮楚，都将带来失败的结局。一旦企业或创业者目标确定后，便需要朝着既定的目标持续努力，不管遇到怎样的困难，也不能轻易改变初衷，半途而废。

3. 勤奋务实的态度

创业之路充满艰险与曲折，也会时时对创业者提出种种考验，而勤奋务实、脚踏实地是创业活动取得胜利的根本保证。创业者的务实态度，是智慧和经验的总结，更是身处变化莫测的激烈竞争环境的"立身立业之本"。如果创业者不具备勤奋务实的态度，遇到挫折和诱惑就动摇想法，想要找寻捷径，最终在创业的道路上是走不远的。

创业需要我们全身心的投入，需要踏实奋进、求真务实的态度，需要坚持不懈的精神，也需要与时俱进的目光。在选择了正确的方向后不断坚持，把简单的小事做到极致，是初创者进入市场的必要条件，而务实认真地做好自己的产品和服务，取得消费者的认可和信赖，是企业能够实现持续经营、长盛不衰的根本保证。

4. 决断力和行动力

市场瞬息万变，机遇总是稍纵即逝，若创业者瞻前顾后，犹豫不决，将导致机会白白错过。因此，创业成功的关键在于能够迅速地判断形势，并做出决断把握机遇。但是大多数的人总在问题之间不断犹豫和徘徊：是创业呢，还是按部就班的继续干下去，还是跳个槽呢？思来想去毫无定论，最终一事无成，原因多为"想得太多，做得太少"。俗话说："千里之行，始于足下"，想要成就大事业，就一定要敢想敢做。

"敢想"代表要有决断力，作为创业者要有独立于常人的思考与见解，并当机立断；"敢做"意味着要有行动力和执行力，不能停留于"空想"阶段，拒绝成为"思想的巨人、行动的矮子"。据统计，成功人士的智商并不比常人高，但是他们的决断力和行动力绝对超乎常人。有这么一个说法，全世界能够想到同一个创意的人，成千上万；但是最后能成功的人却只有那么一两个。谁能成功？是那些最先将想法付诸行动的人。

5. 影响力和带动力

创业者不仅要做到勇于展现自我，更要通过自身的积极影响、带动身边的人，尤其是自己的团队成员。创业者需要依靠这种鼓动力、带动力、号召力来凝聚创业团队，并发挥每一个人的优势，共同为创业活动贡献力量。

同时，创业者要高瞻远瞩、明晰动静，同时具备思想家、演说家、评论家的思维与表达能力，擅于阐述观念、扭转看法、鼓舞士气，引导众人形成明确的价值观，从而使企业内部全体员工产生持久的凝聚力，并在组织外部社会大众的心里植下一种亲切友好的形象，使企业有一个轻松的外部环境和社会环境，更广泛地传播自己的企业文化，提高自己企业的知名度、增加无形资产。

6. 敢于展现自我

创业者最重要的素质主要表现在个性上。个性能使人的才干增添无比的光彩，因此敢于展现自我，是创业者的优秀素质。

作为创业开拓型人才的个性特征包括：

（1）旺盛的斗志、强烈的求知欲和好奇心。

（2）敏锐的洞察力、富于直觉，可以觉察到别人未注意到的情况和细节。

（3）善于变通、思想灵活，能从有限资料中举一反三、设想出见解独到的可行方案。

（4）善于提问，不盲目跟随别人。

（5）富于独创力，有独出心裁的见解，勇于弃旧图新，别开生面。

（6）自信，相信自己所做事情的价值，即使受到阻挠和诽谤也不改变信念。

（7）有百折不挠、坚持不懈的毅力和意志。

（8）有想象力，以合理的联想、幻想产生出思想中新的观点、形象。

（9）思想严密，既善于抓住刹那的灵感火花，又能深思熟虑、精敲细推，直到完美、可行。

（10）开朗、胸怀宽广，不被外界的冷嘲热讽影响自己的斗志。

（11）有韧力、有勇气，可以忍受常人无法忍受的挫折和困难。

（12）有野性、有狂劲，对外表现为试图突破常人以为难于突破的主客观障碍，

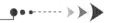

达到自己想要达到的光辉顶点。对内，既是一种对自己实力的信任，又是一种对较高目标的大胆追求。

7. 良好的合作沟通

"三人行，必有我师"，在创业的道路上，必须舍弃"同行是冤家"的狭隘理念，积极学会合作与交流，互通有无，实现共赢。创业者可以通过多种形式与其他人与企业进行有效的交流与沟通，学习他人的长处，弥补自己的短处，提高企业运转效率，增加成功的概率。

创业者在创业过程中，需要与各种人群打交道，包括顾客、同行、公众媒体等，同时也需要与团队成员或企业内部员工打交道，所有的这些交往、沟通都可以帮助创业者排除障碍，化解矛盾，提高团队的黏合度。"单丝不成线，独木不成林"，在创业的道路上，仅仅依靠自己一个人的力量难以长久运行，必须学会并擅于团队合作沟通，才能更加有助于事业和企业的持续发展。

8. 健康的身体素质

身体是革命的本钱，一切工作都是建立在自身身体健康的基础上。拥有良好的身体素质、体力充沛、精力旺盛、思路敏捷，创业者才能更好地发挥自己的光和热。现代企业的创业与经营是复杂的，创业者面临着工作忙、时间长、压力大等问题，如果身体素质不好，必然力不从心、难以承受创业重任。

放眼当下许多互联网创业企业，工作氛围与环境已成为企业建设重要的特点之一，定期的公司团建、便利的健身器材、舒适的工作休息室等都是为了团队成员能够在工作中充分做到劳逸结合，提高工作效率与身体素质，实现可持续、健康的工作氛围。对于创业者而言，更需要保持良好的身体素质，为长久的创业实践奠定基础。

二、创业者的能力

1. 创新能力

创业归根结底就是创新在就业方面的一种具体表现形式。创新是创业的灵魂和关键，没有创新能力的创业只能是一种没有前途和后劲的重复。李克强总理提出的"大众创业、万众创新"，让国人在创造物质财富的过程中同时实现精神追求，显然这种精神追求意在创新。创新能力就是创业者在创业过程中及时发现旧的产品缺陷，从而运用创新能力加以改变，提出新颖的想法和设计。只有新产品，才能不断吸引顾客，才会有竞争力。

2. 营销能力

当下已经不是酒香不怕巷子深的时代，有好的产品和不错的服务是实现成功创业的必要条件，但是产品最终要靠营销得以走向市场。对于大学生创业者来说，有

一个行之有效的营销策略对于新创企业尤其关键。再好的产品都需要通过销售传递给消费者，对创业者来说需要面临的第一项考验就是营销能力，因此想创业的人，首先要让自己成为销售的能手，而不是对销售一窍不通，很多创业者失败就是因为这个因素造成。

3. 管理能力

创业者其实就是从被管理到当家做主角色的转换，一个不懂管理的人，很难组建一支有竞争力的团队，很多创业型公司稍微取得业绩，内部就分崩离析，创业者因为不善于管理最终只能把好的项目夭折或扼杀掉，由此可见管理对创业者很重要。

4. 运营能力

"运筹帷幄之中，决胜千里之外"是对管理者深刻的描述，在创业的过程中很多时候都需要下决定，做战略，如何能够让战略变成战术落地执行，就必须要求创业者掌握运营，一个不懂运营的人充其量就是某模块的专家，也很难带领团队走向成功，运营技巧是创业的核心和模式。

5. 财务能力

对很多创业者来说，刚开始创业没有钱、没有资源、没有好的团队，好钢要用在刀刃，创业者要合理运用手中的每一分钱，才能让效能最大化，而当下很多创业者对钱没有概念，更不懂财务，造成企业要不运营成本过大，要么出现资金链断裂的风险，最终成为企业失败的导火索，因此创业者必须懂财务，至少不会被忽悠。

6. 人际交往能力

创业的过程，也是人与人交往的过程，所以创业者必须具备过强的人际交往能力。交往能力是指能够较好地处理组织内外关系，包括正确处理上下关系，与有业务往来的其他相关企业保持友好、亲密关系等。人际交往，一方面让自己了解别人，同时也是让别人更好地了解自己，在这样一个互动的过程中达到彼此认同。

7. 决策能力

网络上关于决策能力的定义为：识别和理解问题和机遇，比较不同来源的数据得出结论，运用有效的方法来选择行动方针或发展适当方法，采取行动来应对现有的现实、限制和可能的结果。有人将商场比作没有硝烟的战场，瞬息万变，这就要求创业者能够冷静、果断地作出正确的决策。决策能力有时候能够决定一个企业的生死存亡，决策失误必然导致企业利益受损。

8. 懂得取舍的能力

没有一个创业项目能够长盛不衰，在蓝海的时候，要知道迎难而上，在红海的时候，知道知难而退。对于该坚守的，还有客观的评断，用尽一切力气坚守。对于需要放弃的项目，要懂得适时割舍，要有壮士断腕的决心，将损失减少到最低，避免陷的更深，最后无法自拔。将有限的资金和人力等资源，用在能盈利的项目上。

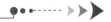

9. 跟上社会变革的能力

社会发展太快，每个行业的窗口期都很短。如何在最短时间内，识别新的创业机会，对于创业者而言，是个难题。这就要求创业者，要保持时刻接受新鲜事物的态度，对于新的事物，不抱有排斥的态度，多接触，多融合，多学习，发掘新的机会，来帮助自己的项目更好的发展，甚至开发出新的项目。

三、创业伦理

彼得德鲁克曾说："顾客不是上帝创造的，而是企业创造的。"创业者具备"改变世界"的能力，因此，创业者在创业活动中应该成为遵守道德伦理并且积极承担社会责任的典范，这是创业成功的重要保证，也是对成功的创业者的基本素质要求。

社会学家卡罗尔在 20 世纪 70 年代的时候就提出企业社会责任四层次框架（见图 2-2）。①

图 2-2　企业社会责任四层次框架图

1. 经济责任（Economic Responsibilities）

对于企业而言，经济责任是最基本也是最重要的社会责任，包括为股东提供投资回报，为员工创造工作并提供合理报酬，进行技术创新并扩大。

2. 法律责任（Legal Responsibilities）

作为社会的一个组成部分，社会赋予并支持企业承担生产性任务、为社会提供

---

① 陈英. 企业社会责任理论与实践［M］. 北京：经济管理出版社，2009.

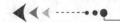

产品和服务的权利，同时也要求企业在法律框架内实现经济目标。因此，企业肩负着必要的法律责任。

3. 伦理责任（Ethical Responsibilities）

虽然社会的经济和法律责任中都隐含着一定的伦理规范，公众社会仍期企业遵循那些尚未成为法律的社会公众的伦理规范。

4. 企业自愿执行的责任（Discretionary Responsibilities）

社会通常还对企业寄予了一些没有或无法明确表达的期望，是否承担或应承担什么样的责任完全由个人或企业自行判断和选择，这是一类完全自愿的行为，例如慈善捐赠，为吸毒者提供住房或提供日托中心等。

在欧美发达国家，企业承担社会责任已经上升到实施企业社会责任战略以提升国际竞争力的阶段，许多公司还成立了专门的企业社会责任委员会等机构。创业者的任务是"创富"，但"君子爱财，取之有道"，这表述的应该就是创业当中的伦理问题。与企业社会责任相比，强调伦理规范是更高层次的要求，有些商业行为也许并不违法，但对健康的商业环境和优秀的组织文化是不利的，这就要求创业者要进行一定的自我约束，这不仅是一种境界，对于企业的可持续发展也是极其有利的。

第三节 大学生是"双创"的生力军

一、大学生创业的相关政策

自 2015 年起，教育部会同有关部门举办中国"互联网+"大学生创新创业大赛，截至 2019 年已举办五届。大赛举办成功吸引了国内高校大学生创新创业的兴趣，掀起了一股"双创"热潮。第五届大赛构建了"高教、职教、国际、萌芽（中学生）"四大板块，共有来自全球五大洲 124 个国家和地区、4093 所学校的 457 万名大学生、109 万个团队报名参赛，参赛项目和学生数接近前四届大赛的总和。其中，国际赛道有来自 120 个国家和地区、1153 所学校的 6000 多名大学生参赛，使大赛成了一场"百国千校"的世界大学生创新创业盛会。近 100 万名大学生、23.8 万个创新创业项目踏上青年红色筑梦之旅，对接农户 74.8 万户、企业 24204 家，签订合作协议 16800 余项，产生经济效益约 64 亿元。

近年来，党中央、国务院高度重视大学生创新创业工作，习近平总书记指出："全社会都要重视和支持青年创业，提供更有利的条件，搭建更广阔的舞台，让广大青年在创新创业中焕发出更加夺目的青春光彩。"国家也大力出台政策法规，支持大学生创业。大学生具备较高的科学文化素养，对新时代的技术革新有着更敏锐的观察和更直接的体验，十分活跃而富有激情，代表着国家的未来和希望。提高大

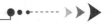

学生的创业热情和创业能力，并倡导其积极付诸实践，有利于推动社会全方位的良性发展与进步。教育部于 2015 年发布了大学生创业优惠政策，具体如下：

1. 税收优惠

持人社部门核发《就业创业证》（注明"毕业年度内自主创业税收政策"）的高校毕业生在毕业年度内（指毕业所在自然年，即 1 月 1 日至 12 月 31 日）创办个体工商户、个人独资企业的，3 年内按每户每年 8000 元为限额依次扣减其当年实际应缴纳的营业税、城市维护建设税、教育费附加和个人所得税。对高校毕业生创办的小型微利企业，按国家规定享受相关税收支持政策。

2. 创业担保贷款和贴息

对符合条件的大学生自主创业的，可在创业地按规定申请创业担保贷款，贷款额度为 10 万元。鼓励金融机构参照贷款基础利率，结合风险分担情况，合理确定贷款利率水平，对个人发放的创业担保贷款，在贷款基础利率基础上上浮 3 个百分点以内的，由财政给予贴息。

3. 免收有关行政事业性收费

毕业 2 年以内的普通高校学生从事个体经营（除国家限制的行业外）的，自其在工商部门首次注册登记之日起 3 年内，免收管理类、登记类和证照类等有关行政事业性收费。

4. 享受培训补贴

对大学生创办的小微企业新招用毕业年度高校毕业生，签订 1 年以上劳动合同并交纳社会保险费的，给予 1 年社会保险补贴。对大学生在毕业学年（即从毕业前一年 7 月 1 日起的 12 个月）内参加创业培训的，根据其获得创业培训合格证书或就业、创业情况，按规定给予培训补贴。

5. 免费创业服务

有创业意愿的大学生，可免费获得公共就业和人才服务机构提供的创业指导服务，包括政策咨询、信息服务、项目开发、风险评估、开业指导、融资服务、跟踪扶持等"一条龙"创业服务。

6. 取消高校毕业生落户限制

高校毕业生可在创业地办理落户手续（直辖市按有关规定执行）。

7. 创新人才培养

创业大学生可享受各地各高校实施的系列"卓越计划"、科教结合协同育人行动计划等，同时享受跨学科专业开设的交叉课程、创新创业教育实验班等，以及探索建立的跨院系、跨学科、跨专业交叉培养创新创业人才的新机制。

8. 开设创新创业教育课程

自主创业大学生可享受各高校挖掘和充实的各类专业课程和创新创业教育资源，

以及面向全体学生开发开设的研究方法、学科前沿、创业基础、就业创业指导等方面的必修课和选修课，享受各地区、各高校资源共享的慕课、视频公开课等在线开放课程，以及在线开放课程学习认证和学分认定制度。

9. 强化创新创业实践

自主创业大学生可共享学校面向全体学生开放的大学科技园、创业园、创业孵化基地、教育部工程研究中心、各类实验室、教学仪器设备等科技创新资源和实验教学平台。参加全国大学生创新创业大赛、全国高职院校技能大赛和各类科技创新、创意设计、创业计划等专题竞赛，以及高校学生成立的创新创业协会、创业俱乐部等社团，提升创新创业实践能力。

10. 改革教学制度

自主创业大学生可享受各高校建立的自主创业大学生创新创业学分累计与转换制度，和学生开展创新实验、发表论文、获得专利和自主创业等情况折算为学分，将学生参与课题研究、项目实验等活动认定为课堂学习的新探索。同时也享受为有意愿有潜质的学生制订的创新创业能力培养计划、创新创业档案和成绩单等系列客观记录并量化评价学生开展创新创业活动情况的教学实践活动。优先支持参与创业的学生转入相关专业学习。

11. 完善学籍管理规定

有自主创业意愿的大学生，可享受高校实施的弹性学制，放宽学生修业年限，允许调整学业进程、保留学籍休学创新创业等管理规定。

12. 大学生创业指导服务

自主创业大学生可享受各地各高校对自主创业学生实行的持续帮扶、全程指导、"一站式"服务。同时，地方、高校两级信息服务平台为学生实时提供的国家政策、市场动向等信息，以及创业项目对接、知识产权交易等服务。可享受各地在充分发挥各类创业孵化基地作用的基础上，因地制宜建设的大学生创业孵化基地，提供相关培训、指导服务等扶持政策。

二、高职大学生创业的重要意义

高职大学生开展创业实践，一方面，有利于熟悉掌握毕业后参与市场活动的必要知识和技能，帮助自己更快地适应岗位工作，提升现代化背景下的综合竞争实力。同时萌生创业意向，具有强烈创业欲望的学生还能在毕业后真正选择自主创业，拓宽自己的职业发展途径，实现高职毕业生高质量就业。另一方面，近年来国家对职业教育的重视不断提升，一系列重要政策先后出台，高职大学生作为以技能为导向的培养人才，更应不断提升自己的创新创业能力，适应国家产业转型升级大背景下经济社会创新发展的必然要求。因此，大学生创业对促进个人职业生涯发展、实现人生理想、创造社会价值具有重要的意义。

案例

"举个栗子"创始人乔治忠

乔治忠，河北经贸大学信息技术学院计算机科学与信息技术专业 2011 届毕业生，"举个栗子"品牌创始人。受晋商文化的影响，他从小便对商业非常感兴趣，从小学到大学一直在做一些小的创业项目。他给自己的定位是纯草根连续创业者，2019 年，在身上仅有 1 万余元的情况，他和朋友借了四五万元开了"举个栗子"的第一家店，白手起家。通过持续不断地创新，"举个栗子"创办至今 3 年半，在河北省 7 个地市级开设近 50 家门店，用两年时间做到了石家庄栗子市场的第一。

做栗子就要解决顾客吃栗子的痛点，从产品和服务角度来说，公司实行严谨行业"3+1"标准。

三点关于品质：原产地、严挑选、热栗子。栗子好不好吃跟栗子产地有很大的关系。公司选用的是燕山山脉北纬 40° 种植区。栗子都是经过三轮挑选的，而且顾客也能看得见。店里每天都会测试坏栗子的比例，如果比例超过 10%，会给客户一定补偿。科学的炒制，保温的设施。

一点关于服务。公司核心定位是"80 后、90 后"的年轻女性，栗子剥壳是一个问题，女性咬壳不卫生、不优雅，另外，用指甲弄可能会对指甲有影响。肩负着让中国女性更优雅的使命，每份栗子都会提供一次吃栗工具，里面有剥栗神器，解决剥栗的问题，湿巾擦手，这是服务的标配。[①]

不仅如此，栗子在全世界范围内有广泛种植，而且糖炒栗子也符合外国人烘焙的工艺和饮食习惯。中国的栗子不仅质量好且产量高，约占世界栗子总量的 80%。越是民族的越是世界的，而食品是文化的承载，所以"举个栗子"的梦想是将中国的传统糖炒栗子带向全世界，不仅弘扬民族小吃，更是对中国文化的弘扬。

思考：从乔治忠的经历中，你对大学生创业有哪些新的理解？

第四节　互联网趋势下的创业思维

一、用户思维

用户，即为使用者，在"互联网+"新时代中用户不同于客户，是"互联网+"的核

---

① 对话 CEO 乔志忠｜举个栗子为何如此火爆？https://www.sohu.com/a/207014776_ 99948691.

心。客户，是为产品或者服务买单的人，是对产品或者服务形成服务请求和达成买卖关系的人或者实体。用户，则是使用产品或服务的人，直接和产品或服务产生交互。

用户思维，是指在价值链各个环节都要用"以用户为中心"去思考问题。用户思维是互联网思维的核心，其他的互联网思维都是围绕着用户思维在不同层面展开。

由于互联网时代开放、透明、公开、共享的特征消除了消费者与厂商之间的信息不对称，使得消费者掌握了新时代市场的主权。在经典营销模式"Who-What-How"中主要解决3个问题，Who：目标用户；What：用户需求；How：怎样实现。

1. Who-聚焦目标人群

从用户定位来看，我们必须从众多群众中找到并聚焦我们的目标用户，获取相应的有效数据，包括用户在哪里？有多少？然后对获取的数据进行处理分析，得到用户定位结果。不同的产品面对不同的用户群体，那么不同的用户群体对产品的要求则会有所不同，现如今的互联网时代更需要精准定位产品的目标用户，为目标人群提供相应的服务或者产品。

面对当前的市场环境，很多行业、品类都需要重新定义目标用户，在新的细分市场中，聚焦目标用户。因为当前的中国消费市场已经变成了分层化、小众化、个性化的市场。所以企业以往面对大众化的市场定位，已经不能适应当前的分层化、小众化的市场特征。企业必须要在新的细分市场当中，重新准确找到你的目标用户。企业的目标用户越聚焦，越才能准确找到目标用户。越是想为更多的人提供产品与服务，越不能引起目标用户的关注。白酒品牌江小白的就是首先准确定义了目标用户，并且目标用户非常聚焦，就是年轻人，江小白就是在为年轻人打造的一款白酒。并且是做的一款只关注年轻人需求的产品。用陶石泉的话讲：我只关注目标消费者的感受，只要他们不离不弃，不在乎其他人的评价。

2. What-目标用户需要什么？——增强用户参与感

在聚焦了目标用户后，我们就需要找到用户需求，不仅仅是功能上的需求，更多的是情感上的诉求，必须清楚地洞悉用户到底想要什么，做到感同身受。然后根据用户核心诉求打造可以满足大多数目标用户的品牌/产品。互联网时代的用户有更多的渠道去表达自己对于产品和服务的想法。他们希望得到更多的参与感，可以参与到产品或者服务的设计中去，并且能够通过这样的参与找到对产品及服务的认同。重视用户的参与感是很多互联网企业的重要发展模式，在互联网时代里，重视用户反馈甚至是将用户意见融入后期的产品和服务中都不再是新鲜事。

例如，小米手机操作系统 MIUI 是首个实现每周升级的手机操作系统，它一改传统手机系统"闭门造车"的模式，完全以用户需求为导向。MIUI 团队的一大工作就是泡论坛，广泛收集论坛上粉丝的反馈来推动升级。

3. How-怎样满足用户需求？——提高用户体验

根据用户定位和品牌/产品规划，我们可以给目标用户打造他们专属的至尊体

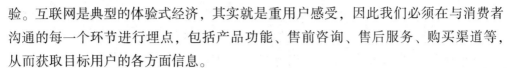

验。互联网是典型的体验式经济，其实就是重用户感受，因此我们必须在与消费者沟通的每一个环节进行埋点，包括产品功能、售前咨询、售后服务、购买渠道等，从而获取目标用户的各方面信息。

因此，从用户定位、品牌/产品规划和打造用户体验三点出发，我们可以全方面地了解我们的目标用户，获得全面精准的用户画像。在获取了全面且精准的用户画像后，我们就需要实实在在地站在用户的角度思考，以用户为中心展开运营，做到用户体验至上、用户参与并互动、群众路线以及不断创新为用户服务。

二、大数据思维

大数据（Big Data），指无法在一定时间范围内用常规软件工具进行捕捉、管理和处理的数据集合，是需要新处理模式才能具有更强的决策力、洞察发现力和流程优化能力的海量、高增长率和多样化的信息资产。

什么是大数据思维？维克托·迈尔-舍恩伯格认为：①需要全部数据样本而不是抽样；②关注效率而不是精确度；③关注相关性而不是因果关系。我们认为，大数据并不在"大"，而在于"有用"。大数据思维首先就是要能够充分理解数据的价值，并且知道如何利用大数据为企业经营决策提供依据，即通过数据处理创造商业价值。大数据思维的核心如下。

1. 一切皆可测

美国迪斯尼公司投资了10亿美元进行线下顾客跟踪和数据采集，开发出 Magic Band 手环。游客在入园时佩戴上带有位置采集功能的手环，园方可以通过定位系统了解不同区域游客的分布情况，并将这一信息告诉游客，方便游客选择最佳游玩路线。此外，用户还可以使用移动订餐功能，通过手环的定位，送餐人员能够将快餐送到用户手中。利用大数据不仅提升了用户体验，也有助于疏导园内的人流。

在现今的互联网时代，文字被量化成一个一个字符；声音被量化成了数字音频；图像被量化成了各种格式的数字图片。在大数据时代，所有的一切都可以被量化，被数据化。淘宝、天猫、京东等形形色色的电商平台上琳琅满目的商品是数据化了的现实物品；美团、大众点评、聚划算等团购网站上各种各样的打折信息是数据化了的服务；微博、知乎是数据化了的思想和观点，转发是数据化了的传播；微信朋友圈数据化了人与人的关系；街旁等签到网站是数据化了的位置；而各种地图应用则是数据化的地理场景，线上是线下的数据化映射。数据化意味着事务在数据空间里的极易操作，往往由此产生出伟大的创意和赚钱的商业。我们应该意识到，人和物的一切状态和行为都能量化、数据化，能够在数据空间中被操作。

智能手机被誉为人的新器官，它可能比你最亲近的人都要了解你的一切。马化腾曾经在 WE 大会上称："近两年，手机成为人的一个电子器官的延伸这个特征越来越明显,它有摄像头、感应器,而且通过互联网连在一起了。"现在的智能手机就是一个传感器的综合体,是一个强大的数据化终端。更进一步,当感知、计算和通信等能力植入每个物体,这就是我们现在所说的物联网。任何物品都链接在这个网络上,成为一个数据源,充斥我们的生活。

2. 认知数据的价值

美国有一家创新企业 Decide.com,它可以帮助人们做购买决策,告诉消费者什么时候买什么产品,什么时候买最便宜,预测产品的价格趋势,这家公司背后的驱动力就是大数据。他们在全球各大网站上搜集数以十亿计的数据,然后帮助数以十万计的用户省钱,为他们的采购找到最好的时间,降低交易成本,为终端的消费者带去更多价值。在这类模式下,尽管一些零售商的利润会进一步受挤压,但从商业本质上来讲,可以把钱更多地放回到消费者的口袋里,让购物变得更理性,这是依靠大数据催生出的一项全新产业。

大数据的真正价值在于创造,在于填补无数个还未实现过的空白。有人把数据比喻为蕴藏能量的煤矿,煤炭按照性质有焦煤、无烟煤、肥煤、贫煤等分类,而露天煤矿、深山煤矿的挖掘成本又不一样。与此类似,大数据并不在"大",而在于"有用",价值含量、挖掘成本比数量更为重要。基于大数据形成决策的模式已经为不少的企业带来了盈利和声誉。

案例

今日头条的"大数据"实践

大数据场景应用下,以今日头条为代表的搜索、推荐、个性化定制的新闻客户端凭借技术优势成为业界焦点。通过数据分析、数据挖掘、信息检索、个性推荐算法、人工智能等技术手段,今日头条得以实现最精准的内容推荐。今日头条作为最近几年来最火的移动互联网产品之一,其成功在很大程度上取决于头条团队大胆地利用大数据和人工智能技术颠覆传统的内容传播形式。

2018年,今日头条App累计激活用户数超7亿,MAU达2.63亿,月用户时长超20小时。用户中,女性用户占45%,男性用户占55%;从地域分布看,一二线城市的用户占到一半,三线及以下城市用户占比49.8%。用户使用App越多时,发生的动作类型就越多,如用户的互动、阅读内容的数量、速度及场景等。通过这些动作收集而来的数据能够完整地描述用户画像,当细化的描述形成有结构的表格后,今日头条就能"认识"每一个人。然后再以同样的方法"认识"每篇文章、每个关键词后,系统就能够让他们在向量空间中拥有各自的位置,并通过算法进行匹配。当匹配度越高的时候,系统就认为这是该用户最想得到的信息,并进行推送。

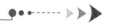

在整个推荐过程中，受众也会对文章进行反馈。对于反馈信息，会把它沉淀下来放到媒体实验室，而媒体实验室就是对今日头条后台数据进行提取和分析的数据产品。但媒体实验室现在最主要的功能就是来促进创作、服务创作者，用数据来告诉创作者，目前的内容的潮头在哪里？他们写什么样的东西可能会受欢迎？受众是什么样子的？等等。

三、平台思维

平台通常引申指供人们舒展才能的舞台或指进行某项工作所需要的环境或条件。平台的意义很广泛，不同人从事不同行业甚至在同一行业从事不同的方向对平台的认识和理解可能都会不同。在互联网时代，平台是指在平等的基础上，由多主体共建的、资源共享、能够实现共赢的、开放的一种商业生态系统。

平台的奇妙特性"人人为我，我为人人"。也就是说，只要参与到平台中去，无论你的初衷是不是单纯的利己，都会使得平台内部的参与者起到了提升价值的作用，同时也对平台自身起到了提升价值的作用。即平台内容越丰富，使用者感受到的价值越高，平台内容越丰富，平台本身的话语权就越大。平台思维是商业模式、组织模式的理解。互联网的平台思维就是开放、共享、共赢的思维。打造多方共赢生态圈，不具备这种能力的要善于利用现有生态圈。让企业成为员工的平台，企业内部打造"平台型组织"。

2013年12月，阿里集团与海尔战略合作之后，张瑞敏说："传统企业的驱动力就是美国的企业史学者钱德勒所说的，就是规模经济和范围经济。规模经济是什么？就是做到最大，范围经济是什么呢？就是做到最广，按照现在国家提的，就是做大做强。但是互联网时代的驱动力不是这个驱动力，它的驱动力就是平台。平台是什么呢？其实很简单，就举阿里这个例子，世界上实体的销售网络谁能做到一万亿元？所以平台是什么？平台就是快速配置资源的框架，平台就是生态圈。所以马云说，阿里不是帝国，是生态系统，我觉得这是关键，其实生态系统是开放的，帝国是封闭的。我们现在自己正在做的就是怎么样变成开放，所以我们和阿里的合作，等于我们可以更好的向阿里学习，更快的加快我们自己的发展。"2014年，海尔集团又提出了"企业平台化、用户个性化、员工创客化"的概念。其中"企业平台化"则为企业外部的平台化，"员工创客化"则为内部的平台化。这种平台思维的核心即"共建、共享、共赢、平等、开放"。

四、简约思维

简约思维，即企业在产品规划和品牌定位上，要力求专注、简单，在产品设计上，要力求简洁、简约。随着互联网时代的信息爆炸，消费者的选择太多，而选择时间又太短。为此，企业该如何在短时间内抓住消费者的心，才能从互联网的竞争中脱颖而出呢？

了解人类的本性对于确保顾客满意是至关重要的。从低等的阿米巴变形虫开始，每一种生物体天生都倾向于寻找所有问题的最简单解决方法，寻找从一点到另一点的最简单途径。哈佛大学的一位学生设计了一个实验来判定人们是否会从对一件事情复杂的解释中选择最简单的那个，结果显示测试者一直都倾向于更简单的解释。人类倾向于追求简单。在一个淹没在饱和的产品种类、充斥着广告和连续媒体流的环境中，简单就是竞争优势。在互联网发展初期，很多产品设计是在思考如何设计一个最为全面的产品、包罗所有的功能。但是随着互联网的发展，我们发现用户对简单的界面的交互性最强，简单可以带来较高的用户黏性。百度的页面设计正是很好地诠释了简约思维，他们的页面上只有搜索词条输入框，简单明确的突出了网页的主要功能，反而增加了用户对于搜索引擎的使用。

《营销周刊》（*Marketing Week*）的一份调查显示，消费者有87%的可能性会给朋友推荐他们认为简单的品牌，而不是复杂的品牌。在消费者因为每天从企业和媒体得到的产品、消息和信息而感到茫然和迷惑的时代，复杂性带来的危害是极大的。《哈佛商业评论》重点报道的一项研究概括出了"抉择简单指数"的概念，这是判断消费者收集并了解一个品牌信息容易程度的标准。这项研究揭示了3个关键因素：导航（收集信息的容易度）、信任（信息的可信度）和对比（权衡选择的容易度）。你让消费者的选择变得越轻松，他们就越有可能选择你。如果你提供的不是最简单的解决方案，那么你肯定会在消费者决策的过程中遭到淘汰。

 案例

MUJI 无印良品的简约主义

无印良品在日文里的意思就是没有品牌标签的好产品。无印良品的设计师——原研哉是设计大师，无印良品目前已有超过七千种产品，但是从产品设计到海报宣传，都没有太多的语言。原研哉赋予无印良品的设计理念是"空（Emptiness）"。"通过尽可能简单的设计，创造出适用于各种生活环境及任何人群的东西，让18岁的小单身和60多岁的老夫妇都对产品十分满意"，原研哉说："这就是无印良品的质量"。

无印良品曾一度被认定为无设计，因为他们的无设计突出了产品最主要的功能，正是这些"无设计"吸引着用户成为他的铁杆粉丝，这便是简约的力量。

简约就是在做减法，苹果公司就深谙这个道理，1997年，苹果公司走到破产的

边缘，乔布斯临危受命，回归苹果。回归之后，乔布斯砍掉了苹果 70% 的产品线，重点开发 4 款产品，很快就让苹果起死回生，扭亏为盈。

本章小结

本章我们带大家进一步理解了创新和创业的概念、创业的特征与类型、创业者的特质及大学生创业的相关背景，学习了"互联网+"时代下创业的几种关键思维，希望学生能够结合自己生活中的实际情况，从细节出发，从小事观察，真正洞察生活中存在的痛点与亟待解决的问题，产生出符合时代特性与用户需求的创意。

技能训练

训练项目1 你可以开始创业了吗？

在"大众创业、万众创新"的环境下，很多大学生对于创业都跃跃欲试，但是不可忽视的是，很多时候我们只看到了美团、大众点评的辉煌，却忽略了"千团大战陨落"的失败者；只看到了 2014 年滴滴打车、快的打车的贴现大战的不亦乐乎，却忘了其他近百家打车公司的出局。创业有成功，就会有失败，创业是一种选择，并不是每个大学生都适合创业，即使一个人具备了创业的激情和基本素质，也不意味着就可以马上开始创业。因此，大学生选择创业这条职业生涯发展路线时，也要先认识自身及环境现实，这样才有成功的机会。

一、活动参与人数

人数不限。

二、活动场地和道具

活动场地可在课堂上展开，也可由学生自行完成。

三、活动组织

教师指导、学生独立完成评估。

四、活动步骤——自我能力评估

个人是否适合创业，需要个体结合自身的兴趣爱好、能力态度及掌握的经验和资源进行综合测度。认识自我，可以从"我是谁、我知道什么、我认识谁"三方面入手，"我是谁"包括个体自身拥有的特质、能力等，"我知道什么"陈述个人掌握的知识和经验，"我认识谁"则是一个人的人脉资源，这是创业过程中非常重要的资源。根据表 2-1 中所示内容，完成自我认识评估。通过自我认识评估，了解自身优

势和劣势，拥有的资源和面临的困难，以此创造多种实现目标的可能性路径。

表 2-1   自我认识评估

一级指标	二级指标	内容
我是谁	我的性格特点	
	我的兴趣爱好	
	我的能力	
	我对创业的看法及态度	
我知道什么	我的专业领域	
	除了专业外，我还具有哪些知识和技能	
	从事过哪些工作	
	具备哪些工作经验	
我认识谁	家人及其工作领域	
	朋友、同学及其优势领域	
	领导、同事能够给我的帮助	
	用户、合作伙伴的工作领域	
	偶然认识的人	

通过上述评估，以创新能力和管理能力、业务能力、人际资源为判断条件定位自己的角色，一般而言，个人特征性格中创造力和创新能力较强的，拥有的业务能力和人脉资源较丰富的人是比较适合创业的。

训练项目 2   提出你的商业创意

结合你生活中的观察与本章学习的内容，提出 3~5 个具有一定可行性的商业创意，并阐述运用了哪些创新思维与方法？

示例：

我的商业创意是……

我是如何思考的？

我的目标群体是？

我想要达成怎样的商业目标？

训练项目 3   纸飞机（造飞机）

活动说明：与同桌的同学，用报纸制作纸飞机，看看哪个飞机飞得最好。

活动时间：35 分钟

活动规则：

1. 必须保持报纸的完整，不能剪、撕。

2. 报纸上不能加其他任何东西。

3. 必须是飞机的样子，一个纸团不算。

4. 不能试飞。

活动流程：

教师	学生
询问学生是否有问题，如没有，学生开始制作纸飞机 3 分钟	按小组制作纸飞机
制作结束，集体试飞	试飞
记录各小组成绩	各小组有一次改进的机会，需要有一人记录改进的部位
小组讨论：如果同样的飞机进行批量生产，怎样才能提高生产效率？	讨论批量生产计划
老师发出"开始"指令，请学生尽快制作 5 个一模一样的纸飞机。 要求：纸飞机的质量及是否每个纸飞机都跟改良版的一样（活动等到所有小组都完成后结束 5 分钟）	批量生产"改良"版纸飞机
花几分钟的时间考虑如何设计或调整其中的一个纸飞机，用现有的材料，定位新的目标市场（5 分钟）	讨论，设计，重新定位新的目标市场
从桌子上再取一张新报纸，为造好的一个纸飞机添加装饰，使你的飞机销路更好（5 分钟）	讨论，设计，装饰一个纸飞机
组织分享，活动点评	

训练项目 4　痛点风暴

活动目的：通过激励行为拓宽关于发散思维话题的讨论，帮助学生在专业领域内产生创意。

活动流程：

1. 请说出自己愿意花钱来解决的一个问题。

2. 请根据问题提出解决问题的点子，看看谁会花钱购买点子。

3. 组织买点子和卖点子的同学商讨交易。

4. 两位同学洽谈，看看是否能够达成共识。

5. 总结与反思。

活动注意事项：

1. 需要学生提前准备。

2. 不能批评他们的想法。

3. 如点子不受欢迎，马上换一个。

第三章　创业机会的识别与评价

知识目标

1. 了解创业机会的特征，学会识别创业机会。
2. 学会分析创业机会所处的环境。
3. 了解和掌握评估商业机会的方法。
4. 了解和掌握项目筛选和评价的方法。

技能目标

使学生了解创业机会的来源，能够通过外部环境的分析认识商业机会，了解创业机会的特征、类型，掌握创业机会的识别过程，了解创业机会评估的方法，能够通过对自身条件及与创业机会的匹配，从而学会对创业项目进行筛选。

训练项目：

1. 创业机会分析
2. 创业项目策划
3. 创业项目优化

▶▶▶ 案例导入

刘佳豪建立的"中捷乐淘—全网生活—站通"商业网络

刘佳豪是北京财贸职业学院连锁经营管理专业的一名毕业生，是双向O2O行业领军品牌"中捷乐淘"的创始人、北京豪钥科技股份有限公司董事长，"85后"创业中的佼佼者。

2014年9月，刘佳豪创办北京豪钥科技有限公司，创立O2O电商领域领军品牌"中捷代购"。自2014年起经三轮融资，2017年7月完成上市，更名"中捷乐淘"，整合了商业连锁、电子商务、线下社区便利店的优势于一体，对接线上优质资源，

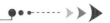

并以"最后一公里、生活服务"为主线的双向O2O平台。让用户99%的需求可以不出社区解决购物问题，历经短短4年，公司发展迅猛，"中捷乐淘"致力于打造43000家服务店，覆盖到每一个乡镇，成为中国双向O2O行业的引领者。

刘佳豪的创业历程大致可分为3个阶段：传统零售阶段、传统互联网阶段及O2O阶段。

2004年暑假，还在上高中的刘佳豪利用积攒的2000元压岁钱，开设了第一家实体店——友记珠宝；在后来逐步开设了6家连锁店，并在北京西单开设了旗舰店，赚取了人生第一桶金。

2007年，考上大学的刘佳豪，创立了作业派网站，正式进入互联网行业。

2014年，刘佳豪创立了中捷乐淘，成为中国最早一批进入O2O行业的创业者，通过将近5年的发展，中捷乐淘已经成为社区O2O电商的领军品牌。

案例解析：

刘佳豪的创业经历充满了年轻人的闯劲。他敏于观察、善于思考、勤于行动，边读书学习边尝试创业，用积攒的压岁钱开始了自己的创业之路。他从生活中发现了商业机会，及时把握商业机会，把想法转变为创业行动。他把学习的专业知识运用于创业实践，敏锐地抓住了互联网创业机会，并在不断探索中去创新商业模式，闯出了一条互联网创业之路。

第一节　创业机会的识别

一、创业机会

（一）创业机会的涵义

机会，指具有时间性的有利情况。人们常说，机不可失时不再来，体现出机会的随机性，其产生于多种因素复杂变化过程之中，并具有时间限制性，以及识别和运用机会的及时性。比如2020年初全球爆发的新冠病毒疫情，病毒的接触传播阻断了人与人的近距离接触，如何解决非接触式服务问题，互联网+人工智能服务成为新的商业机会，送药机器人、无人驾驶快递车等智能设备成为疫情期间的新宠儿，一批智能产品应运而生。

创业机会是一种具有商业价值、具有一定创造性的想法或概念，两者表现为特定的组合关系，只有具有商业价值的创意才能称为创业机会，才能转化成为创业项目。创业机会的3层含义如下：

第一，创业机会是可以为购买者或使用者创造或增加价值的产品或服务，它具

有吸引力、持久性和适时性。

第二，创业机会是可以引入新产品、新服务、新原材料和新组织方式，并能以高于成本价出售的情况。

第三，创业机会是一种新的"目的——手段"关系。

（二）创业机会的特征

美国百森商学院蒂蒙斯教授在《21 世纪创业》中提出创业机会的 4 个特征。

1. 吸引顾客

创业机会要满足真实的市场需求，只有能为消费者创造新价值或增加原有价值，才能对顾客产生吸引力，才可能具有良好的市场前景，也就是说创业机会要有价值性。

2. 在商业环境中行得通

有价值的创业机会不但能让创业者在承担风险和投入资源之后，还能收回投资，更能创造更高的价值，即消费者认为购买你的产品或服务比购买其他的产品或服务能够获得更高的价值，也体现了创业机会的价值性。

3. 在机会之窗存在期间被实施

机会之窗是指商业创意被推广到市场上所花费的时间，若机会窗口存续时期同是创业的时间期限，即时机，所谓"机不可失，失不再来"。而且新产品市场建立起来，机会窗口就被打开了。机会窗口一般会持续一段时间，不致转瞬即逝，但也不会长久存在。随着市场的成长，企业进入市场并设法建立有利可图的定位，当达到某个时点，市场成熟，竞争者已经有了同样的想法并把产品推向市场，那么机会之窗也就关闭了。因此，特定的创业机会仅存在于特定的时段内，创业者务必要把握好这个"黄金时间段"，这也体现了创业机会的时效性。

4. 有必要的资源（人、财、物、信息、时间和技能等）

在"商业环境中行得通"是前提。说明创业机会必须适合创业者所处的市场环境，创业者才有可能开发和利用这种机会，这就是创业机会的可行性。否则，机会再好，创业者却因缺乏必要的资源无法加以利用，这样的市场机会对于特定的创业者来说不能称之为创业机会。

（三）创业机会的类型

正确认识创业机会的类型，对于识别机会、评估机会及选择机会具有重要意义。根据不同的标准，可以有不同的方法划分创业机会。

根据创业机会出现的特性及持续的时间可以划分为突发式短期机会、孕育式周期机会及演化式长期机会 3 种典型的市场机会。

1. 突发式短期机会

很多机会的出现并没有先兆，而是突然发生的，它的持续时间往往非常短，转

瞬即逝。例如，火灾等自然灾害带来的建材销售机会，以及三鹿奶粉事件突发造成的奶粉供需矛盾，戴安娜突然去世引致的"戴安娜热潮"等均属突发性短时机会。这类机会一般持续时间在数周至数月不等，"热潮"是这类需求的最好表达，"事件营销"是企业对这类机会的最好反应。一般来讲，这类机会不适合成立新企业去专门把握，而比较适合现有企业充分利用。因为，创业需要一定的投入与产出周期，而这类机会的窗口时间太短，新创业企业缺乏必要的时间利用这种机会。

2. 孕育式周期机会

大多数市场机会的出现不是偶然的，而是有其必然的内在原因，是一个从量变到质变的过程，有一个从孕育、成长、成熟到衰退的周期性过程。例如，某种风格的服装，从个别明星的穿着，到上层人士的模仿，再到社会大众的跟随，一般会经历这样的从偶然到必然的周期性过程。这类机会持续时间一般短则数月，长则数年，甚至数十年。"流行、时尚、风格"是对这类机会的最好表达，"战术营销"是企业对这类机会的最好反应。

这类机会适合新创业企业去把握，它提供给新企业的时间窗口足够长，有充分的余地完成创业的过程。但必须注意介入时间的选择，当行业已经发展到成熟期时，市场机会就对新企业关闭了。很多企业的生命周期只有几年到几十年左右，与这类市场机会的周期性有密切关系，可以说大多数企业都属于周期性机会型企业，当市场机会周期过后，它们中的大多数企业都未能适应市场机会的演变而随着市场的衰退而凋零了。

3. 演化式长期机会

宏观环境变化带来的市场机会属于这类机会类型，其特征如下。

（1）复制型创业

复制原有公司的经营模式，创新的成分很低。例如，某人原本在餐厅里担任厨师，后来离职自行创立一家与原服务餐厅类似的新餐厅。新创公司中属于复制型创业的比率虽然很高，但由于这类型创业的创新贡献太低，缺乏创业精神的内涵，不是创业管理主要研究的对象。这种类型的创业基本上只能称为"如何开办新公司"，因此很少会被列入创业管理课程中学习的对象。

（2）模仿型创业

这种形式的创业，对于市场虽然也无法带来新价值的创造，创新的成分也很低，但与复制型创业的不同之处在于，创业过程对于创业者而言还是具有很大的冒险成分。例如，某一纺织公司的经理辞掉工作，开设一家当下流行的网络咖啡店。这种形式的创业具有较高的不确定性，学习过程长，犯错机会多，代价也较高昂。这种创业者如果具有适合的创业人格特性，经过系统的创业管理培训，掌握正确的市场进入时机，还是有很大机会可以获得成功。

（3）安定型创业

这种形式的创业，虽然为市场创造了新的价值，但对创业者而言，本身并没有面临太大的改变，做的也是比较熟悉的工作。这种创业类型强调的是创业精神的实现，也就是创新的活动，而不是新组织的创造，企业内部创业即属于这一类型。例如，研发单位的某小组在开发完成一项新产品后，继续在该企业部门开发另一项新品。

（4）冒险型创业

这种类型的创业，除了对创业者本身带来极大改变，个人前途的不确定性也很高；对新企业的产品创新活动而言，也将面临很高的失败风险。冒险型创业是一种难度很高的创业类型，有较高的失败率，但成功所得的报酬也很惊人。这种类型的创业如果想要获得成功，必须在创业者能力、创业时机、创业精神发挥、创业策略研究拟定、经营模式设计、创业过程管理等方面，都有很好的搭配。

二、创业机会的来源

创业机会有五大来源：现实问题、创造发明、竞争优势、新知识和新技术的产生、环境变化。但是，归根到底创业机会来自一定的市场需求和变化。变化就是机会环境的变化，会给各行各业带来良机，人们透过这些变化，就会发现新的前景。

（一）现实问题

创业的根本目的是满足顾客需求。而顾客需求在满足之前就是问题，寻找创业机会的一个重要途径是善于去发现和体会自己和他人在需求方面的问题或生活中的难处。例如，房地产中介行业的产生源于人们置业与换房的需要。

人们生活中总有一些"苦恼的事"和"困扰的事"，总是迫切希望能够解决，如果能提供解决的办法，实际上就是找到机会。例如，双职工家庭没有时间照顾小孩，于是有了家庭托儿所；没有时间买菜，就产生了送菜公司，这些都是从痛点中寻找机会。

（二）创造发明

创造发明提供了新产品、新服务，更好地满足顾客需求，同时也带来了创业机会。例如，随着计算机的诞生，计算机维修、软件开发、计算机操作的培训、图文制作、信息服务、网上开店等创业机会随之而来，即使你不发明新的东西，你也能成为销售和推广新产品的人，从而给你带来商机。

（三）竞争优势

如果你能弥补竞争对手的缺陷和不足，这也将成为你的创业机会。看看你周围

的公司，你能比它们更快、更可靠、更便宜地提供产品或服务吗？你能做得更好吗？若能，你也许就找到了机会。

（四）新知识和新技术的产生

例如，随着健康知识的普及和技术的进步。围绕"水"就带来了许多创业机会，上海就有不少创业者通过加盟"都市清泉"而走上了创业之路。

（五）环境变化

创业机会大多产生于社会环境中不断发生的变化，在变化中孕育机会。著名管理大师彼得·德鲁克将创业者定义为那些能"寻找变化，并积极反应，把它当作机会充分利用起来的人"。创业者就是那些能敏感地在变化中发现先机和把握先机的人。影响变化的因素很多，主要从科技发展、产业结构的变动及社会结构的变化等方面。具体分析以下几点。

1. 科学技术进步

科技改变生活。互联网技术的出现，在很大程度地改变了人们的生活方式和思维方式，从而使人们的生活变得更加简单、高效和快捷。互联网已经深入到生活的方方面面。支付方式有支付宝和微信，逛街购物只要一部手机；出行方式有各种App使出行变得更加快捷；云端服务、移动办公更加方便高效；社交方式有微信、QQ等社交工具的存在让人生活在同一个地球村，聊天面对面，更加的方便和快捷；电子商务改变了人们的购物习惯，网上购物、外卖送餐成为年轻人的新生活方式。

2. 产业结构变化

随着中国经济的快速崛起发展，第三产业服务业正在发生变化，绿色经济正在成为新的经济发展模式。"绿水青山，就是金山银山"生态观念的变化，使得全国各地都非常重视环境建设，将运动健身、休闲旅游与自然山水巧妙融合，新兴的康养旅游业已经成为新的发展方向。在国际上，休闲旅游要素呈现国际化的趋势，随着国际化元素的引入和中国休闲者走向世界的两大发展态势，旅游企业正在向全球性旅游集团发展。

3. 人口结构变化

社会老龄化，二孩政策的放开等都可以产生新的机会。例如，为老年人提供健康保障用品，二孩带活月嫂市场，为年轻女性和上班女性提供的用品，为家庭提供文化娱乐用品。也就是说，我们集中盯住某些顾客的需要就会有机会。机会不能从全部顾客身上去找，因为共同需要容易认识，基本上已很难再找到突破口。而实际上每个人的需求都是有差异的，如果我们时常关注某些人的日常生活和工作，就会从中发现某些机会。因此，在寻找机会时，应该习惯把顾客分类，如政府职员、菜

农、大学讲师、杂志编辑、小学生、单身女性、退休职工等，认真研究各类人员的需求特点，机会自见。

三、影响机会识别的关键因素

在影响机会识别和开发的各项因素中，主要从创业机会的自然属性和创业者的个人特征两方面来划分。

（一）创业机会的自然属性

机会的特征是影响人们是否对之进行评价的基本因素，创业者选择这项机会是因为相信其能够产生足够的价值来弥补投入的成本。就创业而言，创业的核心产品和所面对的市场，这两者就属于创业机会的自然属性，它们显然不依赖于创业者自身或者创业机会的其他特征而客观存在，但是对创业活动的实施与开展起到巨大的影响。

例如，在信息时代的今天，创业者开设一家互联网餐厅与开设一家传统餐厅，这两个创业机会的自然属性显然是大不一样的。互联网作为一个创业的平台，已经给无数人带来了商机，从创业机会的自然属性来看，开设一家成功的网店与开设一家传统餐厅的要求是不同的。一家新网店要从电子商务竞争中脱颖而出就必须依据电子商务商业创业的自然属性要求。

（二）创业者的个人特征

对于机会识别来说，重要的因素来自创业者的个人因素，从本质上说，机会识别是一种主观色彩相当浓厚的行为。事实上，即使某一机会已经表现出较好的预期价值，但是并非每个人都能从事这一机会的开发，并且坚持到最后的成功，因此创业者的个人特征对于机会识别来说更为重要。普遍而言，下面的几类因素被认为是那些机会青睐的特定创业者具备的特征。

（1）先前经验。在特定产业中的先前经验有助于创业者识别机会。调查发现，70%左右的创业机会，其实是在复制或修改以前的想法或创意，而不是全新创业机会的发现。

（2）个人性格特性。如"对信息的警觉性"，创业者比一般的经理人更加渴望信息，更倾向于在信息搜索上花更多的时间，搜索方式也有所不同。又如"自信"，成功的创业者需要有执着的信念，并且能够坚持他们的事业直至最后成功。

（3）专业知识。拥有在某个领域更多专业知识的人，会比其他人对该领域内的机会更具警觉性与敏感性。例如，一位计算机工程师，就比一位律师对计算机产业内的机会和需求更为警觉与敏感。

（4）社会关系网络。个人社会关系网络的深度和广度影响着机会识别，这已是不争的事实。通常情况下，建立了大量社会与专家联系网络的人，会比那些拥有少量网络的人容易得到更多机会。

（5）创造性。从某种程度上讲，机会识别实际上是一个创造过程，是不断反复的创造性思维过程。在许多产品、服务和业务的形成过程中，甚至在许多有趣的商业传奇故事中，我们都能看到有关创造性思维的影子。

值得注意的是，这些个人因素并非彼此独立存在，在某种程度上，它们彼此之间也存在一定的关联性。

四、创业机会识别的过程

创业机会识别是创业领域的关键问题。识别创业机会是思考和探索的互相反复并将创意/创新进行转变，是一个不断调整、反复、均衡的过程。这一过程，机会的潜在预期价值及创业者的自身能力得到反复的权衡，创业者对创业机会的战略定位也越来越明确，称为机会的识别过程，也可称为机会开发过程。一般包括机会搜寻、机会筛选、机会评价、机会识别条件等阶段。

（一）机会搜寻

创业者对整个经济系统中可能的创意展开搜索，如果创业者意识到某一创意可能是潜在的商业机会，具有潜在的发展价值，就进入机会识别的下一阶段。

（二）机会筛选

机会筛选是从创意中筛选合适的机会。通过对整体的市场环境，以及一般的行业分析来判断该机会是否在广泛意义上属于有利的商业机会；同时，考察这一机会对于特定的创业者和投资者来说是否有价值。

（三）机会评价

考察的内容主要是各项财务指标、创业团队构成等，创业者通过评价决定是否正式组建企业吸引投资。在机会识别初始阶段，创业者可以非正式地调查市场的需求，确定所需的资源，直到断定这个机会值得考虑或是进一步深入开发；在机会开发的后期，这种评价变得较为规范，并且主要集中于考察这些资源的特定组合是否能够创造出足够的商业价值。

（四）机会识别条件

（1）能够发现价值。即获取高价值的商业信息，而这种信息往往是他人难以接

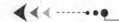

触到的。这主要是从信息获取渠道及个人创业愿望两个方面来理解的。

（2）能够分析价值。即分析出商业信息的价值所在并作出准确的判断与决策。当然，影响信息分析能力的因素有创业者个人或者团队的智力结构与先前经验、创新思维能力、创业者是否拥有乐观的心态、创业者是否具备敏锐的洞察力等。

第二节　创业机会环境分析

创业者要从外部环境分析认识商业机会，采取适合自身企业的商业模式整合外部资源来适应外部环境。对于不同类型的初创企业根据外部环境采用灵活的市场定位整合产业资源，同时初创企业还要根据企业所处的不同阶段而选择不同的发展战略。

一、宏观环境分析

宏观环境是指影响一切行业和企业的社会诸多因素构成的外部大环境。不同行业和企业根据自身特点和经营需要，分析宏观环境因素会有一些差异，分析的具体内容也不尽相同，但一般都采用 PEST 分析方法，即从 P 是政治（Politics）、E 是经济（Economy）、S 是社会（Society）、T 是技术（Technology）的 4 个方面来进行外部环境因素分析。分析创业机会的宏观环境对创业者和初创企业的间接影响是巨大的，为了更好地适应外部环境和把握机遇，创业者必须了解和熟悉初创企业无法控制的宏观环境因素。一个国家和地区的政策环境变化，会对政治、经济、文化和产业带来一定的影响，并产生一些商业机会，对于创业机会的识别首先我们从政策环境分析入手。

（一）政治环境分析

国内政治局势和政策环境分析，政局安定，必然促进经济繁荣。人民安居乐业，市场需要增长，也为企业发展创造了机会。政治形势是企业确定发展规模、发展速度的重要依据，也是企业能否引进外资的重要条件。

政治环境分析主要是对组织经营活动具有实际与潜在影响的政治力量和有关的法律、法规等因素。当政治制度与体制、政府对组织所经营业务的态度发生变化时，当政府发布了对企业经营具有约束力的法律、法规时，企业的经营战略必须随之作出调整。

法律环境主要包括政府制定的对企业经营具有约束力的法律、法规，如反不正当竞争法、税法、环境保护法及外贸法规等，政治、法律环境实际上是和经济环境密不可分的一组因素。处于竞争中的企业必须仔细研究一个政府和商业有关的政策

和思路，如研究国家的税法、反垄断法及取消某些管制的趋势，同时了解与企业相关的一些国际贸易规则、知识产权法规、劳动保护和社会保障等。这些相关的法律和政策能够影响到各个行业的运作和利润。

（二）经济环境分析

国内外经济环境的变化会对企业的经营和产业的发展产生较大的影响。经济环境分析的内容主要包括：一个国家的经济制度、经济结构、产业布局、资源状况、经济发展水平及未来的经济走势等。例如，GDP 的变化发展趋势、利率水平、通货膨胀程度及趋势、失业率、居民可支配收入水平、汇率水平、能源供给成本、市场机制的完善程度、市场需求状况等。

由于企业是处于宏观大环境中的微观个体，经济环境决定和影响其自身战略的制订，经济全球化还带来了国家之间经济上的相互依赖性，企业在各种战略的决策过程中还需要关注、搜索、监测、预测和评估本国以外其他国家的经济状况。例如，2019 年中美贸易摩擦，华为遭受来到美国政府的重压，在压力的迫使下华为的市场拓展遭遇很多困境，而在困境中华为进行技术突围，产生了一系列内部解决方案，变成一个有生态的硬件配置企业，困境为"逆转"创造了机会。正是由于美国制裁到来，让华为更有团队的凝聚力，全部业务流程都获得了再次整理融合，运行也更为高效率。

（三）社会环境分析

社会环境的变化对企业的经营也会起到显著的影响。社会环境分析的内容主要包括：当地的社会治安状况如何；交通是否便利，水、电、气、网络、通信是否设施完备；医疗卫生、教育文化、娱乐休闲、餐饮购物是否便利等。例如，北京新城区规划建设，东西城合并后建设中央商务区，新的城区建设将打破原有的平衡带来新的商机；北京市疏解城市功能区限制外来人口会影响到在北京市的相关的企业经营和居民生活，这方面会存在商业、交通、物流等商业机会；北京市城市副中心建设会影响到一大批机关事业单位、学校、医院、餐饮的搬迁，原有的物理空间是"腾笼换鸟"还是重新规划建设，搬迁到通州的这些群体存在显著的交通、餐饮、住宿、医疗、文娱等服务需求；国家提出的京津冀一体化协同发展战略，促进了产业集聚、人才流动、技术转移和资源整合，为地域、产业和企业发展带来了新的机遇。

（四）技术环境因素分析

创新创业活动的进行在很大程度上受到科学技术方面因素的影响。科学技术是

最引人注目的一个因素，新技术革命的兴起影响着社会经济的各个方面，人类社会的每一次重大进步都离不开重大的科技革命。对于初创企业的科技环境因素分析，大体包括社会科技水平、社会科技力量、国家科技体制、国家科技政策和科技立法等。

社会科技水平包括科技研究的领域、科技研究门类分布及先进程度和科技成果的推广与应用。社会科技力量指一个国家或地区的科技研究与开发的实力。科技体制指一个国家社会科技系统的结构、运行方式及其与国民经济其他部门的关系状态的总称。国家的科技政策与科技立法指的是国家凭借行政权力与立法权力对科技事业管理、指导职能的途径。创业者应当重视科学技术迅猛发展对初创企业带来的深远影响。

技术环境的变化可能对企业的经营发展影响更直接一些。技术环境分析的内容主要包括当前有哪些技术发明和主流技术在主导和影响着社会发展和生活形态。例如，计算机三次浪潮带给人类生活方式的巨变，城际高铁的发展改变了我们出行的方式，互联网技术的普及使我们已经离不开网络生活，4G技术的出现改变了我们的移动数字生活，GPS和北斗卫星遥感信息技术的成熟促进了驾车出行的便捷。随着我国宽带和5G基础设施建设的不断完善，互联网和物联网技术的高速发展，通过技术环境分析创业者会发现，哪些技术水平发生了变化，哪些技术服务模式开展了创新，哪些技术的应用会显著地影响到产业发展和人民生活，哪里就存在创业机会。

二、创业机会的行业环境

初创企业的行业环境是指提供同一类产品（或服务）或提供具有可替代性产品（或服务）的企业群由于产品有许多相似的属性，会为争夺相同顾客展开激烈的竞争。在进行行业环境分析时，首先，要把握好行业整体经济特性，需要密切关注市场区域范围及规模大小、行业进入与退出壁垒及难易程度、对资源的要求程度及平均投资回收期、市场成熟程度和市场增长速度、行业中公司的数量及其规模、购买者的数量及规模、分销渠道的种类及特征、技术革新的方向及速度、行业总体盈利水平等，这方面内容可以依托行业生命周期模型来分析。其次，创业者可以根据迈克尔·波特行业五力结构分析模型来研究行业竞争力量。

（一）行业生命周期分析

行业生命周期模型是研究行业演变对竞争力量影响的分析工具，它将行业的演变的4个连续阶段，对应着4种不同行业环境：萌芽、成长、成熟和衰退。

1. 萌芽阶段

行业是刚刚开始发展的行业，在这一阶段行业成长较慢，这是因为购买者不熟

悉行业产品，企业无法实现规模经济导致产品价格较高，分销渠道发展不完善。这一阶段行业的进入壁垒来自掌握技术上的优势而不是规模经济所要求的成本或品牌忠诚。在萌芽阶段，竞争主要在于如何更有效地吸引顾客、打开分销渠道、完善产品设计，而不是降低价格。

2. 成长阶段

随着产品需求的上升，行业开始进入成长阶段。在成长阶段，由于大量新顾客的涌入，需求增长迅速。成长阶段的典型特征是顾客对产品逐渐熟悉，规模经济的效应导致价格下降，分销渠道逐步成熟构建。当行业进入成长阶段后，技术知识作为壁垒的重要性逐渐消失。因此，这一阶段来自潜在竞争者的威胁最大。

3. 成熟阶段

市场需求完全来自产品更新，需求增长缓慢或停滞。行业进入成熟阶段后，进入壁垒开始提高，潜在竞争者的威胁变小了。随着需求增长的下降，企业已经不可能仅凭现有的市场份额实现过去那样的增长。进入成熟阶段，行业中的企业已经逐步建立了品牌忠诚，实现了低成本运营。

4. 衰退阶段

在诸多因素的作用下需求增长变成负数。原因可能是技术替代社会变革、人口因素和国际竞争。在衰退行业中，现有企业间的竞争会加剧。主要原因在于需求下降或退出障碍导致的产能过剩。退出障碍越大，企业越不愿意削减产能，价格竞争的威胁就越大。

（二）行业竞争环境五力竞争模型分析

行业竞争环境分析通常采用迈克尔·波特创立的五要素竞争力模型，简称"五力模型"（见图 3-1）。根据波特的观点，决定企业竞争格局的 5 种力量分别是：供应商的议价能力、购买者的议价能力、潜在竞争者进入的能力、替代品的替代能力、行业内竞争者现有的竞争能力。该模型为识别和分析企业竞争因素的来源提供了一个很好的分析框架，描述了行业内决定价格、成本关系及决定产业利润水平的 5 种力量。通过分析能够表明创业企业应该采用的合适的竞争战略类型及应该获取和开发的资源。

1. 供应商的议价能力

供方力量的强弱取决于他们所提供给买方的是什么投入要素。当供方所提供的投入要素价值构成了买方总成本的较大比例，对买方产品生产过程非常重要或者严重影响买方产品质量时，供方对于买方的潜在讨价还价力量就大大增强。一般来说，满足如下条件的供方会具有比较强大的讨价还价力量。

（1）供方产业为一些具有比较稳固市场地位而不受市场激烈竞争困扰的企业所

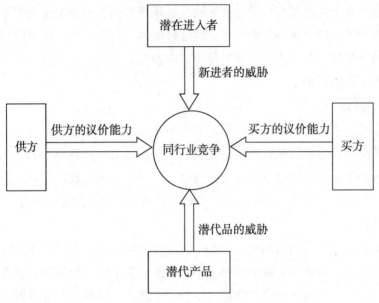

图 3-1　五力模型

控制，其产品的买方很多，以至于每单个买方都不可能成为供方的重要客户。

（2）供方各企业的产品各具有一定特色，以至于买方难以转换或转换成本太高，或者很难找到可与供方企业产品相竞争的替代品。

（3）供方能够方便地实行前向联合或一体化，而买方难以进行后向联合或一体化。

2. 购买者的议价能力

购买者主要通过其压价与要求提供较高的产品或服务质量的能力，来影响产业中现有企业的盈利能力。一般来说，满足如下条件的购买者可能具有较强的讨价还价力量。

（1）卖方的购买者总数较少，而每个购买者的购买量较大，占了卖方销售量的很大比例。

（2）卖方产业由大量规模较小的企业组成。

（3）购买者所购买的基本上是一种标准化产品，同时向多个卖方购买产品也完全可行。

（4）购买者有能力实现后向一体化，而卖方不可能实现前向一体化。

3. 新进入者的威胁

新进入者在给产业带来新生产能力、新资源的同时，希望在已被现有企业瓜分完毕的市场中赢得一席之地，这就有可能会与现有企业发生原材料与市场份额的竞争，最终导致产业中现有企业盈利水平降低，严重的话还有可能危及这些企业的生存。竞争者进入威胁的严重程度取决于两方面的因素，即进入新领域的障碍大小与

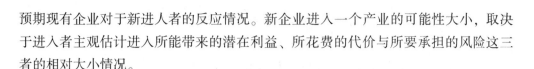

预期现有企业对于新进人者的反应情况。新企业进入一个产业的可能性大小，取决于进入者主观估计进入所能带来的潜在利益、所花费的代价与所要承担的风险这三者的相对大小情况。

4. 替代品的威胁

两个处于相同行业或不同行业的企业，可能会由于所生产的产品是互为替代品，从而在它们之间产生相互竞争行为，这种源自替代品的竞争会以各种形式影响行业中现有企业的竞争战略。首先，现有企业产品售价以及获利潜力的提高，将由于存在着能被用户方便接受的替代品而受限制；其次，由于替代品生产者的侵入，使得现有企业必须提高产品质量，或者通过降低成本来降低售价，或者使其产品具有特色，否则其销量与利润增长的目标就有可能受挫；最后，源自替代品生产者的竞争强度受产品卖方转换成本高低的影响。总之，替代品价格越低质量越好，用户转换成本越低，其所能产生的竞争压力就越强，可以具体通过替代品销售增长率，替代品厂家生产能力与盈利扩张情况来加以描述。

5. 同业竞争者的竞争强度

同业竞争者是企业所面对的最强大的一种竞争力量。这些竞争者根据自己的一整套规划，运用各种手段（价格、质量、造型、服务、担保、广告、销售网络、创新等）力图在市场上占据有利地位和争夺更多的消费者，对企业造成了极大的威胁。

为了能够更好地应付来自同业竞争者的压力，企业必须分析影响这种竞争力量强弱程度的各种因素，这些因素主要有 9 个，即同业竞争者的数量、市场增长率、固定成本和存货成本、顾客购买转移成本、竞争地位的变化、预期收益、撤出行业的障碍、同业竞争者的差异程度及外部企业的进入。

根据上面 5 种竞争力量的讨论，创业企业可以尽可能从自身优势出发影响行业竞争规则，采取合适的竞争战略获取和开发的资源手段来应付 5 种竞争力量，逐步增强自身竞争力。

第三节　评估创业机会

创业机会很多，但不是每一项都具备实施条件与发展潜力，即不是每一项都是有价值的创业机会。如果幸运地发现了一项具备商业价值的创业机会，这时也不能轻举妄动，因为创业者还要仔细识别该项目是否与自身的创业条件与优势高度匹配。正如一句谚语所说"一个人的美食，可能是另一个人的毒药"，需要我们对创业机会进行深入的评价。

一、创业机会的评估

创业机会很多，但不是每一项都具备实施条件与发展潜力。昆仑万维的周亚辉

谈道:"经过这么多事,我明白了一些特别深刻的道理,有些东西看起来很美,但最多只是个美丽的诱惑而已。你真去做就会发现,做不到一年合伙人就得散伙,很多创业机会只是看起来很美而已,实际上并不美。"

(一) 识别有价值创业机会的意义

即使在世界上最富创业精神的美国,所有新创企业中也有 40% 存活不到一年,2/3 以上企业在其第 5 个生日之前死亡,仅有 25% 的新企业生存了 8 年。更令人震惊的是,大多数创业者几乎没有盈利,一般来说,即使让企业存续 10 年的创业者,也只获得了在他们以往的受雇生涯中所获得真实收入价值的 65%。

机会识别是创业的开端,也是创业的前提。百森商学院亚洲研究中心总监伍健民说:"是的,在中国真正成功抓住机会的人非常少。这其中有两个最主要的原因:首先,只有很少数的企业家知道组成一个真正机会的要素是什么;其次,即使一些企业家在众多机会中识别出了真正的机会,他们中的很多人也不能掌控那些能够将机会转变为利润的特性。"

(二) 有价值创业机会的三大基本特征

正如上文所述,不是每一个创意都是机会。有的创业者认为自己有很好的想法和点子,对创业充满信心。有想法固然重要,但是并不是每个大胆的想法或新异的点子都能转化为创业机会。许多创业者因为仅凭想法去创业而失败了。那么,有价值的机会应该具有什么样的特征呢?

1. 有价值的创业机会具有价值性

对机会的识别源自创意的产生,而创意是具有创业指向、同时具有创新性的想法。在创意没有产生之前,机会的存在与否意义并不大。有价值潜力的创意一般会具有以下基本特征:

(1) 独特、新颖,难以模仿。创业的本质是创新,创意的新颖性可以是新的技术和新的解决方案,可以是差异化的解决办法,也可以是更好的措施。另外,新颖性还意味着一定程度的领先性。不少创业者在选择创业机会时,关注国家政策优先支持的领域就是在寻找领先性的项目。不具有新颖性的想法不仅将来不会吸引投资者和消费者,对创业者本人都不会有激励作用。新颖性还可以加大模仿的难度。

(2) 客观、真实,可以操作。有价值的创意绝对不会是空想,而要有现实意义,具有实用价值,简单的判断标准是能够开发出可以把握机会的产品或服务,而且市场上存在对产品或服务的真实需求,或可以找到让潜在消费者接受产品或服务的方法。

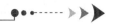

另外，有潜力的创意还必须具备对用户的价值与对创业者的价值。创意的价值特征是根本，好的创意要能给消费者带来真正的价值。创意的价值要靠市场检验；好的创意需要进行市场测试；同时，好的创意必须给创业者带来价值，这是创业动机产生的前提。

2. 有价值的创业机会具有时效性

"创业"因"机会"而存在，而机会是具有时间性的有利因素。创业机会存在于一定的时空范围之内，随着产生创业机会的客观条件的变化，创业机会就会相应的消逝和流失。纽约大学柯兹纳教授认为，机会就是未明确的市场需求或未充分使用的资源或能力。机会具有很强的时效性，甚至瞬间即逝，一旦被别人把握住也就不存在了。而机会又总是存在的，一种需求被得到满足，另一种需求又会产生；一类机会消失了，另一类机会又会产生。

创业者对机会的评价来自他们的初始判断，而初始判断通常就是假设加简单计算。蒙牛集团创始人牛根生在谈到牛奶的市场潜力时说："民以食为天，食以奶为先，而我国人均喝奶的水平只是美国的几十分之一。"也许这就是他对乳制品机会价值的直观判断。这样的判断看起来绝对不可信，甚至会觉得有些幼稚，但却是有效的。机会瞬间即逝，如果都要进行周密的市场调查，经常会难以把握机会。假设加上简单计算只是创业者对机会的初始判断，进一步的创业行动还需依靠调查研究，对机会价值做进了一步评价。

3. 有价值的创业机会具有可行性

创业者还必须了解已有的创业机会是否具有可行性。首先，它能在你的商业环境中行得通。例如，你打算开一家肯德基加盟店，但是在印度的许多邦中，由于宗教的原因，你是开不了的。其次，你必须有资源（人、财、物、信息、时间）和技能才能创立业务。

那么创业者应该怎么办呢？我们认为确定顾客的偏好，通常可以采用市场测试的方法，将产品或服务拿到真实的市场中进行检验。市场测试可以说是一种比较特殊的市场调查，是创业者的必修课程。市场测试与市场调查不完全相同，询问一个消费者是否想购买和这位消费者实际是否购买很多时候是两回事。例如，雀巢咖啡为打开中国市场，选择一些城市向住户投递小袋包装咖啡就是一种市场测试。

总之，创业机会是指那些适合创业的机会（特别是创意）。看到机会、产生创意并发展成清晰的商业概念意味着创业者识别到机会，至于发展出的商业概念是否值得投入资源开发，是否能成为有价值的创业机会，则还需要认真的论证。

二、创业者与创业机会的匹配

判断创业机会是否适合自己，还在于机会特征与创业者自身特质的匹配。

（一）恒心与毅力

无数成功的企业家在成功之前都和大多数人一样平凡，唯一与众不同的是他们具有天生的乐观主义精神、坚定的自信和顽强的毅力。困难也曾光顾过他们最初的创业，但最后都被他们踩在了脚下。

（二）认真审视自己

首先要了解创业过程中必须要经历的几个阶段，然后衡量自己的性格、爱好、特点，看是否适合创业，是否适合做这个项目。

（1）是否为创业做好了心理准备？创业开始的前3年，也称为企业的初创期，这时期不仅要有实现创业梦想的强烈欲望，还要能忍受创业初期的寂寞。要知道不论多么好的项目，都要经历一个潜伏期才会盈利，所以必须做好忍耐的心理准备。创业时期的自由和自我决策，是与寂寞紧密相连的。要有危机意识，时刻准备承受困难和坎坷，要有坚韧的心理素质，不轻易喜怒，保持平和心态。

（2）是否为创业做好了知识准备？创业是一个漫长的实践过程，创业之初的创业者一定是一个多面手。企业是否具有核心技术是企业生存的关键，企业的盈利模式要不断进行调整，因为一旦踏上创业的征程，就好比创业的帆船已经起航，必须用坚强的毅力坚持下去，并且为了企业生存要不断学习。

（3）是否为创业做好了能力准备？创业也是分阶段的，不同的时期对经营者有不同的要求。当事业取得阶段性的成功时，一定要清醒。企业的经营成果说明了创业者经营能力的成功。美国最新的研究证明，成活10年的企业，才可以算是创业成功的企业。因为一个企业要建立自己相对稳定的盈利模式，需要对市场进行长时间的研究和适应。是否具有团队协调能力？是否会识人、用人？是否善于发现和了解市场？这些能力其实很大成分是创业者在创业过程中日积月累的一种直觉。因此，只要有勇气和信心，能力就会慢慢提高。

（三）创业成功与否取决于创业者

资料表明：在新办企业开业后的第2年，约有50%的企业会倒下；到了第3年，存活下来的企业只有30%；到了第8年，存活的企业仅有3%。分析近年来青年创业的案例，可以得出这样的结论：创业成功者大都是意志坚定、不屈不挠、不甘落后、自强不息的人；创业失败的，大多是对创业过程中出现的困难和坎坷估计不足，在市场变化、家庭变化及意外事件来临时，不能很好地调整自己的心态，放弃了继续创业的决心。

（四）条件评估，持续改进

所谓自身条件评估，就是要思考一下是否为创业做好了心理和生理的准备，是

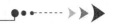

否做好了资金和场地的准备？是否做好了应对失败和成功的准备？是否具备了管理一个企业的基本技能？如果在评估中发现自己哪些素质还有欠缺，就要注意在创业中不断学习提高，以适应创业的需要。

三、创业机会评估策略

创业者的创业行为都来自绝佳的创业机会，但创业本身是一种高风险行为，如果创业着能先以比较观的方式对创业机会进行评估、有效地判断进入市场的时机，或者逐步完善创业构想等方式都可以大大提高创业活动的成功率。

（一）市场评估准则

1. 市场定位

一个好的创业机会、必然具有准确的市场定位，专注于满足顾客需求，同时能为顾客带来增值的效果。因此，评估创业机会的时候可由市场定位是否明确、顾客需求分析是否清晰、顾客接触通道是否流畅、产品是否能够持续衍生等，来判断创业机会可能创造的市场价值。创业带给顾客的价值越高，创业成功的机会也会越大。

2. 市场结构

针对创业机会的市场结构进行几项分析，包括进入障碍、供货商、顾客、经销商的谈判力量、替代性竞争产品的威胁、市场内部竞争的激烈程度、由市场结构分析可以得知新企业未来在市场中的地位，以及可能遭遇竞争对手反击的程度。

3. 市场规模

市场规模大小与成长速度也是影响新企业成败的重要因素。一般而言，市场规模大者、进入障碍相对较低、市场竞争激烈程度也会略为下降。如果要进入的是一个十分成熟的市场，那么纵然市场规模很大，由于已经不再成长，利润空间必然很小，因此这个新企业恐怕就不值得再投入。反之，一个正在成长中的市场，通常也会是一个充满商机的市场，所谓水涨船高，只要进入时机正确，必然会有获利的空间。

4. 市场渗透力

对于一个具有巨大市场潜力的创业机会，市场渗透力（市场机会实现的过程）评估将会是一项非常重要的影响因素。聪明的创业者知道选择在最佳时机进入市场，也就是市场需求正要大幅增长之际，做好准备。

5. 市场占有率

创业机会预期可取得的市场占有率目标，可以显示这家新创公司未来的市场竞争力。一般而言，成为市场的领导者、最少需要拥有20%以上的市场占有率。但如果低于5%的市场占有率，则这个新企业的市场竞争力虽然不高，自然也会影响未来企业上市的价值。尤其处在具有赢家通吃特点的高科技产业，新企业必须拥有成

为市场前几名的能力，才比较具有投资价值。

6. 资本市场活力

当新企业处于一个具有高度活力的资本市场时，它的获利回收机会相对也比较高。不过资本市场的变化幅度极大，在市场高点时投入，资金成本较低，筹资相对容易。但在资本市场低点时，投资新企业开发的诱因则较低，好的创业机会也相对较少。不过，对投资者而言，市场低点的成本较低，有的时候反而投资回报会更高。一般而言，新创企业活跃的资本市场比较容易创造增值效果，因此资本市场活力也是一项可以被用来评价创业机会的外部环境指标。

7. 产品的成本结构

产品的成本结构也可以反映新企业的前景是否明亮。例如，从物料与人工成本所占比重、变动成本与固定成本的比重，以及经济规模产量大小，可以判断企业创造附加价值的幅度及未来可能的获利空间。

(二) 效益评估准则

1. 税后净利合理

一般而言，具有吸引力的创业机会，至少需要能够创造 15% 以上的税后净利。如果创业预期的税后净利在 5% 以下，那么这就不是一个好的投资。

2. 损益平衡合理

合理的损益平衡时间应该能在两年以内达到，但如果 3 年还达不到，恐怕就不是一个值得投入的创业机会。不过有的创业机会确实需要经过比较长的耕耘时间，通过这些前期投入，创造进入障碍，保证后期的持续获利。在这种情况下，可以将前期投入视为一种投资，才能容忍较长的损益平衡时间。

3. 投资回报合理

考虑到创业可能面临的各项风险，合理的投资回报率应该在 25% 以上。一般而言，15% 以下的投资回报率，是不值得考虑的创业机会。

4. 资本需求合理

资金需求量较低的创业机会，投资者一般会比较欢迎。事实上，许多个案显示，资本额过高其实并不利于创业成功，有时还会带来稀释投资回报率的负面效果。通常，知识越密集的创业机会，对资金的需求量越低，投资回报率反而会越高。因此，在创业开始的时候，不要募集太多资金，最好通过盈余积累的方式来创造资金。比较低的资本额，将有利于提高每股盈余，并且还可以进一步提高未来上市的价格。

5. 资本毛利合理

毛利率高的创业机会，相对风险较低，也比较容易取得损益平衡。反之，毛利率低的创业机会，风险则较高，遇到决策失误或市场产生较大变化的时候，企业很

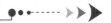

容易就遭受损失。一般而言，理想的毛利率是 40%。当毛利率低于 20% 的时候，这个创业机会就不值得再予以考虑。软件业的毛利率通常都很高，所以只要能找到足够的业务量，从事软件创业在财务上遭受严重损失的风险相对会比较低。

（三）策略价值准则

1. 策略价值合理

能否创造新企业在市场上的策略价值，也是一项重要的评价指标。一般而言，策略价值与产业网络规模、利益机制、竞争程度密切相关，而创业机会对于产业价值链所能创造的价值效果，也与它所采取的经营策略与经营模式密切相关。

2. 退出策略合理

所有投资的目的都在于回收，因此退出策略就成为一项评估创业机会的重要指标。企业的价值一般也要由具有客观鉴价能力的交易市场来决定，而这种交易机制的完善程度也会影响新企业退出机制的弹性。由于退出的难度普遍要高于进入，所以一个具有吸引力的创业机会，应该要为所有投资者考虑退出机制，以及退出的策略规划。

（四）团队评价准则

（1）团队组合：高素质、团队凝聚力、价值文化。

（2）产业经验和专业背景。

（3）正直诚信的人格。

（4）战略眼光。

（5）机会成本。

（6）接受失败的底线。

（五）策略评价标准

（1）创业模式组合：创业机会、创业者和创业资源能否匹配。

（2）机会导向：能够轻易获得的创业机会，机会品质通常不会很高，而创业者或团队自身主动识别的机会，才有可能创造高的收益。

（3）技术优势。

（4）进入时机：未来几年行业进入快速发展的趋势。

（5）服务品质。

（六）评价方法

1. 标准矩阵打分法

标准打分矩阵是指将创业机会评价体系的每个指标设定为 3 个打分标准，如最

好为 3 分、好为 2 分、一般为 1 分，形成的打分矩阵表。在打分后，求出每个指标的加权评价分。

这种方法简单易懂、易操作。该方法主要用于不同创业机会的对比评价，其量化结果可直接用于机会的优劣排序。只用于一个创业机会的评价时，则可采用多人打分后进行加权平均。如果其加权平均分越高，说明该创业机会越可能成功。一般来说，高于 100 分的创业机会可进一步规划，低于 100 分的创业机会，则需要考虑淘汰。

2. 巴蒂选择因素法（见表 3-1）

表 3-1　巴蒂选择因素

序号	因素
1	这个创业机会现阶段是否只有创业者本人发现了
2	产品初始生产成本是否是创业者可以承受的
3	创业机会市场初始开发成本是否可承受
4	新企业的产品是否具有高利润回报的潜力
5	是否可以预期产品投放市场和达到盈亏平衡点的时间
6	创业机会的潜在市场是否巨大
7	创业者的产品是否一个快速成长产品系列中的第一个产品
8	创业者是否有一些现成的初始客户
9	创业者是否可以预期产品的开发成本和开发周期
10	新企业是否处于一个成长中的行业
11	金融界是否能够理解新企业的产品和消费者对它的需要

这种方法通过 11 个选择因素的设定来对创业机会进行判断。如果某个创业机会符合其中的 6 个或更少的因素，这个创业机会就很可能不可取；相反，如果某个创业机会符合其中的 7 个或者 7 个以上的因素，那么这个创业机会将大有希望。

该方法比较适合于创业者对创业机会进行自评。

第四节　创业项目筛选与评价

一、创业项目筛选原则

什么样的创业项目好，什么样的创业项目不好，什么样的创业项目适合我做，什么样的创业项目不适合我做，这些问题一直在困扰着我们。我们到底应该如何筛

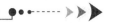

选创业项目，我们究竟应该遵循什么样的创业项目筛选原则，这些问题在我们的脑海里一直没有答案。其实，在筛选创业项目时可以用到一个分析模型，我们把他这个模型叫做创业项目筛选原则模型，这个模型里面涉及 6 个筛选项目的基本原则，即：优势原则、政策原则、需求原则、价值原则、竞争性原则、投资性原则，如果通过模型分析，你的创业项目符合这 6 个原则，那就表示这个创业项目基本上适合于你，你就可以重点关注和跟进这个项目了，然后投入时间和精力围绕该项目做进一步的思考与策划。

（一）优势原则

优势原则指的是你选择创业项目时要能突出你的优势，要做你自己最擅长的事，做你自己最熟悉的领域，做你自己资源最多和优势最明显的项目。也就是你做这个项目时最有优势，最能突出你在专业知识、专业技能、人脉关系、市场资源、行业经验等方面的优势。如果你是学计算机专业的，那么做 IT 项目或工业自动化项目就比较适合你；如果你是学设计专业的，那么文创设计类项目就可能比较适合你；如果你是学医学的，那么大健康的项目比较适合你；如果你是学旅游的，那么旅游类的创业项目比较适合你；如果你是学师范的，那么培训类的创业项目比较适合你；如果你是学舞台表演的，那么演艺类的创业项目比较适合你。通过专业知识、专业技能、社会经验和资源优势，统筹考虑你适合做什么创业项目。

（二）政策原则

政策原则指的是你选择的创业项目一定要符合国家政策、产业政策和地方政策。国家、产业和地方扶持政策背后有资金和税收等方面的支持，如果你选择的这个项目在政策支持的风口里，就有机会获得政策的扶持和助力发展。如果你想做一个健康养老项目，而国家有大健康产业扶植政策，项目方向与政策方向相一致，就可以考虑；如果你想做一个文化创意的主题公园项目，而国家有支持文化创意产业发展的政策，项目选择方向就没错；如果你想做一个共享物流的项目，而国家有扶持物流产业发展的政策，项目方向也没有问题。但是，如果你想做一个存在废气排放的冶金项目，而国家已经出台大气污染治理政策，这样的话，你的项目和国家政策方向相违背，就不太适宜去做；如果你想做一个电镀项目有污水排放，而国家已经出台废气、废固、废水治理政策，那这个项目方向就不合适。

（三）需求原则

需求原则指的是你所选择的创业项目一定要有市场需求，最好是有刚性需求和紧迫性需求，同时还有一定的潜在服务需求。这个有需求的市场要足够大，市场容

量在 10 亿元、20 亿元、50 亿元甚至 100 亿元以上最好。例如，我国现在大气污染比较严重，经常出现雾霾和沙尘暴天气，不仅一二线城市，甚至三四线城市也都经常有雾霾天气发生，如果你想做一个防范雾霾和沙尘暴的类似雾霾口罩和空气净化器项目，那么就一定存在庞大的市场需求，这个需求一定是紧迫和刚性的，只要研制生产的雾霾口罩产品物美价廉，性价比高，就一定会有市场。随着我国老年化的人群日益增多，养老和健康的服务需求越来越，那么老年大学、养老院、老年公寓、老人护理、家政服务、健康美食、健康体检、康体锻炼、健康旅游等服务项目就会有很多新的市场机会。随着中国家庭对孩子的智力开发与学习成绩提升日益重视，每个父母都怕孩子输在起跑线上，针对 K12 的各种形式的益智培训、拓展培训、艺术培训、专业课培训存在巨大的服务需求，有着广阔的市场。

（四）价值原则

价值原则就是指你所要选择的创业项目一定要有价值，要能挣钱，要能产生利润，并且产品的附加值越高。价值原则要求创业项目所能创造的价值高，附加值高，产品销售后净利润和毛利润都要高。例如，你想做一个培训项目，年收益可达 10 万元，而另一个设计项目年收益可到 20 万元，很明显第二个项目在同等时间内获得的收益比第一个项目多，从获取收益的角度来说，自然应该选择第二个项目；又如，你想做一个快递的项目，利润率只有 10%，而另一个旅游项目的利润率可以达到 18%，很明显旅游项目比快递项目利润率高，附加值高，自然是选择旅游项目做获取的利润会更高一些；再如，你想做一个动漫项目，利润率可以达到 15%，而做另一个手游项目的利润可以达到 35%，很明显手游项目所创造的价值高，首选应该是手游项目。

（五）竞争性原则

竞争性原则指的是你所选择的创业项目市场竞争对手数量不能太多，竞争对手的实力不要太强，这样你才有赢得市场份额的机会和可能。如果你进入一个红海市场，竞争对手林立，还有很强的竞争对手，你很难在市场竞争中获胜，你的创业项目做的会很吃力很费劲，甚至被竞争对手干死；而如果你进入一个蓝海市场，竞争者很少，竞争力也不强，你就有机会迅速占领市场，获取一定的市场份额，让你的项目快速成长起来。例如，你想做一个网上代购项目，帮助客户代理购买国外的品牌化妆品和大牌子服装箱包，但是现在已经有很多人在做代购业务，进货通道和客户资源已经被别人拿走了不少，市场竞争十分激烈，以你的资源和能力未必做得过别人，竞争优势不明显；但是如果你做一个针对退役军人就业创业的培训项目，你能通过设置完整的创新创业培训课程体系、优质的老师队伍和有特色的培训形式为自主择业的退役军人提供就业创业培训，相当于做一件蓝海里面的项目，市场竞争不是很大，或许会就有机会做大做强。例如，你想做个校园快递项目，解决校园快递"最后一公里"的问题，但是现在校园快递项目已经很多人都在做了，市场和客户资源已经被别人拿去了不少，你再杀进去这个市场，竞争将是异常的激烈，利润不高做得还很累；但是如果你做一个建筑垃圾回收项目，解决现在很多人重新装修房屋后扔掉的旧家具旧电器这个刚性服务需求的问题，或许是一个蓝海项目机会，因为做社区建筑垃圾回收的项目不多，竞争不是很激烈，利润也不低，有可能就把项目做起来了。

（六）投资性原则

投资性原则指的是你所要做的项目要满足投资规模不大，投资周期不长，投资回报率高，投资回收期短，而且投资风险还比较小。投资规模不大意味着创业项目容易启动，投资周期不长意味着项目可以很快上马，投资回报率高意味着项目投资收益比较理想，投资回收周期短意味着可以尽快收回项目投资成本，投资风险小意味着容易把控项目的风险。例如，现在我国进入老年化社会，到 2020 年我国 60 岁以上的老人数量预计会达到 3 亿人，很多人都觉得开养老院挣钱，那么你也想建个养老院，为这些老人提供养老服务。可是，建一家养老院除了需要报批办理一大堆手续外，项目建设投资是一大笔钱，而且在短期内很难收回投资成本，投资金额很大、投资周期胶长、投资利润不一定高，由于老年顾客对你家的养老居住环境、养老设施质量、养老护理服务及住院价格不一定满意，存在招收老人数量不足的风险，房间空置率高导致运营成本增高，盈利模式不理想导致经营利润下滑，启动这个项目的风险还是蛮大的。如果你做一个亲子游项目，整合面对孩子益智和动手能力训练的培训项目及面对家长的专题讲座服务资源，利用周末时间，为孩子和父母提供一个集知识、科技、文化、艺术于一体的氛围浓郁的温馨环境，帮助孩子和家长创造价值，项目投资不大，投资回收期短、利润可观，风险也不大。

二、创业项目筛选流程

一般来说，项目筛选也是有流程的，我们可以把项目筛选分为 7 个步骤。

（一）市场需求分析

筛选创业项目时，第一步首先要从市场痛点入手，从市场服务需求入手。在思考和研判市场服务需求时，还要考虑这些需求是属于刚性需求还是一般需求，是属于紧迫需求还是属于潜在需求。如果确实存在刚性和紧迫的需求，那就有购买服务的市场机会，可能就是创业项目的一个点；如果是潜在需求，可能市场还需要培育

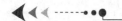

一段时间，那就可以多关注一下，但不要急于马上启动这个项目。例如，现在我国很多人患有糖尿病，那么针对糖尿病患者的便捷检测仪器、治疗药物和饮食保健方法，就有刚性的且紧迫的市场需求；再如，我国随着生活水平的提高已经进入老年化社会，老年人越来越多，健康养老已经成为刚性、紧迫性和潜在的市场需求，如何为老年人提供健康与养老的服务可能是创业项目的一个切入口。

（二）市场容量分析

我们筛选创业项目时，第二步就是要分析和研究项目的市场容量有多大，市场空间有多大。项目分析不仅要分析本地市场，还要分析国内市场；不仅要分析国内市场，还要分析国外市场。特别是互联网的项目，现在世界已经是万物互联，世界就是一个地球村，一定要用全球化的视野去考虑问题。一个项目的市场容量如果不能达到10亿元或50亿元以上，就算不上市场空间很大，做这样的项目就要慎重。例如，一个项目的市场容量只有1亿元，如果市场上有10家公司在做同一个项目，平均分配市场份额也只有每家1000万元，就算年利润率达到20%，也只有200万元利润，项目做不大，而投入的时间一点不少。如果项目市场容量预估有50亿元，有10家公司同时做这个项目，平均分配市场份额就是每家占有5亿元，还是按照年收入20%的利润计算，就有1亿元利润，这样的项目对于公司发展空间还是蛮大的，也容易做大公司的估值，便于后期的项目融资。

（三）项目优势分析

我们选择创业项目时，第三步就是要评估一下做这个项目具备哪些优势。项目优势大，成功率就会高一些；项目优势小，成功率就会低一些。针对项目的优势分析可以围绕以下几个方面来进行。

1. 技术优势

首先评估一下我们如果做这个项目在技术方面是否具有优势。我们采用的技术较市场上竞争对手的技术水平如何，是高于他们还是和他们一样或是还不如人家。如果技术水平高于市场上的竞品，还有进一步技术升级的可能，并且有知识产权保护，那么在技术层面还是具备一定优势的。

2. 管理优势

创业公司一般成立时间不长，公司管理能力都较弱。我们需要评估一下如果实施这个项目，在项目管理、研发管理、生产管理、流程管理、财务管理、人员管理、客户管理、品牌管理、制度管理等方面，我们是否具有管理优势。如果还有一定的管理优势，那么还可以考虑做这个项目；如果没有什么优势，那就要慎重考虑是否要启动这个项目。

3. 团队优势

创业项目能否顺利开展和实施，创业团队是关键。我们需要评估一下创业团队的能力是否足够强，是否具有优势。如果创业团队在专业性、互补性、创新性、协作性、执行力、学习力等方面还不错，具备一定的团队优势，那还具备一定的团队能力；反之，如果各项指标都不太理想，说明团队能力较弱。

4. 渠道优势

服务产品是否能销售出去，销售渠道起到很关键的作用。我们需要评估一下在销售渠道方面我们是否具备一定的优势。如果有一些销售渠道可以帮助来销售项目产品，那么在渠道方面还有一定的优势；如果没有什么渠道，也没有什么人脉关系，那么渠道可能会成为市场销售的一个瓶颈。

5. 资金优势

创业公司一般最弱的就是创业资本不多，经营资金不足。我们需要评估一下我们有多少可以使用的创业资金，这些资金用于支撑产品研发、生产制造、包装物流、市场营销、公司宣传、房屋水电、人员工资等方面的支出可以维持多长时间，是6个月，还是12个月或是24个月，如果我们的资金比较雄厚，后面还能源源不断地融到资金，那么我们就具有一定的资金优势。

6. 信息优势

市场信息也是企业竞争的要素之一，我们需要评估一下我们的信息优势如何。我们能掌握了多少市场信息，能了解到多少市场资讯，能拿到多少市场情报，能对市场上已经存在的竞争对手有多少了解，包括竞争对手的技术水平、产品研发计划、生产加工能力、产品制造成本、知识产权情况、企业品牌现状、存在的不足和问题、发展的瓶颈等。

（四）政策性分析

第四步就是要评估一下这个项目是否有政策优势，是否在国家政策、产业政策和地方政策的支持的风口上。如何这个项目符合国家扶持方向，符合产业发展政策，符合地方重点发展规划，那么就有可能借政策之力来发展项目；反之，如果这个项目不符合国家产业发展政策，不属于地方发展的重点工作，那么在借政策的东风方面就会比较差，甚至还会受到政策的限制与治理。

（五）营利性分析

第五步就是要评估一下这个项目的营利性，看看是否能挣钱，在营利性方面是否具备优势。我们可以将项目所有可能的支出科目列出来，包括人工费用、房租费用、研发费用、材料费用、生产费用、办公费用、营销费用、各种税费和其他费用

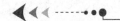
等，计算出拟支出总和，另外再核算一下项目产品的年销售额、年净利润额、年利润率等主要财务指标，就大致可以判断出项目的盈利情况了。如果项目产品的年利润率可以达到25%以上，应该营利性还是不错的，如果项目产品的年利润率可以达到50%以上甚至100%以上，那这个项目的营利性就很好了，属于高附加值的项目。

（六）投资性分析

第六步就是要评估一下这个项目的投资性，看看这个项目的投资回报如何，如何能够达到投资少、回收快、附加值高，那么项目的投资性就比较好。我们可以用几个有代表性的财务指标去评估，如项目的投资额、投资回收期、投资收益率、内部收益率等。一般创业企业的生存期为3年，所以，投资回收期在3年内，最好在两年内比较理想。投资收益率能够达到30%甚至50%以上最好。投资性除了评估财务指标外，还需要从项目风险的角度去评估。一般创业公司面临的风险很多，常见的风险包括政策风险、技术风险、市场风险、资金风险、管理风险、人才风险等，如果能分析清楚存在哪些项目风险，比那个能提出应对风险的措施和预案，就可以综合评估投资性的优劣势了。

（七）竞争性分析

在执行了以上6个步骤后，被锁定的项目轮廓就基本出来了，但是市场竞争是残酷的，我们还要进行第七步来评估一下这个项目的市场竞争性是否具备优势。在分析项目的市场竞争态势时，重点是要了解目前市场做同类产品的竞争对手有多少数量，竞争对手的竞品情况是怎样的，竞争对手的实力如何。如果市场竞争不激烈，竞争对手不多，竞争实力不强，就给了我们一个抢夺市场的机会；反之，如果竞争对手很多，竞争实力还很强，可能还会冒出一些新的竞争对手，这我们就要小心了。

本章小结

创业机会的识别与评价受到政治经济文化等环境因素影响，机会选择因人而异、因地而异、因时而异、因势而异，创业者的审时度势，大胆探索的创新精神起着关键性作用。学生通过学习创业机会内外环境分析和创业项目的筛选，获得有竞争力的金种子创业项目，为项目的运行成长打下良好基础。

技能训练

训练项目1 创业机会分析

请各团队组织商业机会分析研讨，结合本节内容回答以下问题。

1. 你觉得在校大学生有哪些创业机会？

2. 你觉得自己所学的专业领域有哪些创业机会？

3. 你觉得目前有哪些商业机会，适合做哪些创业项目？

4. 你觉得最适合你做的三个创业项目名称和内容是什么？

5. 你选择的创业项目环境是怎样的？

6. 请结合本章内容，评估筛选出最适合你做的创业项目是什么？

训练项目2 创业项目策划

各创业小组根据讨论研究评估出的最佳创业项目，进行创业项目策划。小组成员根据以下问题分别进行讨论和研究，并整理创业项目策划方案，编撰模块内容：创业项目市场环境分析。

1. 该创业项目的市场背景是什么？

2. 该创业项目的政策环境如何？国家和地方都出台了哪些相关政策？

3. 该项目是否符合政策支持方向？

4. 该项目的市场痛点在哪里，市场需求有哪些？

5. 该项目的市场空间有多大？本地区的市场容量有多少？

6. 该项目的竞争对手有多少？市场竞争是否激烈？

7. 该项目的最强的竞争对手前10名是那些？

8. 请把你的项目与竞争能力排名的前5家竞争对手做一下行业竞争分析？

9. 你觉得要做好这个创业项目，需要做哪些创业准备？

10. 你觉得要做好这个创业项目，需要整合哪些资源？

训练项目3 创业项目优化

在校大学生有很多好的项目创意，但是从创意变成创业项目还有一段距离。从一个点子到一个创意，从一个创意到一个创业项目，从一个创业项目雏形到规划完整的创业项目，从规划完整的创业项目到上升到一个高度的成为一个高大尚的盈利项目，是一步一步讨论完善，再讨论再完善的过程。根据本章学习内容，请各创业小组成员进一步讨论优化项目内容，做好进一步的市场竞争分析，梳理清晰创业项目思路，并撰写一份创业项目简介，完整的描述清楚创业项目的主要内容。

1. 把创意点子优化成一个创业项目，写出项目名称；

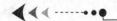
2. 运用头脑风暴法讨论如何优化创业项目，列出优化内容；

3. 分析优化内容，梳理出清晰的创业项目思路；

4. 进一步进行创业项目市场竞争分析；

5. 撰写一份创业项目简介，完整描述创业项目的主要内容。

第四章　创业团队组建

 知识目标

通过本章的学习，学生可了解、理解并掌握以下知识：

1. 团队及创业团队的概念及构成要素；

2. 创业团队的类型和角色；

3. 如何有效组建创业团队；

4. 如何高效管理创业团队。

技能目标

通过实践训练，学生可以运用知识分析团队存在的问题，学会如何组建并管理自己的团队、提升自己的专业素养。

训练项目：

1. 蒙眼排队；

2. 迷失丛林；

3. 纸牌游戏。

▶▶▶ **案例**

王兴的团队创业之旅

王兴是美团点评的 CEO，拥有十余年的创业经历，在一次次的尝试中"屡败屡战"。但是，团队一直是他奋力坚持的动力和源泉。

王慧文是王兴在清华大学读本科时的室友，后来到中科院读研究生。2002 年开始，两人讨论创业要做什么，想过做能发挥某些功能的可穿戴设备。其实对于一个年轻的创业者来说，合伙人的选择范围并不大，通常就是同学或者同事。因为这两者是平常能够高频率接触到的人。只有高频率地接触，才能比较好地了解彼此。其

他关系很难建立起深厚的信任。

自然，在团队的扩张过程中，这种纯粹的个人关系建起的纽带会逐渐淡化，维系团队的纽带逐渐演化成明确的游戏规则，以及共同的理念、价值观和梦想。

2004 年 3 月，王兴的中学同学赖斌强加入了这个"不老实读书、不好好工作、整天瞎折腾"的团队，成了三人中唯一一个计算机专业出身的伙伴。后来，王兴不参与编程，王慧文和赖斌强没有任何抱怨。他们知道，这是团队必须做的事，无论如何，必须有一个人不能陷入日常技术工作里。大家都埋头做技术，就没有机会关注外部世界，会跟这个世界脱节，创造出来的产品只是满足假想中的需求，也会错失可能发生的时代的大趋势。

他们从能看到的过去的创业故事中学到了很多经验，意识到合伙人碰到分歧时该怎么解决：确立公司治理结构的重要依据是大家"愿赌服输"。事情由谁决定？归根结底由 CEO 决定，这就是游戏规则。这个团队后来一直没有散，就是因为很多事情做得有章法、有规矩。形成的观念就是：合伙人要有分工，一定要有人专注外部世界。

案例解析：

从三个人做对了一件事，到后面扩张到数千人，美团网也一直受益于这笔由三人团队创造的精神财富：尊重游戏规则的理念。好的创业团队不仅仅需要不同的角色分工，更需要相同的团队价值观和管理原则。

第一节　团队的概念及构成要素

一、团队及创业团队

（一）团队

团队（team）是由基层和管理层人员组成的一个共同体，它合理地利用每一个成员的知识和技能协同工作，解决问题，达到共同的目标。团队是特殊的群体，以目标为导向，群体各成员之间具有共同的目标与利益。任何一个群体必须具有群体目标（group aim），群体内有相互协作与配合的组织保证，群体内每一个成员有着共同的兴趣，并为实现群体目标而做出自己的努力。优秀的团队一般具有以下优势：

1. 协作：团队建立在成员相互了解的理念之上，能够比个人完成更多的工作；
2. 随着团队管理的不断完善，工作效率随之提高；
3. 团队成员相互信任、团结，拥有共同的信念与价值观；
4. 团队成员的技能与专长能得到充分的利用与发挥；

5. 合理决策：团队成员共同参与，使决策更趋向合理和有效；

6. 形成合力：对内能凝聚智慧，对外能快速响应客户与市场的需求。

（二）创业团队

创业团队是指在新企业创建初期（包括企业成立前和成立早期），有两个或两个以上才能互补、责任共担、所有权共享、愿为共同的创业目标而奋斗，并能做到利益让渡的人共同组成的有效工作群体。创业团队的好坏，极大程度上能够决定创业事业的成功。那么，创业团队具备什么样的价值呢？

1. 团队能把互补的技能和经验组织到一起，提高决策速度，促进成员队伍的多样化。

2. 团队有利于营造更轻松愉快的心理环境，提高决策绩效。

3. 团队的质量在获取投资时至关重要。风险投资家评估项目的同时也在评估团队。

按照团队成员所起的作用分类，初始创建者通常指企业的发起人，核心员工通常指新企业成立后引进的骨干员工，主要来源包括招聘、熟人介绍等，董事会主要指利益相关者，提供指导、增加资信等专业顾问部分与新企业保持紧密联系的外围专家以及利益相关者，包括顾问委员会投资者和贷款方咨询师等。

二、团队的构成要素

对于任何企业或者组织中的一个成熟团队来说，都有五个基本要素，简称"5P"，即目标、定位、职权、计划和人员。这五个因素的紧密结合构成了一个团队的整体框架。

（一）团队目标

建立团队目标，对于团队发展的凝聚力有重要的推动作用。对于每一个企业来说，从打算建设团队开始，就必须树立明确的目标。所有的团队都有一个共同的目标。那就是把工作上相互联系、相互依存的人们组成一个相互协作的群体、使之能够以更有效的合作方式达成个人的、部门的、组织的、企业的目标。为完成共同的目标，成员之间彼此合作，这是构成和维持团队的基本条件。事实上也是这个共同的目标才确定了团队的性质。团队必须先有目标，再有团队。更重要的是，团队的目标赋予团队一种高于团队成员个人总和的认同感。这种认同感为如何解决个人利益和团队利益的碰撞提供了有意义的标准，使得一些威胁性的冲突能顺利转变为建设性的突破。也正因为有团体目标的存在，团队中的每个人才能知道个人的坐标在哪儿，团队的坐标在哪儿。因此，一定要把团队目标具体化。

（二）团队定位

团队定位和团队目标是紧密联系在一起的。定位是指建立团队的组织结构，明确创业团队内部组成及相互职权关系。在团队定位时往往要考虑以下几个问题：

1. 由谁选择和决定团队的组成人员？

2. 团队对谁负责？

3. 如何采取措施激励团队成员和团队以外的成员？

在对以上问题做出恰当的回答以后，接下来就可以制定一些有助于团队运行与管理的规则，甚至可以提出团队独有的文化精神，也可以借此传递公司的价值等重要信息。当然，要让不同的成员能够真正成为团队一员，真正认同团队的管理和文化，这需要我们重新审视组织结构的自身优势与问题，给企业团队进行准确的定位。

（三）团队职权

职权是指创业团队担负的职责和享有的权限，是创业团队目标和定位的延伸。团队职权一般包括以下几个方面：

1. 团队的工作范围是什么？

2. 团队可以处理可能影响到整个组织的事务吗？

3. 你愿意让你的团队作为主要顾问，提出意见和建议吗？

4. 你希望让你的团队采取真正实际行动，促成某种结果吗？

5. 你所组建的团队在多大程度上可以自主决策？

这些问题实际上是团队目标和团队定位的延伸，解决了这些问题，就可以初步解决团队的职权问题了。当然，要解决的职权问题会随着团队的类型、团队的目标和定位的不同而会有很大的差异，这些也取决于组织的基本特征，如规模、结构、任务类型等。对于复杂多变的情况，我们无法给出特定的解决方案，但是在解决职权问题时必须坚持这样一个原则，即分清轻重缓急。一般来说，在创业初期领导权相对集中，团队越成熟，领导权拥有的权利越小。

（四）团队计划

计划关系到每个团队的构成问题、团队应如何分配和行使组织赋予的职责和权限，即团队成员分别做哪些工作、如何做，简单地说，就是有对工作的计划。一份好的团队计划要能回答以下问题：

1. 团队有多少成员才合适？

2. 团队必须要有固定的领导吗？

3. 团队领导职位是常设的、固定不变的？还是轮流担任？

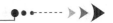

4. 领导者的职责和权限分别是什么？

5. 应该赋予其他团队成员特定的职责和权限吗？

6. 团队要定期开会吗？

7. 会议期间要完成哪些工作任务？

8. 预期每位团队成员把多少时间投入团队工作？

对于创业团队来说，计划是指创业团队未来的发展规划，也就是规划成员在不同的发展阶段分别要做哪些工作，怎样去做，计划是整个团队目标和定位的具体体现，可行的计划有利于创业目标的有效实施，以及实施过程的控制和调整。

（五）团队成员

构成团队的最后一个要素也是最重要的因素，即团队成员。任何团队都是由不同的个体组成的。成员是创业团队的核心力量。确定团队目标、定位、职权和计划，都只是为团队取得成功奠定基础，团队能否最终获取成功，能否达到目标还是要取决于人员的表现。因为不同个体有不同的特点，团队成员间的关系也是影响团队是否成功的因素。因此，组建团队前，创业者要回答以下关于团队人员的问题：

1. 你理解你的队员吗？

2. 你需要选择什么样的人员？

3. 每个团队人员都有哪些技能、学识、经验和才干？

4. 团队人员的资源在多大程度上符合团队的目标、职权和计划的要求？

只有了解了这些，你才能真正了解你的人员，才有可能将你的成员的才干发挥到最大的程度。我们也许并不能够选择在各方面都是十分优秀的人才作为队员，只要能够将所有这些人才资源整合在一起，获得最大的效率就可以了。创业者应充分考虑团队成员的能力、性格等方面的因素，以此来达到团队的平衡，充分发挥团队的优势。

第二节　创业团队的类型和角色

一、创业团队的类型

创业团队可以依据角度、层次和结构等维度划分为不同的类别，而较为常见的分类方法是依据创业团队的组成者来划分。根据团队的组成不同，创业团队可以分为星状创业团队（star team）、网状创业团队（net team）和从网状创业团队中演化而来的虚拟星状创业团队（virtual star team）。

（一）星状创业团队

星状创业团队中一般有一个核心主导任务，充当领军角色。这种团队在形成之前，一般是核心主导任务萌生出主要的项目创意，然后根据自己创业团队的需要逐步组建创业团队。因此，具体成员的出现是由项目主导人经过深思熟虑挑选的，往往能够通过展现彼此的优势来共同推动创业项目的进行。创业团队成员可能是熟悉的人，也可能是项目主导人根据项目的需要而专门吸纳的人才。

（二）网状创业团队

网状创业团队的成员一般在创业之前都有密切的关系，比如可能是同学、亲友、朋友等。这些人在平时的交往和沟通中由于对某一事物的共同认可达成一定的共识，由此展开共同创业的想法。这种团队在创业之初往往没有明确的主导人物，对于团队发展的诸多食物都是共同讨论，共同决定，大家根据各自的特点进行自发的组织角色定位。因此，在企业初创时期，各位成员基本上扮演的是协作者或者伙伴角色。

（三）虚拟星状创业团队

虚拟星状创业团队来自网状创业团队，但又有所不同。虚拟星状创业团队中存在核心成员，但这种核心成员的选择和其核心地位的确定是与其他成员共同协商的结果，并不存在唯一的主导地位。因此，核心成员从某种意义上来说是整个团队的代言人，并非主导型人物，其在团队中的行为必须充分考虑其他团队成员的意见，不像星状创业团队中的核心人物那样具备权威性。

二、创业团队的角色

我们常说"一个好汉三个帮"，优秀的创业团队中也聚集着一些优秀的团队成员，他们在团队中扮演着不同的角色，发挥着不同的作用。英国团队管理专家梅雷迪斯经过研究，提出了贝尔宾团队角色理论，即一支结构合理的团队应该由八种角色组成，后来修订为九种角色。也就是说，不同团队成员利用个人的行为优势，在团队中扮演各自的角色，共同创造一个和谐的团队，极大地提升了团队和个人绩效。这九种团队角色分别为：

（一）智多星 PL（plant）

智多星创造力强，充当创新者和发明者的角色。他们为团队的发展和完善出谋划策。通常他们更倾向于与其他团队成员保持距离，运用自己的想象力独立完成任务，标新立异。他们对于外界的批判和赞扬反应强烈，持保守态度。他们的想法总

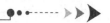

是很激进，并且可能会忽略实施的可能性。他们是独立的、聪明的、充满原创思想的，但是他们可能不善于与那些气场不同的人交流。在创业团队中，智多星角色的成员能够帮助团队发现新的机会，富有迎接挑战和困难的勇气。

（二）外交家 RI（resource investigator）

外交家是热情的、行动力强的、外向的人。无论公司内外，他们都善于和人打交道。他们与生俱来是谈判的高手，并且善于挖掘新的机遇、发展人际关系。就像他们的名字一样，他们善于发掘那些可以获得并利用的资源。由于他们性格开朗外向，所以无论到哪里都会受到热烈欢迎。外交家为人随和，好奇心强，乐于在任何新事物中寻找潜在的可能性。然而，如果没有他人的持续激励，他们的热情会很快消退。因此，好的创业团队急需要优秀的外交家成员，同样也需要给予合理的激励手段。

（三）审议员 ME（monitor evaluator）

审议员是态度严肃的、谨慎理智的人，他们有着与生俱来对过份热情的免疫力。他们倾向于三思而后行，做决定较慢，通常他们非常具有批判性思维。他们善于在考虑周全之后做出明智的决定。具有审议员特征的人所做出的决定，在创业团队中具有非常大的参考价值。

（四）协调者 CO（co-ordinator）

协调者最突出的特征就是他们能够凝聚团队的力量向共同的目标努力。成熟、值得信赖并且自信，都是他们的代名词。在人际交往中，他们能够很快识别对方的长处所在，并且通过知人善用来达成团队目标。虽然协调者并不需是团队中最聪明的成员，但是他们拥有远见卓识，并且能够获得团队成员的尊重。

（五）鞭策者 SH（shaper）

鞭策者是充满干劲的、精力充沛的、渴望成就的人。通常，他们非常有进取心，性格外向，拥有强大驱动力。他们勇于挑战他人，并且关心最终是否胜利。在行动中如遇困难，他们会积极找出解决办法。他们是顽强又自信的，在面对任何失望和挫折时，他们倾向于显示出强烈的情绪反应。鞭策者对人际不敏感，好争辩，可能缺少对人际交往的理解。这些特征决定了他们是团队中最具竞争性的角色。

（六）凝聚者 TW（teamworker）

凝聚者是在团队中给予最大支持的成员。他们性格温和，擅长人际交往并关心

他人。他们灵活性强，适应不同环境和人的能力非常强。凝聚者观察力强，善于交际。作为最佳倾听者的他们，通常在团队中倍受欢迎。他们在工作上非常敏感，但是在面对危机时，他们往往优柔寡断。

（七）执行者 IMP（tmplementer）

执行者是实用主义者，有强烈的自我控制力及纪律意识。他们偏好努力工作，并系统化地解决问题。广而言之，执行者是典型的将自身利益与忠诚与团队紧密相连、较少关注个人诉求的角色。然而，执行者或许会因缺乏主动而显得一板一眼。

（八）完成者 CF（completer finisher）

完成者是坚持不懈的、注重细节的。他们不太会去做他们认为完成不了的任何事。他们由内部焦虑所激励，但表面看起来很从容。一般来说，大多数完成者都性格内向，并不太需要外部的激励或推动。他们无法容忍那些态度随意的人。完成者并不喜欢委派他人，而是更偏好自己来完成所有的任务。

（九）专业师 SP（specialist）

专业师是专注的，他们会为自己获得专业技能和知识而感到骄傲。他们首要专注于维持自己的专业度和对专业知识的不断探究之上。然而由于专业师们将绝大多数注意力都集中在自己的领域，因此他们对其他领域所知甚少。最终，他们成了只对专一领域有贡献的专家。但是很少有人能够一心一意钻研或有成为一流专家的才能。

为了更好地发挥团队价值，创业者还需要注意以下几个方面：第一，需要明确共同的目标。共同的目标是团队存在的基础，也是团队凝聚力的源泉，同时也是其成功与否的关键要素。在集体层面和个人层面建立可以接受的目标，有利于促进每一个成员共同为实现过程目标而努力。第二，要有控制的授权和信息共享。有控制地给予成员授权，使其在职责范围具有相对的自主决定和处理的权力，有利于激发其积极性。第三，要加强信息共享。这有利于成员准确掌握信息的沟通，过程的所有参与者要定期对过程的效率与效果与相关人员进行沟通，让这些人了解过程状态、本职工作对过程的影响，了解过程改进方向，强化对过程目标工作的热情。强有力的团队需要合作才能达到目的。

第三节 创业团队的组建

当创业者已经通过市场调查，确定了我们将要生产的产品、价格、地点和促销方式之后，下一步的工作就是组织生产和经营活动。这就需要创业者合理地组织和安排企业人员，实现企业的生产经营计划。创业团队的组建就具有核心和关键的作用。

一、组建创业团队的程序

（一）团队组建的原则

1. 互补原则

创业者之所以寻求团队合作，其目的就在于弥补创业目标与自身能力间的差距，发挥出"1+1>2"的协同效应。

2. 精简高效原则

为了减少创业期的运作成本、最大比例地分享成果，创业团队人员构成应在保证企业高效运作的前提下尽量精简。

3. 动态开放原则

应注意保持团队的动态性和开放性，使真正完美匹配的人员能被吸纳到创业团队中来。

（二）团队组建的程序

1. 明确创业目标

创业目标是创业者在创业过程中努力争取达到的预期结果。创业目标的内容包含三个层次：一是选择创业方向，二是确定创业方法，三是确定创业目标，明确创业达到的预期结果。当总的目标确定后，要将总目标加以分解，进而设定可行的阶段目标。

2. 制订创业计划

确定了总体和阶段性目标后，紧接着需要研究如何实现这些目标，也就是要制订切实可行的计划。创业计划是在对创业目标进行具体分解的基础上，以团队为整体来考虑的计划。创业计划确定了在不同的创业阶段需要完成的阶段性任务。

3. 招募合适的人员

团队成员能力的总和决定了创业团队的整体能力和今后的发展。一般而言，创业团队至少需要管理、技术和营销三个方面的人才。只有这三方面的人才形成良好的沟通和合作关系后，创业团队才能实现稳定和高效，进而不断发展。

4. 职权划分

根据执行创业计划的需要，需要确定每个团队成员所要担负的职责和相应的权限。职权划分必须明确，既要避免重叠和交叉，也要避免疏漏，同时还要根据团队成员的变动，动态地对职权体系进行调整。

5. 构建创业团队制度体系

制度是对创业团队成员进行约束和激励的基础。建立合理的制度体系，一方面要约束团队成员的行为，保证团队的稳定；另一方面，应该有效的激励机制能够充分调动成员的积极性，最大限度地实现企业目标。

6. 团队的调整融合

高效的创业团队并不是创业之初就能建立，而是随着团队的运作，不但对暴露出的人员匹配、职权划分、制度设计等方面的不合理状况进行调整融合才逐渐形成的。团队的调整融合是一个动态持续的过程，在进行调整融合的过程中，要保证团队成员之间经常进行有效的沟通和协调，培养团队精神。

二、组建团队的重要因素

创业团队的组建会受到多种因素的影响，这些因素相互作用共同、影响着组建过程并进一步影响着团队建成后的运行效率。

（一）创业者

创业者的能力和思想意识从根本上决定了是否要组建创业团队、团队组建的时间表以及由哪些人组成团队。创业者只有意识到组建团队可以弥补自身能力与创业目标之间存在的差距，才有可能考虑是否需要组建创业团队，才有可能准确判断什么时候需要引进什么样的人员，与自己形成互补。

（二）商机

不同类型的商机需要不同的创业团队。创业者应根据创业者与商机间的匹配程度，决定是否要组建团队以及何时、如何组建团队。

（三）团队目标与价值观

共同的价值观、统一的目标是组建创业团队的前提，团队成员若不认可团队目标，就不可能全心全意为此目标的实现而与其他团队成员相互合作、共同奋斗。而不同的价值观将直接导致团队成员在创业过程中脱离团队，进而削弱创业团队作用的发挥。没有一致的目标和共同的价值观，创业团队即使组建起来，也无法发挥协同作用，缺乏战斗力。

（四）团队成员

团队成员能力的总和决定了创业团队的整体能力和发展潜力。创业团队成员的才能互补是组建创业团队的必要条件。而团队成员间的互信是形成团队的基础。互

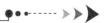

信的缺乏，将直接导致团队成员间协作出现障碍。

（五）外部环境

创业团队的生存和发展直接受到了制度性环境、基础设施服务、经济环境、社会环境、市场环境、资源环境等多种外部要素的影响。这些外部环境要素从宏观上间接地影响着对创业团队组建类型的需求。

三、创业团队成员的选择

（一）选择团队成员的注意事项

在选择创业团队成员时，我们需要注意从以下几个方面进行思考：

1. 团队成员加入的目的；
2. 团队成员的知识结构；
3. 团队成员的性格、个性、兴趣；
4. 团队成员的价值观念。

（二）组建创业团队的注意事项

在组建创业团队时，我们还需要考虑如下几个问题：

1. 确定团队中唯一的权威的主管；
2. 团队成员间要相互信任；
3. 妥善地处理不同的意见和矛盾；
4. 合理地分配股权；
5. 妥善处理团队成员间的利益。

第四节 创业团队的高效管理

 案例

第一团队

在美国接受教育并且工作多年的沈南鹏、梁建章，与接触过国外文化的民营企业家季琦、国有企业管理者范敏，曾经构成了中国企业史上的一个奇妙组合。

1999 年，四人创立了携程网。2002 年，四人又共同创立了如家。在中国的企业家中，三年内两次把自己创办的企业送进美国纳斯达克股市，他们是纪录的创造者。所以，这四个人堪称"第一团队"。团队中的四个人各有分工：季琦是团队的实干

者和推动者。梁建章是团队的信息者、技术者。沈南鹏是团队的监督者、完美者。范敏是团队的行业专家。4人按照各自的专长组成"梦幻组合"：梁建章任首席执行官，沈南鹏任首席财务官，季琦任总裁，范敏任执行副总裁。

在携程的创业初期，其实真正全职创业的只有季琦一个人，其他三个人都是以兼职的身份加入的。季琦并没有介意这种情况，而是心甘情愿地担负起了开路先锋的责任。季琦说过："对他们来讲，创业就是下海。而我已经在海里了，没有什么可以失去的。所以，这个开路先锋就应该我来做。"后来，公司在季琦的带领下走出了初创期，当公司需要更加精细化的管理的时候，2001年，季琦主动让位给了更加细腻、理性，更懂得现代企业管理的梁建章。而且2006年这种事情重演了，梁建章主动归隐，范敏开始执掌携程帅印。

如果一个团队不依靠权威，而是依靠平等的伙伴关系和契约精神来共同合作，就可取得持续的成绩。从某种程度上来说，这才是一个创业公司能够组建起来的最好的团队。

案例解析：

通过案例，我们可以发现，企业发展到一定规模时，需要通过团队的管理来进一步增强团队的凝聚力，提高工作效率。因此，创业团队的管理尤其重要。与现在创业潮中很多人的单打独斗相比，加入一个强大的团队，和优秀的人一起工作，要比一个人的奋斗更容易成功。

一、成功创业团队的特征

在"第一团队"案例中，我们了解到，第一团队的四个成员虽有同学之谊、朋友之情，但性格、爱好迥然不同，经历各异；他们创立的携程和如家虽然经历了多次高层人事变更，却从来没有发生过震荡，都在纳斯达克成功上市，并且一直保持着优异的业绩，最终成为一个成功的创业团队。

成功创业团队的特征可以概括为以下十点：具有坚强的凝聚力，团队利益至上，坚持正确的经营原则，切实做到对企业的长期承诺，正确处理好短期利益和长期利益的关系，致力于创造新企业价值，合理分配股权，公平弹性的利益分配机制，合理分享经营成果，专业能力的完美搭配。

二、创业团队常见的分裂原因

创业初期阶段，组织的创立者将所有的精力都投入到生产和市场的技术活动中，以求得在市场中的生存。大家为了生存而奋斗，不太计较个人的得失。随着企业从不规范过渡到正常经营管理状态，创业团队中的很多矛盾很容易暴露出来，而这些

矛盾正是创业团队分裂的主要原因。

（一）思想不一致，认知有差异

创业通常是团队成员在摸索中共同前进，前行的路上充满着未知和不确定性。在创业的过程中，团队成员经常会在经营理念、发展方向、管理方式、营销手段、商业模式等方面出现分歧。很多成员并不能做到求同存异，继续秉持初心共同前行，甚至会以解散和失败收场。有些成员因为不认可公司的目标和策略，因价值观产生冲突，导致创业团队解散，这种情况是非常普遍的。

（二）人与人各异，磨合成问题

个性是一个人区别于他人的，在不同环境中显现出来的，相对稳定的包括需要、动机、兴趣、理想、信念、能力、气质和性格等特质。群体性的创业团队是由一些因为私交很好而在一起的伙伴共同组成的创业团队。团队成员在性格上的差异和处理问题的不同态度，就容易被掩盖。有些团队从表面上看，大家都在努力工作，但真正全身心投入者可能只有一到两个人。同时团队内又缺乏真正的沟通，个性存在的差异不能被调解，导致创业活动难以正常开展，直到创业团队解散。

（三）利润分配难，规则不明确

在整个创业过程中，团队成员都希望自己的贡献与得到的回报相匹配，希望在利益分配方面体现公平性。创业之初，创业团队成员通常能够为了共同的理想和目标一起奋斗，很少计较获得什么样的回报。但是，随着事业的发展，他们越来越关心个人所获得的回报。许多创业团队的散伙就是因为在创业初期没有制订明确的利润分配方案，从而导致日后在利润分配时出现争议。

（四）信任难建立，合作互猜疑

互信是形成团队的基础，但互信往往要经过长期合作才能形成。虽然创业合作伙伴大多数是同学、朋友等"熟人"，但在企业创建初期，这些团队并没有经过真正的考验，没有建立起真正的信任。缺少信任可能导致相互猜疑、相互埋怨。一旦企业遇到真正的困难，团队成员就可能各奔东西。

（五）缺乏真诚意，沟通无效率

创业团队成员间的沟通非常重要，成员之间的人际关系融洽有利于做出能够被广泛理解和接受的决定，并形成合力来完成共同的任务，最终有利于提高团队的绩效。相反，创业团队成员之间因缺乏真诚沟通，则会导致情感冲突和人际关系冲突。

在创业过程中，由于缺乏完善的沟通渠道，很多创业者存在"家长制作风"，导致沟通不善，因此往往会为团队分裂埋下隐患。

三、创业团队的结构管理

创业团队可以从三方面入手来实施结构管理，分别是知识结构、情感结构和动机结构。知识结构反映的是创业团队成功创业的能力素质，情感结构是创业团队维持凝聚力的重要保障，动机结构则是创业团队实现理念和价值观认同的关键因素。

（一）知识结构管理

知识结构管理的核心，是建立以创业任务为核心的知识和技能互补性，强调创业团队有完备的能力来完成创业相关任务。也就是说，创业团队要在价值观、创业理念基本吻合的基础上再考虑技能、经历、经验等方面的互补，要体现差异性。只有这样才有助于创新，才能做到资源整合。

（二）情感结构管理

情感结构管理的重点是注重年龄、学历等不可控因素的差异。中国文化注重层级和面子关系，如果创业团队之间年龄和学历因素差距过大，成员之间在混沌状态下发生冲突和争吵，很容易导致彼此感觉丢了面子而演变为情感性冲突。一旦出现这种情况，创业团队将不得不把时间和精力浪费在沟通交流和内部矛盾化解上。内耗大于建设，不利于创业成功。

（三）动机结构管理

动机结构管理的关键在于注重创业团队成员理念和价值观的相似性。如果创业团队成员之间价值观不同，想做事的成员可能不会过分关注短期收益，而怀揣赚钱动机的成员则不会认同忽视短期收益的做法。相似的理念和价值观有助于创业团队克服创业挑战而逐步取得成功。

值得一提的是，创业团队的结构管理是兼顾三方面结构要素的平衡过程，短板效应非常明显。但是现实中，人们往往过分重视知识结构的互补性，而对于情感结构管理和动机结构管理的重视程度不够，因此引发的问题往往会随时间而强化。一旦创业出现困难和障碍，往往会转变为创业团队的内耗和冲突。只有采用有效的创业团队管理策略和技巧，才能保持新企业的生命力，保持团队的凝聚力，提高工作效率。

四、创业团队的管理技巧和策略

有效的管理是保持新企业生命力、保持团队士气的关键。由于创业团队本身观

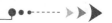

的动态特征，团队管理就是贯穿于创业团队整个生命周期的工作。创业团队管理的重点就是在维持团队稳定的前提下，发挥团队的多样性优势。

（一）创业团队精神的培育

创业团队精神培育包括四个方面：培育共同的企业价值观，培育领导者自身的影响力，培育共同的危机和忧患意识，培育良好的协调和经常性的沟通能力和氛围。

（二）创业者的产权安排

创业者的产权安排包括以下几个方面：

1. 股权结构类型可以分为高度集中型股权结构、适度分散型股权结构、过度分散型股权结构。

2. 股权结构的设计原则需要注意人力资本所有者与投资人共同分享利润，采用期权制度，遵循股权动态变化的原则。

3. 创业团队产权安排需要注意重视契约精神，遵循贡献决定权利原则分配所有权比例，控制权与决策权统一原则，坚持差异化，关注业绩，保持灵活性。

（三）创业团队的绩效评估

创业团队绩效评估主体包括团队内部成员互相评议、其他成员评估每个成员的贡献、用户满意程度评估、成员评估团队、负责人评估成员以及管理层评估，主要是上级管理部门对团队业绩进行评估。

创业团队的绩效评估方法包括 360 考核、目标管理法（MBO）、关键绩效指标法（KPI）以及目标与关键成果法（OKR）。

1. 360 考核是将原本由上到下，由上司评定下属绩效的旧方法，转变为全方位 360°交叉形式的绩效考核。

2. 目标管理法（MBO）和关键绩效指标法（KPI）是将实际业绩与事先确定的绩效指标、目标进行比较评估。MBO 一般对部门考核，KPI 可以细化到岗位。

3. 目标与关键成果法（OKR）是明确和跟踪目标及其完成情况的管理工具和方法。自下而上，更注重结果，以及结果的挑战性。

（四）创业团队的报酬合理分配

创业团队在分配报酬时，需要围绕以下几个方面开展工作：首先是形成分享财富的理念，其次是综合考虑企业与个人目标，再次是规范制定报酬制度的程序，然后要实施合理分配方案。方案应涵盖以下内容：创业思路、商业计划准备、敬业精神和风险、工作技能经验及业绩记录或社会关系、岗位职责。最后是综合考虑分配

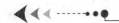

时机和手段。

（五）创业团队的激励

激励是一种艺术，并非投入巨资方能鼓舞士气，低成本激励同样可以取得显著的成效。只要你肯定的一个眼神，我愿意随你到天涯海角。激励是一种艺术，并非即时利益方能让人心潮澎湃，美好愿景、远期利益同样可以让人砥砺前行。

初创企业和创业团队更需要注重适时地对团队成员进行适当的激励，以促进团队更加良性、积极地运营。我们需要掌握并适时运用以下激励方法来促进创业团队的建设。

1. 物质激励——用公司股权留住人。马云在创业之初的股权激励和华为的股权激励正是物质激励的表现。阿里巴巴和华为的不断壮大同时也让我们看到物质激励的作用。

2. 精神激励——用共同的愿景凝聚人。企业的共同愿景就是全体成员一致认可愿意共同为之奋斗的景象。物质利益固然是激发积极性的基本因素，但精神需求是较物质需求更高层次的需求，可以持久地起作用。愿景激励作为精神激励的一种措施，对处于蹒跚学步阶段的初创企业来说，与股权激励相辅相成，构成全面的激励体系。

3. 正向激励——用赞赏和宽容鼓励人。奇虎360科技有限公司创始人周鸿祎认为，对于初创企业而言，又没有名气，又没有钱，也没有用户基础，唯一的出路就是要持续地创新。缺钱少人的初创企业如何激发员工的创新行为？多用赞赏（正向激励），少用惩戒（负向激励）是一个初创企业激励机制的重要原则。心理学家詹姆斯说过，人性最深刻的原则就是希望别人对自己加以赏识。所以在创业团队中，宽容和鼓励别人，获得队员的心理认可，是很重要的支持。我们可以参考索尼和微软公司正向激励的方式。

4. 内在激励——用善于授权激发人。基于美国心理学家赫茨伯格双因素理论和初创企业的现实情况，我们知道初创企业组织结构往往比较精简，员工数量少，每个人都在演绎"一人多职"。因此，基于授权的内在激励是任务多、人手不足的初创企业必要的激励手段。

五、创业团队的领导者角色与行为策略

创业团队领导是指负责为团队提供指导、为团队制定长远目标，在适当的时候代表团队处理与组织内其他部门关系的角色。它属于这个创业团队，是这个团队中的一员，并且从团队内部施加影响。常见的创业团队领导者的角色包括以下四种：

（一）远景领导者

领导者应该为创业团队及部属勾勒未来远景，以远景引领众人努力的方向。

（二）变革领导者

成功的领导者不仅需要改变企业，同时也要改变环境。因此，领导者必须鼓励改变、尝试与冒险，承担因改变而造成的一切后果。

（三）潜能领导者

领导者还要扮演引爆员工潜力、协助员工发挥潜能的角色。

（四）价值领导者

领导者应该时时以身作则，以创造价值为最高行为指导方针，时时学习新知，增强自己在变动的环境中创造价值的本领。

创业团队的领导者通常包括三个方面：一是团队的中流砥柱、员工的主心骨，能够增强自身能力、提高员工素质、培养团队精神、凝聚团队力量；二是团队亲密的创业伙伴，能真诚地对待创业伙伴，是创业成员不离不弃的真正原因。三是温和的家庭大家长，不仅要理智，也要融入情感。员工归属感就如同企业的生命。

团队领导者还需要注意避免如下的五项错误：一是不能真正了解团队成员的需求和特质，二是不能有效地建立团队文化和沟通机制，三是没有在自己的核心业务上开展工作，四是不会调动成员的积极性，五是拒绝承担责任。

六、创业团队的社会责任

第一，从创业企业生存的基础而言，创业企业要生存就必然要追逐利润。创业团队经营企业的重点在于讲究效益，以最少的成本，获取最大的利润，同时向国家缴纳了税赋，为巩固国防、为社会建设、为丰富和满足民众生活提供了保障。因此，创造最大的经济效益，是创业团队首要的社会责任。

第二，从创业企业内部管理来说，创业团队还要注重创业企业内部员工在分配上的公平合理，注重对员工的培训和教育。要按规定给员工办理各种保险，要保证员工的各种合理的福利。社会就业扩大、员工素质的提高、员工收入的不断增长不仅是社会稳定的重要基础，也是创业企业对社会稳定做出的重要贡献。

第三，从创业企业和外部的关系而言，在创业企业利益和社会利益发生冲突时，创业团队宁可牺牲自己的利益也要保护社会的利益。有的创业企业经营活动和社会责任具有密切的关系，在追逐利润的同时更要注重社会责任。

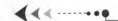

本章小结

本章我们重点学习了创业团队的类型和角色、创业团队组建和管理的基本策略以及创业团队领导者需要规避的错误。在创新创业过程中，团队组建是非常重要的一个环节，好的团队可以发挥 1+1>2 的作用，体现良好的团队价值，为创新创业项目和初创企业奠定良好的发展基础，保持企业的良性运转，促进创业成功。

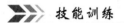 **技能训练**

训练项目1　蒙眼排队

训练目标：理解团队和团队精神的内涵，学会沟通和与团队进行协作。

训练过程：小组成员到一个空场地围成一个圆圈站好；指导老师宣布：开始2分钟的小组沟通（没有任何明确的任务）；沟通时间到了以后，提醒戴眼镜的人可摘下眼镜，然后给每个成员分发眼罩；要求每个成员戴上眼罩，原地转2圈；指导老师分别给小组成员发号码牌（事先准备好），并让成员确认自己的号码，然后检查眼罩佩戴情况，防止作弊。

宣布任务：请小组成员在3分钟的时间内，按号码牌的大小，依次排成一队，在排队过程中，不允许发出任何声音；其他学员观察排队结果；换另外一个小组，重复以上步骤，对比两组的过程和结果；活动参与者和观察者代表做总结发言。

训练项目2　迷失丛林

通过迷失丛林的游戏来感受创业团队的价值，游戏具体安排如下：

形式：先由一个人完成，再由小组完成。

类型：团队建设。

时间：30分钟。

材料及场地：迷失丛林工作表（见表4-1）及专家意见表，教室及会议室

表4-1　迷失丛林工作表

物品清单	1 个人顺序	2 小组顺序	3 专家排列	个人和专家 比较（3-1）	小组与专家 比较（3-2）
药箱					
手提收音机					
打火机					

续 表

物品清单	1 个人顺序	2 小组顺序	3 专家排列	个人和专家 比较（3-1）	小组与专家 比较（3-2）
三只高尔夫球杆					
七个大的绿的垃圾袋					
指南针					
蜡烛					
手枪					
药箱一瓶驱虫剂					
大砍刀					
蛇咬药箱					
一盒轻便食物					
一张防水毛毯					
一个热水瓶					

活动目的：通过具体活动来说明团队的智慧高于个人智慧的平均组合，只要学会运用团队的工作方法，就可以达到更好的效果。

操作程序：

第1步：老师把迷失丛林工作表发给每一位学生，随后讲出下面的故事：

你是一名飞行员，但你驾驶的飞机在飞越非洲丛林上空时突然失事，这时你必须跳伞。与你们一起落在非洲丛林中有14件物品，这时你们必须为生存做出一些决定。

第2步：在14件物品中，先以个人形式把14件物品以重要顺序排列出来，把答案写在第一栏。

第3步：当大家都完成之后，分小组，让他们开始进行讨论，以小组形式把14件物品重新按重要顺序排列后，把答案写在工作表的第二栏，讨论时间为20分钟。

第4步：当小组完成之后，老师把专家意见表发给每个小组，小组成员把专家意见转入第三栏。

第5步：用第三栏减第一栏，取绝对值得出第四栏；用第三栏减第二栏得出第五栏，把第四栏累加起来得出个人得分，第五栏累计起来得出小组得分。

第6步：计算个人得分（第4步总和）。

第7步：计算团队得分（第5步总和）。

第8步：统计小组中最低个人得分。

第9步：计算个人得分低于团队得分的总和。

第10步：计算个人得分的平均数。

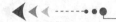

老师把每个小组的分数情况记录在黑板上（见表4-2），用于分析：

表4-2 小组得分情况统计表

小组	全组个人得分	团队得分	平均分
1			
2			
3			
4			

（1）找出团队得分低于平均分的小组进行分析，说明团队工作的效果（1+1>2）。

（2）找出个人得分最接近团队得分的小组及个人，说明该个人的意见对小组的影响力。

讨论分享：

1. 你对团队工作方法是否有更进一步的认识？

2. 你的小组是否有出现意见垄断的现象，为什么？

3. 你所在的小组是以什么方法达成共识的？

专家的选择：

1. 大砍刀：非洲的丛林多野兽，有刀可以打猎也可以救命，还能开路。

2. 打火机：火可以用来防野兽，也可用来烧熟食物，防潮湿，点燃火堆求救。

3. 蜡烛：因为潮湿，生火就困难了，有了蜡烛就方便多了，可以保留火种。

4. 一张防水毛毯：晚上睡觉防潮，防雨淋，可作为雨披，保温。

5. 一瓶驱虫剂：蚊虫多，可以防传染疾病，防止毒虫。

6. 药箱：治病，急救。

7. 七个大的绿色垃圾袋：可用于打猎伪装，也可以取暖、蓄水；包装粪便掩埋，因为粪便的味道容易吸引野兽。

8. 一盆轻便食物：吃，丛林中动植物多，所以食物比较容易获取。

9. 一个热水瓶（空的）：可以蓄水，林子有很多地方的水都不能喝；可用垃圾袋代替，热带丛林无须保存热水。

10. 蛇咬药箱：蛇多，可防蛇。

11. 3支高尔夫球杆：打蛇用的，可以作为打猎武器。

12. 手枪：打猎，用处不大，火药容易受潮，枪声容易引来野兽。

13. 手提收音机：用来接受无线电信号，电池容易受潮，使用寿命不长，而且笨重。

14. 指南针（罗盘）：茫茫的森林你就是知道东西南北又能如何呢？你不知道哪

个方向是正确的，可用查看太阳方向等方法辨别方向，且在没有地图配合的情况下，只知道方向是无用的。

训练项目3　纸牌游戏

活动目的＼功能说明：用来说明如何有效沟通、快速完成任务。

适用范围：用来说明沟通和团队协作。

需求条件：一副或若干副纸牌。

操作步骤：

1. 按小组准备纸牌，将每一副纸牌都洗乱（取出大小王牌），要求所有小组在最快的时间里将纸牌按照大小和花色进行排序，最快完成的小组获胜。

2. 教师发纸牌，学生接纸牌，不能打开。

3. 教师发布开始命令，学生进行纸牌排序。

4. 教师分别计时，检查结果，公布成绩。

5. 如果条件允许，教师先要求学生不能说话，第二次挑战的时候可以说话。

第五章　市场营销

知识目标

1. 通过本章的学习，希望学生了解 STP 定位市场、4P 营销、新媒体营销等知识；
2. 运用自己学到的市场营销知识完成自己创业项目产品的市场需求调研；
3. 设计出自己创业项目产品的市场营销策略；
4. 通过路演来完成自己创业项目产品的推荐会。

技能目标

通过本章的学习，能够运用 STP 定位市场、4P 营销、新媒体营销等知识来完成你的创业项目的市场需求调研分析，并完成产品推介会任务。

训练项目：

1. 创业项目的市场需求调研分析
2. 某产品（服务）推荐会

案例导入

洽洽——小炒货大生意

洽洽食品股份有限公司成立于 2001 年，是一家以传统炒货、坚果为主营产品，主营业务是集自主研发、规模生产、市场营销为一体的现代休闲食品企业。公司实行"精耕战略"，将全国市场划为 21 个片区，有 117 家办事处、1100 家专业经销商及 4 家大型零售商，建立了覆盖国内大中型城市的全国性销售网络，终端掌控能力强，市场反应速度快，销售渠道稳定、通畅。同时，随着互联网的发展，公司通过门户网站洽洽食品官网城，其他电商平台，如淘宝、京东、美团等，微信、微博、App、H5 等新媒体营销也是助推其成为享誉中外的坚果品牌。目前"洽洽"品牌深

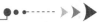

得广大消费者认可，在市场上树立了良好的声誉，已经成为国内坚果炒货领域的第一品牌，是行业内唯一一家销售规模超过10亿元的大型企业，"洽洽"系列产品不仅畅销全国，还出口到东南亚、欧美等30多个国家和地区。2002年，"洽洽"商标被国家工商行政管理总局认定为"中国驰名商标"，品牌价值达18.225亿元。2006年至今，洽洽品牌连续位居"全国坚果炒货食品十大著名品牌"之首。先后荣获了"中国农产品加工企业50强""中国食品工业百强企业""中国食品工业质量效益先进企业奖"等荣誉称号。[1]

案例解析：

洽洽食品股份有限公司成功得益于洽洽食品本身美味的食品、优质的服务、精准的市场定位和科学的管理，更得益于公司充分认识到市场营销的重要性。加推联合创始人、首席战略官、《私域流量池》作者、5年先后创办过3家公司的连续创业者刘翌说："我开启了我的前两次创业，结果都输得非常惨。痛定思痛，在我复盘之前失败的时候发现一个重要的问题：我花了太多的时间去打磨产品，却忽略了营销。当意识到要做营销的时候，公司的资金已经不足以支撑公司进入盈利阶段。之后发生的事情也很自然，我很难说服投资人继续投资。"企业要经营发展，产品品牌要立稳脚跟，需要从供应链效率、产品质量、产品形象、品牌文化、销售渠道网络、营销策略和促销方案等多角度全方位做出稳定的成绩。那么创业者要怎么做呢？

第一节 市场营销概述

一、市场营销的概念

在现代社会，任何一个企业和个人离开了市场便无法生产和生活。市场在宏观调控下已成为整个社会经济的主宰者，指挥和调节着国民经济的运行，决定着每一个企业的生存和发展、前途和命运。因此，创业者都要关心市场、研究市场，否则，就会遭受市场规律的惩罚，在市场竞争中失败，甚至破产。

那么，通常说的市场营销究竟指的是什么呢？市场营销就是在变化的市场环境中，在满足消费需要、实现企业目标的商务过程，包括市场调研、选择目标市场、产品开发、产品定价、渠道选择、产品促销、产品储存和运输、产品销售提供服务等一系列与市场有关的企业业务经营活动。

---

① 周雨航，张浚哲."互联网+"背景下传统企业转型及品牌营销创新策略研究——以"洽洽食品"为例. 经济研究导刊，2020（3）.

二、市场营销的基本内容

（一）需要、欲望、需求

（1）需要就是身心没有得到基本满足的一种感受状态。

（2）欲望是人们欲获取某种能满足自己需要的东西的心愿。

（3）需求是人们有支付能力做保证的欲望。

需求对市场营销最具现实意义，企业必须高度重视对市场需求的研究，研究需求的种类、规模、人群等现状，尤其是研究需求的发展趋势，准确把握市场需求的方向和水平。

（二）产品和服务

产品是满足人们各种欲望与需要的任何方法或载体。它分为有形产品与无形产品、物质产品与精神产品。人们通常用产品和服务来区分实体物品和无形物品。对于产品来说，重要的并不是它们的形态、性能和对它们的占有，而是它们能满足人们欲望和需要的能力。

（三）价值、满意和质量

顾客价值是指顾客拥有和使用某种产品所获得利益和为此所需要的成本之间的差额；满意即顾客满意，它取决于顾客对产品的感知使用效果，这种感知效果和顾客的期望值有关；质量是指与一种产品满足顾客需要的能力有关的各种特色和特征的总和。

（四）交换、交易和关系

当人们决定通过交换来取得产品，满足自己的需要时，营销才会发生。交换是以某些东西从其他人手中换取所需要产品的行为，交换是定义营销的基础。交换是营销的核心概念。市场交换一般包含5个要素：

（1）有两个或两个以上的买卖者；

（2）交换双方都拥有对方认为有价值的东西；

（3）交换双方都拥有沟通信息和向另一方传送货物或服务的能力；

（4）交换双方都可以自由接受或拒绝对方的产品；

（5）交换双方都认为值得与对方进行交换。

这5个条件满足以后，交换才可能发生。但是，交换是否真正发生，最终还取决于交换双方是否能认同交换的价值。如果双方确认通过交换能得到更大的利益和满意，交换就会实际发生。

交易是交换的基本单位。交换不仅仅是一种交易，而且是建立关系的过程。推销人员总是试图与顾客、批发商、零售商以及供应商建立起长期互利、相互信任的关系，拥有完善的营销关系网络的企业，在市场竞争中才能取胜。

（五）　市场

市场是由那些具有特定需要或欲望，愿意并能够通过交换来满足需要或欲望的全部潜在顾客所组成。这包括三层基本的含义：一是市场的核心是消费者或顾客；二是市场总是和一定的商品或服务联系，即是对一定的产品或服务而言；三是构成市场的是对特定产品具有需求的消费者或顾客，他们具有购买该种产品的愿望和支付能力。

例如，一个国家或地区人口众多，但收入很低，购买力有限，则不能构成容量很大的市场；又如，购买力虽然很大，但人口很少，也不能成为很大的市场。只有人口多，且购买力高，才能成为一个有潜力的大市场。但是，如果产品不适合需要，不能引起人们的购买欲望，对销售者来说，仍然不能成为现实市场。所以，市场是上述 3 个因素的统一。因此，市场的大小，取决于那些有某种需要，并拥有使别人感兴趣的资源，同时愿意以这种资源来换取其需要的东西的人数。

（六）　市场调研

市场调研是针对企业特定的营销问题或寻找机会，采用科学的研究方法，系统、客观地收集、整理、分析、解释和沟通有关市场营销各方面的信息，为营销管理者制订、评估和改进营销决策提供依据。初创企业调研一般从了解顾客、了解竞争对手两个方面进行调研。

1. 了解顾客

（1）我的顾客是谁？（顾客定位）

（2）顾客需要什么产品和服务？

（3）顾客最看重产品/服务的什么方面？（规格、颜色、质量还是售后服务？）

（4）顾客愿意为每个产品或服务付多少钱？

（5）顾客在哪里？一般在何时何地购买？

（6）顾客的购买频率是多久？（每年/月/周/日）

（7）顾客的数量在增加吗？能保持稳定吗？

（8）他们是否在寻找有特色的产品或服务？

2. 了解竞争对手

（1）竞争对手的企业规模、地点是什么？

(2) 竞争对手提供的商品或服务和你的有什么不同？

(3) 竞争对手的产品或服务的价格、质量是怎样的？

(4) 竞争对手给顾客什么样的额外服务？

(5) 竞争对手拥有怎样的销售渠道？有哪些优缺点？

(6) 竞争对手采用何种营销策略？广告推广手段是什么？

(7) 竞争对手的设备是否先进？

(8) 竞争对手的组织结构如何？人力资源配置是否合理？

(9) 竞争对手的员工素质怎么样？受过培训吗？待遇好吗？

(10) 竞争对手目前占有的市场份额是多少？

(11) 顾客对竞争对手的口碑如何？

(12) 竞争对手有哪些固定的大客户？

三、企业营销观念的演变

企业营销观念是企业所信奉的哲学和理念，是企业从事市场营销管理活动的基本指导思想和行为准则。其核心是正确处理企业、顾客和社会三者之间的利益关系。企业必须在全面分析市场环境的基础上，正确处理三者关系，确定自己的企业营销观念，并用于指导营销实践，才能有效地实现企业目标。

（一）生产观念

生产观念认为，消费者总是喜欢买到价格低廉的产品，企业应当集中精力提高生产效率和扩大分销范围，增加产量，降低成本。

（二）产品观念

产品观念认为，消费者喜欢高质量、多功能和具有某些特色的产品，因此，企业管理的中心是致力于生产优质产品，并不断精益求精。

（三）推销观念

推销观念认为，消费者通常有一种购买惰性或抗衡心理，若听取自然，消费者就不会大量购买本企业的产品，因而营销管理的中心是积极推销和大力促销。

（四）市场营销观念

市场营销观念认为，企业的一切计划与策略应以消费者为中心，正确确定目标市场的需求与欲望，企业营销管理的中心就是比竞争者更有效地提供目标市场所要求的满足，进而实现企业的利润目标。

（五）社会营销观念

社会营销观念认为，企业的任务在于确定目标市场的需求、欲望和利益，比竞争者更有效地使顾客满意，同时维护与增进消费者和社会福利。社会营销观念是对市场营销观念的补充与修正。

（六）市场营销观念新发展

1. 整体营销观念

整体营销观念，其核心是从长远利益出发，公司的营销活动应囊括构成其内外部环境的所有重要行为者，它们是供应商、分销商、最终顾客、职员、财务公司、政府、同盟者、竞争者、传媒和一般大众。前四者构成微观环境，后六者体现宏观环境。

2. 顾客让渡价值观念

顾客让渡价值＝顾客总价值－顾客总成本

顾客让渡价值是指顾客总价值与顾客总成本之间的差额。顾客总价值是指顾客购买某一产品与服务所期望获得的一组利益，它包括产品价值、服务价值、人员价值和形象价值等。

顾客总成本指顾客为购买某一产品所耗费的时间、精神、体力及所支付的货币资金等，因此，顾客总成本包括货币成本、时间成本、精神成本和体力成本等。

企业为了在竞争中战胜对手，吸引更多的潜在顾客，就必须向顾客提供比竞争对手具有更多顾客让渡价值的产品，这样才能使自己的产品为消费者所注意，进而购买本企业的产品。为此，企业可以从两个方面改进自己的工作：一是通过改进产品、服务、人员与形象提高产品的总价值；二是通过降低生产与销售成本，减少顾客购买产品的时间，精神与体力的耗费，从而降低货币与非货币成本。

3. 创造需求观念

创造需求观念的核心就是市场主体，采取各种经营的手段，包括物流、营销等手段，使人们的潜在需求得到激发，最终得到满足。潜在需求是指消费者虽然有明确意识的欲望，但由于种种原因还没有明确地显示出来的需求。一旦条件成熟，潜在需求就转化为显现需求，为企业提供无穷的商机。

4. 关系市场营销观念

关系市场营销观念的基础和关键是"承诺"与"信任"。承诺是指交易一方认为与对方的相处关系非常重要而全力以赴去保持这种关系，它是保持某种有价值关系的一种愿望和保证。信任是当一方对其交易伙伴的可靠性和一致性有信心时产生的，它是一种依靠其交易伙伴的愿望。承诺和信任的存在可以鼓励营销企业与伙伴

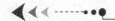

致力于关系投资，抵制一些短期利益的诱惑，选择保持发展与伙伴的关系去获得预期的长远利益。

5. 绿色营销观念

绿色营销观念主要强调把消费者需求与企业利益和环保利益三者有机地统一起来，它最突出的特点就是充分顾及资源利用与环境保护问题，要求企业从产品设计、生产、销售到使用整个营销过程都要考虑到资源的节约利用环保利益，做到安全、卫生、无公害等，其目标是实现人类的共同愿望和需要——资源的永续利用与保护和改善生态环境。

6. 文化营销观念

文化营销观念是指企业成员共同默认并在行动上付诸实施，从而使企业营销活动形成文化氛围的一种营销观念，它反映的是现代企业营销活动中，经济与文化的不可分割性。

在企业的整个营销活动过程中，文化渗透于其始终。一是商品中蕴含着文化，同时还凝聚着审美价值，知识价值，社会价值等文化价值的内容；二是经营中凝聚着文化，如著名的 DELL 公司能够在群雄纷争 IT 市场脱颖而出，就是 DELL 建立了一套能够快捷地满足客户个性需求的企业文化体系。

第二节　基于 STP 战略的市场开发

一、STP 战略概述

美国营销学家菲利普·科特勒将美国营销学家温德尔·斯密的目标市场理论经过完善与发展，形成了成熟的 STP 理论，即市场细分（Segmentation）、确定目标市场（Targeting）和市场定位（Positioning）。市场细分（Segmentation）企业按照消费者的不同需求，消费者的需求差异特点，不仅包括消费者对企业产品的不同需求，也包括对其他营销服务的不同需求，然后将整体市场进行分割，最终形成多个不同的细分市场或顾客群体；目标市场（Targeting）在市场细分的基础上选择将要进入的市场，可能是一个细分市场也可能是若干个细分市场；市场定位（Positioning）基于消费者群体的需求差异性，其共同特征，基于此特征在消费者群体中形成一个独一无二的印象，并使此印象在消费者脑海中占据一个有价值的地位。

二、市场细分

市场细分是指营销者通过市场调研，依据消费者的需要和欲望、购买行为和购买习惯等方面的差异，把某一产品的市场整体划分为若干消费者群的市场分类过程。

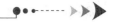

每一个消费者群体就是一个细分市场，每一个细分市场都是具有类似需求倾向的消费者构成的群体。

（一）市场细分的标准

消费者的市场需求千差万别，影响因素也是错综复杂。对消费者市场的细分没有一个固定的模式，各行业、各企业都可根据自己的特点和需求，采用适宜的标准进行细分，以求得最佳的市场机会。常用的几个具有代表性市场细分的标准主要有地理环境、经济文化、商品用途、购买行为等，每一细分标准中又包含不同的具体细分变数。

1. 地理环境

消费者所处的地理环境和地理位置，包括地理区域、地形、气候、人口密度、生产力布局、交通运输和通信条件等。按照地理环境细分市场称为地理细分。由于地理条件的不同，会形成不同的消费习惯和偏好，同时，市场潜量和营销费用也会因地理位置的不同而有所不同。

2. 人口因素

按年龄细分是各种市场细分中最一般的方法，其适用范围比较广泛。具体包括消费者的年龄、性别、家庭规模、收入、职业、受教育程度、宗教信仰、民族、家庭生命周期、社会阶层等，具体见表5-1。

表5-1 按人口变量细分市场营销要点

	主要变量	营销要点
性别	男女比例	了解男女构成及消费需求特点
年龄阶段	婴儿、儿童、少年、青年、成年、老年	掌握年龄结构、比重及各档次年龄的消费特征
收入	白领和蓝领；高收入、中高收入和低收入者	掌握不同收入层次的消费特征和购买行为
家庭生命周期	筑巢期、满巢Ⅰ期、满巢Ⅱ期、空巢期	研究各家庭处在哪一阶段、不同阶段消费需求的数量和结构
职业	工人、农民、军人、学生、干部等	了解不同职业的消费差异
文化程度	文盲、小学、中学、大学等	了解不同文化层次人群购买行为、习惯及结构
民族	汉族、满族、回族、蒙古族等	了解不同民族的文化、宗教、风俗及不同的消费习惯

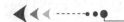

3. 心理因素

心理细分是根据购买者所处的社会阶层、生活方式、个性特点等心理因素细分市场。消费者心理特征和生活方式上的差异，会导致对价值内涵和生活信息需求的差异。尤其是在比较富裕的社会中，顾客消费心理对市场需求的影响更大。

4. 购买行为

主要是从消费者购买行为方面的特性进行分析。如购买动机、购买频率、偏爱程度及敏感因素（质量、价格、服务、广告、促销方式、包装）等方面判定不同的消费者群体。

(二) 市场细分的步骤

市场细分要想成功，必须用科学的方法，只有市场细分科学化，细分市场才具有可行性、实用性和可操作性，一般情况下，企业可以通过调研、分析、细分、评估 4 个步骤，科学、准确选定细分市场。

1. 调研阶段

（1）选择市场范围，确定进入何种行业，生产何种产品或服务。明确企业的市场范围，通常情况下消费者需求分析是针对一个特定的市场进行分析的。市场范围的界定就是确定企业推广其产品或服务时所要寻找的消费者群体。在确定消费者群体时，企业必须明确自己的优势和劣势，并审核一下可能拥有的资源，对自身环境作出正确的评估。

（2）明确选定的市场范围内所有潜在顾客及其潜在需要。选定产品市场范围后，企业团队人员可以通过"头脑风暴法"依据地理、人口、心理、行为等方面列出影响产品市场需求和顾客购买行为的各项变量。列出潜在消费者的基本需求，这要求企业必须了解消费者的态度、偏好及其所追求的利益，并将其需求明晰化，大致估算一下潜在消费者有哪些需求，为以后的深入分析提供基本资料。

2. 分析阶段

将各种需求让不同类型的消费者挑选，企业对不同的潜在顾客进行抽样调查，并对所列出的需求变量进行评价，了解潜在顾客的共同需求，并以此为依据进行市场细分。具体操作如下：

（1）分析潜在消费者的不同需求、购买动机。企业在市场部或专业市场研究公司的帮助下，再依据人口变量做抽样调查，向不同的潜在消费者了解上述需求哪些对他们更重要。

（2）找出影响产品市场销售的关键因素。初创企业进行市场调研，一定要弄清消费者关心什么，消费者对企业的产品或服务持何种看法。同时要分析其产品是否与以上分析中的消费者需求相吻合，通过什么营销策略可以迅速占领市场等。

3. 细分阶段

根据前两个阶段所得到的分析数据，比较每一个细分市场的需求，找出他们各自的需求特点；并根据不同消费者的特点，细分相应的市场群。具体方法如下：

（1）单一变量法。指根据市场营销调研结果，把选择影响消费者需求最主要的因素作为细分变量，从而达到市场细分的目的。这种细分只能是一种概括性的细分，即所谓"求大同，存小异"。例如，玩具市场需求量的主要影响因素是年龄，可以针对不同年龄段的儿童设计适合不同需要的玩具。

（2）多变量细分法。指以两种或两种以上影响需求较大的因素为细分变数，以达到更为准确地细分市场的目的。这是一种弥补单一变量法的不足而采用的市场细分方法。

（3）多层次变量法。指从粗到细将整体市场分为几个层次，逐层细分，并确定该层次的样本市场，最终层次的样本市场就是企业将全力投入的目标市场。

（4）心理细分法。当客户的需求多元化和复杂化，特别是心理、情感性因素在购买中越来越具有影响力的时候，市场也从有形细分向无形细分（目标市场抽象化）转化，即细分后的目标市场，无法通过形象的描述来说明。

（5）动态细分法。市场是由供求双方构成的一个动态系统，要求企业掌握影响细分市场的新因素、新变化。市场生命周期不同阶段决定了企业不同导向的细分方法。细分市场是动态变化的，细分必须定期反复进行，企业要用动态思维方式来进行细分市场。

4. 评估细分市场

企业进行市场细分的目的是通过对顾客需求差异予以定位，来取得较大的经济效益。企业必须在市场细分所得收益与市场细分所增成本之间做一权衡。要考虑到它的大小、成长性、盈利性、规模性、风险性如何？以及其他细分市场的人能否改变他们的购买决定。有效的细分市场必须具备以下特征。

（1）可衡量性

可衡量性是指用来划分细分市场大小和购买力的程度，是可定量测定的。细分市场必须特点突出，界线分明，具有显著的标志。这样，企业才能对各个细分市场加以区分，在权衡利弊后作出选择并进行运作。

（2）可盈利性

可盈利性是指企业新选定的细分市场容量在较长时间内足以使企业获利。通过市场细分，企业可根据某一消费群的某一需求发挥企业自身的优势，获得较高的利润。

（3）可进入性

可进入性是指企业对细分出来的市场能进行有效促销和分销的程度，或获得该细分市场有关资料的难易程度。

（4）差异性

差异性是指细分出来的市场必须对市场营销计划有独特的反应，即用某种特定方法细分出来的各个细分市场，其成员对市场营销计划的反应必须是不同的。

三、目标市场

（一）目标市场的概念

目标市场是指在需求异质性市场上，企业根据自身能力所确定的欲满足的现有和潜在的消费者群体的需求。

（二）目标市场选择战略

1. 无差异性目标市场战略

所谓无差异性目标市场战略是指企业把整个市场看作一个目标市场，认为所有客户对企业产品有着共同需求，忽视他们之间存在的实际差异，而用相同的产品满足市场上各种不同客户群体需求，在所有市场开展相同业务。

2. 差异性目标市场战略

所谓差异性目标市场战略是指企业在市场细分基础上，根据自身具体条件和营销环境，选择两个或以上细分市场作为特定目标市场，并每个目标市场分别设计出满足该市场客户需求的不同产品的一种市场战略。

3. 集中性目标市场战略

所谓集中性目标市场战略是指企业根据自身具体条件和营销战略，以一个或几个特定细分市场作为目标市场，针对一部分特定目标客户需求，集中营销力量，实行专业化经营的一种市场战略。

（三）目标市场模式

1. 密集单一市场

最简单的方式是公司选择一个细分市场集中营销。通过密集营销，更加了解本细分市场的需要，并树立了特别的声誉，因此便可在该细分市场建立巩固的市场地位。另外，企业通过生产、销售和促销的专业化分工，也获得了许多经济效益。如果细分市场补缺得当，企业的投资便可获得高报酬。个别细分市场可能出现不景气的情况，或者某个竞争者决定进入同一个细分市场，从造成企业损失。由于这些原因，许多企业宁愿在若干个细分市场分散营销。

2. 有选择的专门化（多个细分市场）

采用此法选择若干个细分市场，其中每个细分市场在客观上都有吸引力，并且

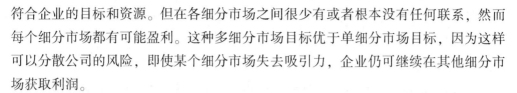

符合企业的目标和资源。但在各细分市场之间很少有或者根本没有任何联系，然而每个细分市场都有可能盈利。这种多细分市场目标优于单细分市场目标，因为这样可以分散公司的风险，即使某个细分市场失去吸引力，企业仍可继续在其他细分市场获取利润。

3. 产品专门化

用此法集中生产一种产品向各类顾客销售此产品。例如，显微镜生产商向大学实验室、政府实验室和工商企业实验室销售显微镜。企业准备向不同的顾客群体销售不同种类的显微镜，而不去生产实验室可能需要的其他仪器。企业通过这种战略，在某个产品方面树立起很高的声誉。如果产品被一种全新产品（全新显微镜）代替，就会发生危机。

4. 市场专门化

市场专门化是指专门为满足某类顾客群体的各种需要而服务。例如，企业可为大学实验室提供一系列产品，包括显微镜、示波器、本生灯、化学烧瓶等。企业专门为这个顾客群体服务，而获得良好的声誉，并成为这个顾客群体所需各种新产品的销售代理商。但如果大学实验室突然经费预算削减，它们就会减少从这个市场专门化企业购买仪器的数量，就会产生危机。

5. 完全市场覆盖

完全市场覆盖是指企业想用各种产品满足各种顾客群体的需求。只有大企业才能采用完全市场覆盖战略，例如通用汽车公司（汽车市场）和可口可乐公司（饮料市场）。对于初创企业来说，一般不会采用这种目标市场模式。

（四）目标市场营销战略选择的因素

1. 企业资源

若企业资源充足，供应能力强，就可采用差异性市场策略和无差异性市场策略；若企业资源不足，最好采用集中性市场策略。

2. 产品特点

有些同质性产品，竞争主要集中在价格上，比较适合无差异性市场策略；对另外一些差异性较大的产品，就适合采用差异性市场策略或集中性市场策略。

3. 市场特点

如果消费者的需要和偏好接近，购买量和方式大体相同，就可以采用无差异性市场策略；反之，则宜采用差异性市场策略或集中性市场策略。

4. 产品生命周期

产品处于生命周期的不同阶段，决定着策略的选择。在投入期，市场产品少，竞争者也少，可采用无差异性市场策略或集中性市场策略。在成长期和成熟期，进

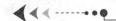

入市场的产品增多，竞争者亦趋增多，应采用差异性市场策略。进入衰退期，为保持原有市场，延长产品生命周期，则以集中性市场策略为主。

5．竞争状况

需考虑的两个方面，即竞争对手的数量和实力。当竞争者较少时，可采用无差异性市场策略；当竞争者较多时，应选择差异性市场策略或集中性市场策略。若实力相当，则以避免直接冲突为原则去选择策略，以免造成不必要的损失；若本企业力量很弱，无论对手采用何种策略，则以采用集中性市场策略为宜。

四、市场定位

（一）市场定位的概念

市场定位是根据竞争者现有产品在市场上所处的地位和顾客对产品某些属性的重视程度，勾画与传递本企业产品、形象的活动过程。

市场定位的实质就是差异化，就是有计划地树立本企业产品具有某种与竞争者产品不同的理想形象，以便目标市场了解和赏识本企业所宣称的与竞争对手不同的特点。简而言之，产品的市场定位，就是在消费者心目中为企业的品牌选择一个希望占据的位置。

目标市场定位内容主要包括产品定位、企业定位、竞争定位和消费者定位。产品定位即产品质量、成本、特征、性能、可靠性、用性、款式等。企业定位，即企业形象塑造品牌、员工能力、知识、言表、可信度等内容。竞争定位，即确定企业相对于竞争者的市场位置。消费者定位，即确定企业目标顾客群。

（二）市场定位的步骤

市场定位过程可以通过以下三大步骤来完成。

1．分析目标市场现状，确认本企业潜在竞争优势

这一步骤中心任务是要回答以下 3 个问题：

（1）竞争对手产品定位如何？

（2）目标市场上顾客欲望满足程度如何以及未来需求是什么？

（3）针对竞争者市场定位和潜在顾客实际需求，企业能够做什么？

要回答这 3 个问题，企业必须通过一切调研手段，系统地设计、搜索、分析并报告有关上述问题的详细资料和研究结果。

2．准确选择竞争优势，对目标市场初步定位

竞争优势表明企业能够胜过竞争对手的能力。这种能力既可以是现有的，也可以是潜在的。选择竞争优势实际上就是一个企业与竞争者各方面实力相比较的过程。

通常用 5W 分析法来分析竞争对手，即：

(1) 竞争对手正在做什么？

(2) 为什么那样做？

(3) 没有做的是什么？

(4) 做得好的是什么？

(5) 做得不好的是什么？

企业通过分析竞争对手，并根据得出的信息，借此选出最适合本企业的优势项目，以初步确定企业在目标市场上所处位置。

3. 显示独特竞争优势和重新定位

企业通过一系列宣传促销活动，将其独特竞争优势准确传播给潜在顾客，并在顾客心目中留下深刻印象。首先，企业应使目标顾客了解、知道、熟悉、认同、喜欢和偏爱本企业的市场定位，在顾客心目中建立与该定位相一致形象。其次，企业通过各种努力强化目标顾客形象，保持对目标顾客的了解，稳定目标顾客态度并加深目标顾客感情来巩固与市场相一致形象。最后，企业应注意目标顾客对其市场定位理解出现偏差或由于企业市场定位宣传上的失误而造成目标顾客对其市场定位的模糊、混乱和误会，及时纠正与市场定位不一致的形象。

企业产品在市场上定位即使很恰当，但在一些新情况下还应考虑重新定位。一是竞争者推出的新产品定位与此企业产品相近，侵占了此企业产品的部分市场，使此企业产品的市场占有率下降。二是消费者的需求或偏好发生了变化，使此企业产品销售量骤减。

(三) 市场定位的方法

1. "针锋相对式" 定位

把产品定在与竞争者相似的位置上，同竞争者争夺同一细分市场，初创企业一般不采用该市场定位方法。实行这种定位战略的企业，必须具备以下条件：

(1) 能比竞争者生产出更好的产品；

(2) 该市场容量足够吸纳这两个竞争者的产品；

(3) 比竞争者有更多的资源和实力。

2. "填空补缺式" 定位

寻找新的尚未被占领、但为许多消费者所重视的位置，即填补市场上的空位，目前初创企业很多采用该市场定位方法。这种定位战略有两种情况：

(1) 这部分潜在市场即营销机会没有被发现，在这种情况下，企业容易取得成功；

(2) 企业发现了这部分潜在市场，但无力去占领，这就需要有足够的实力才能

取得成功。

3. "另辟蹊径式"定位

当企业意识到自己无力与同行业强大的竞争者相抗衡从而获得绝对优势地位时，可根据自己的条件取得相对优势，即突出宣传自己与众不同的特色，在某些有价值的产品属性上取得领先地位。大部分初创企业采用该市场定位方法。

第三节　基于 4P 理论的营销策略

一、4P 理论概述

4P 理论意味着以适当的产品、适当的价格、适当的渠道和适当的传播促销推广手段，将适当的产品和服务投放到特定市场的行为。其包括产品（Product）、价格（Price）、渠道（Place）、促销（Promotion）4P 理论是营销策略的基础。

二、产品策略

企业必须有产品或服务，产品或服务必须适销对路。那么，怎样才能令产品或服务适销对路呢？这就是研究产品策略所要做的事情。

（一）产品差异化策略

产品差异化策略，是指为使企业产品、服务、企业形象等与竞争对手有明显的区别，以获得竞争优势而采取的战略。这种战略的重点是创造被全行业和顾客都认可的独特产品和服务。例如，在众多的鞋企品牌当中，提起篮球鞋就会想到耐克，提起足球鞋就会想到阿迪达斯，提起帆布鞋就会想到匡威，这就是产品差异化反应。企业应该在满足顾客基本需要的前提下，率先推出具有较高价值和创新特征的产品，以独特个性的特点争取到有利的竞争优势地位。

（二）产品组合策略

产品组合策略是企业为面向市场，对所生产经营的多种产品进行最佳组合的谋略。其目的：使产品组合的广度、深度及关联性处于最佳结构，以提高企业竞争能力和取得最好经济效益。具体表现如下。

（1）扩大产品组合的广度，利用企业现有设备增加不同品种类型产品的生产。

（2）发展产品组合的深度，以满足市场对同类产品的不同要求，提高市场占有率。

（3）强化产品的关联性，从本企业降低成本、提高质量出发，尽量缩小产品组

合的广度和深度，集中生产少数产品。如华龙集团以超过 60 亿包的方便面产销量排在方便面行业第二位，仅次于康师傅。同时与"康师傅""统一"形成了三足鼎立的市场格局。"华龙"真正地由一个地方方便面品牌转变为全国性品牌。

（三）品牌规划策略

品牌规划是建立以塑造强势品牌为核心的企业战略，将品牌建设提升到企业经营战略的高度，其核心在于建立与众不同的品牌识别，为品牌建设设立目标、方向、原则与指导策略，为日后的具体品牌建设战术与行为制定"宪法"。如可口可乐演绎"乐观向上"百年未变，吉利诠释"男人的选择"达 110 年，力士传达"滋润高贵"的形象已有 80 年，万宝路表现"阳刚豪迈"也有 60 年，钻石广告语"钻石恒久远，一颗永流传"流传已有 70 年。

（四）产品生命周期

产品生命周期，亦称"商品生命周期"，是指产品从准备进入市场开始到被淘汰退出市场为止的全部运动过程。它是由需求与技术的生产周期所决定，是产品在市场运动中的经济寿命，即在市场流通过程中，由于消费者的需求变化及影响市场的其他因素所造成的商品由盛转衰的周期，主要是由消费者的消费方式、消费水平、消费结构和消费心理的变化所决定的。一般分为导入（进入）期、成长期、成熟期、饱和期、衰退（衰落）期 5 个阶段。

三、价格策略

价格策略是企业营销组合的重要因素之一，它直接地决定着企业市场份额的大小和盈利率高低。随着营销环境的日益复杂，制定价格策略的难度越来越大，不仅要考虑成本补偿问题，更要考虑消费者接受能力和竞争状况。

（一）影响产品定价的因素

影响产品定价的因素很多，有企业内部因素，也有企业外部因素；有主观因素，也有客观因素。概括起来，大体上可以从产品成本、市场需求、竞争因素和其他因素 4 个因素分析。

1. 产品成本

马克思主义理论告诉人们，商品的价值是构成价格的基础。对企业的定价来说，成本是一个关键因素。企业产品定价以成本为最低界限，产品价格只有高于成本，企业才能补偿生产上的耗费，从而获得一定盈利。但这并不排斥在一段时间在个别产品上，价格低于成本。在实际工作中，产品的价格是按成本、利润和税金三部分

来制定的。据统计资料显示，目前工业产品的成本在产品出厂价格中平均约占70%。因此，企业定价时，不应将成本孤立地对待，而应同产量、销量、资金周转等因素综合起来考虑。

2. 市场需求

产品价格除受成本影响外，还受市场需求的影响。当商品的市场需求大于供给时，价格应高一些；当商品的市场需求小于供给时，价格应低一些。反过来，价格变动影响市场需求总量，从而影响销售量，进而影响企业目标的实现。因此，企业制定价格就必须了解价格变动对市场需求的影响程度。反映这种影响程度的一个指标就是商品的价格需求弹性系数。

所谓价格需求弹性系数，是指由于价格的相对变动，而引起的需求相对变动的程度。通常可用下式表示：

$$需求弹性系数 = 需求量变动百分比 \div 价格变动百分比$$

3. 竞争因素

企业的价格策略，要受到竞争状况的影响。完全竞争与完全垄断是竞争的两个极端，中间状况是不完全竞争。在不完全竞争条件下，竞争的强度对企业的价格策略有重要影响。所以，企业首先要了解竞争的强度。竞争的强度主要取决于产品制作技术的难易，是否有专利保护，供求形势以及具体的竞争格局。其次，要了解竞争对手的价格策略，以及竞争对手的实力。最后，还要了解、分析本企业在竞争中的地位。

4. 其他因素

企业的定价策略除受成本、需求及竞争状况的影响外，还受到其他多种因素的影响。这些因素包括政府或行业组织的干预、消费者习惯和心理、企业或产品的形象等。政府为了维护经济秩序，或为了其他目的，可能通过立法或者其他途径对企业的价格策略进行干预。在现实生活中，很多消费者存在"一分钱一分货"的观念。面对不太熟悉的商品，消费者常常从价格上判断商品的好坏，从经验上把价格同商品的使用价值挂钩。有时企业根据企业理念和企业形象设计的要求，需要对产品价格作出限制。例如，企业为了树立热心公益事业的形象，会将某些有关公益事业的产品价格定得较低；为了形成高贵的企业形象，将某些产品价格定得较高等。

（二）企业的定价目标

定价目标是指企业通过制定一定水平的价格，所要达到的预期目的。定价目标一般可分为利润目标、销售额目标、市场占有率目标和稳定价格目标。

1. 利润目标

利润目标是企业定价目标的重要组成部分，获取利润是企业生存和发展的必要

条件，是企业经营的直接动力和最终目的。因此，利润目标为大多数企业所采用。由于企业的商业模式及营销总目标的不同，这一目标在实践中有两种形式：以追求最大利润为目标和以获取适度利润为目标。

2. 销售额目标

这种定价目标是在保证一定利润水平的前提下，谋求销售额的最大化。某种产品在一定时期、一定市场状况下的销售额由该产品的销售量和价格共同决定，因此销售额的最大化既不等于销量最大，也不等于价格最高。对于价格需求弹性较大的商品，降低价格而导致的损失可以由销量的增加而得到补偿，企业宜采用薄利多销策略，保证在总利润不低于企业最低利润的条件下，尽量降低价格，促进销售，扩大盈利；反之，若商品的价格需求弹性较小时，降价会导致收入减少，而提价则使销售额增加，企业就应采用高价、厚利、限销的策略。

3. 市场占有率目标

市场占有率，又称市场份额，是指企业的销售额占整个行业销售额的百分比，或者是指某企业的某产品在某市场上的销量占同类产品在该市场销售总量的比重。市场占有率是企业经营状况和企业产品竞争力的直接反映。作为定价目标，市场占有率与利润的相关性很强，从长期来看，较高的市场占有率必然带来高利润。市场占有率目标在运用时存在着保持和扩大两个互相递进的层次。在实践中，市场占有率目标被国内外许多企业所采用，其方法是以较长时间的低价策略来保持和扩大市场占有率，增强企业竞争力，最终获得最优利润。

4. 稳定价格目标

稳定的价格通常是大多数企业获得一定目标收益的必要条件，市场价格越稳定，经营风险也就越小。稳定价格目标的实质即是通过本企业产品的定价来左右整个市场价格，避免不必要的价格波动。按这种目标定价，可以使市场价格在一个较长的时期内相对稳定，减少企业之间因价格竞争而发生的损失。为达到稳定价格的目的，通常情况下是由那些拥有较高的市场占有率、经营实力较强或较具有竞争力和影响力的领导者先制定一个价格，其他企业的价格则与之保持一定的距离或比例关系。

（三）定价方法

定价方法，是企业在特定的定价目标指导下，依据对成本、需求及竞争等状况的研究，运用价格决策理论，对产品价格进行计算的具体方法。定价方法主要包括成本导向、竞争导向和顾客导向等类型。

1. 成本导向定价法

成本导向定价是企业定价首先需要考虑的方法。成本是企业生产经营过程中所

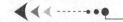

发生的实际耗费，客观上要求通过商品销售而得到补偿，并且要获得大于其支出的收入，超出的部分表现为企业利润。以产品单位成本为基本依据，再加上预期利润来确定价格的成本导向定价法，是企业最常用、最基本的定价方法。成本导向定价法又衍生出了总成本加成定价法、目标收益定价法、边际成本定价法、盈亏平衡定价法等具体的定价方法。

2. 竞争导向定价法

在竞争十分激烈的市场上，企业通过研究竞争对手的生产条件、服务状况、价格水平等因素，依据自身的竞争实力，参考成本和供求状况来确定商品价格。这种定价方法就是竞争导向定价法。其特点是价格与商品成本和需求不发生直接关系；商品成本或市场需求变化了，但竞争者的价格未变，就应维持原价；反之，虽然成本或需求都没有变动，但竞争者的价格变动了，则相应地调整其商品价格。当然，为实现企业的定价目标和总体经营战略目标，谋求企业的生存与发展，企业可以在其他营销手段的配合下，将价格定得高于或低于竞争者的价格，并不一定要和竞争对手的产品价格完全保持一致。竞争导向定价主要有随行就市定价法、产品差别定价法、密封投标定价法。

3. 顾客导向定价法

根据市场需求状况和消费者对产品的感觉差异来确定价格的方法是顾客导向定价法，又称"市场导向定价法""需求导向定价法"。其特点是灵活有效地运用价格差异，对平均成本相同的同一产品，价格随市场需求的变化而变化，不与成本因素发生直接关系。需求导向定价法主要包括理解价值定价法、需求差异定价法和逆向定价法。

四、渠道策略

渠道策略是整个营销系统的重要组成部分，它对降低企业成本和提高企业竞争力具有重要意义。

（一）销售渠道的类型选择

1. 直接式销售策略和间接式销售策略

按照商品在交易过程中是否经过中间环节来分类，可以分为直接式和间接式销售渠道两种类型。

直接式销售渠道是企业采用产销合一的经营方式，即商品从生产领域转移到消费领域时不经过任何中间环节。直接式销售具有及时，中间费用少，便于控制价格，及时了解市场，有利于提供服务等优点，但是此方法使生产者花费较多的投资、场地和人力。间接式销售渠道是指商品从生产领域转移到用户手中要经过若干中间商

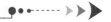

的销售渠道。间接销售由于有中间商加入，企业可以利用中间商的知识、经验和关系，从而起到简化交易，缩短买卖时间，集中人力财力和物力用于发展生产，以增强商品的销售能力等作用。

一般来讲，以下情况适合采取直接式销售策略：

（1）市场集中，销售范围小。

（2）技术性高或者制造成本和售后差异大的产品，以及易变质或者易破损的商品，如定制品等。

（3）企业自身拥有市场营销技术，管理能力较强，经验丰富，财力雄厚，或者需要高度控制商品的营销情况。

反之，以下情况适合采取间接式销售策略：

（1）市场分散，销售范围广，例如大部分消费品。

（2）非技术性或者制造成本和售价差异小的商品，以及不易变质及非易碎商品，如日用品、标准品等。

（3）企业自身缺乏市场营销的技术和经验，管理能力较差，财力薄弱，对其商品和市场营销的控制要求不高。

2. 长渠道和短渠道策略

销售渠道按其长度来分类，可以分为若干长度不同的形式，商品从生产领域转移到用户的过程中，经过的环节越多，销售渠道就越长；反之就越短。从节省商品流通费用，加速社会再生产过程的要求出发，应当尽量减少中间环节，选择短渠道。但是也不要认为中间环节越少越好，在多数情况下，批发商的作用是生产者和零售商无法替代的。因此，采用长渠道策略还是短渠道策略，必须综合考虑商品的特点、市场的特点、企业本身的条件及策略实施的效果等。

一般来讲，以下情况适合采取短渠道销售策略：

（1）从产品的特点来看，易腐、易损、价格贵、高度时尚、新潮、售后服务要求高而且技术性强；

（2）零售市场相对集中，需求数量大；

（3）企业的销售能力强，推销人员素质好，资历雄厚，或者增加的收益能够补偿花费的销售费用。

反之，以下情况适合采取长渠道策略：

（1）从产品特点来看，非易腐、非易损、价格低、选择性不强、技术要求不高；

（2）零售市场较为分散，各市场需求量较小；

（3）企业的销售能力弱，推销人员素质较差，缺乏资金，或者增加的收入不能补偿多花费的销售费用。

五、促销策略

促销是指营销者以满足消费者需要为前提，将企业及其产品的信息通过各种促销方式传递给消费者，促进顾客了解、信赖本企业的产品，进而唤起需求，采取购买行为的营销活动。促销的实质是营销者与购买者或潜在购买者之间的信息沟通。

（一）促销的基本策略

企业促销活动的策略，按促销的运作方向不同，可以归结为两种基本策略，即"推式"策略和"拉式"策略。

1. "推式"策略

"推式"策略就是企业把产品推销给批发商，批发商再把产品推销给零售商，最后零售商把产品推销给消费者。这种方式中，促销信息流向和产品流向是同方向的。因而人员推销和营业推广可以认为是"推"的方式。采用"推"的方式的企业，要针对不同的产品、不同的对象，采用不同的方法。

2. "拉式"策略

"拉式"策略就是企业不直接向批发商和零售商做广告，而是直接向广大顾客做广告。把顾客的消费欲望刺激到足够的强度，顾客就会主动找零售商购买这些产品。购买这些产品的顾客多了，零售商就会去找批发商。批发商觉得有利可图，就会去找生产企业订货。采用"拉"的方式，促销信息流向和产品流向是反向的。其优点就是能够直接得到顾客的支持，不需要去讨好中间商，在与中间商的关系中占有主动。但采用"拉"的方式需要注意，中间商（主要是零售商）是否有足够的库存能力和良好的信誉及经营能力。

（二）广告促销

广告在促销中具有传递信息，诱导消费；介绍商品，引导消费；树立形象，促进销售的作用。根据不同的需要和标准，可以将广告划分为不同的类别。

按照广告诉求方式分类分为：理性诉求广告和感性诉求广告两大类；

按照广告媒介的使用分为：印刷媒介广告、电子媒介广告、户外媒介广告、直邮广告、销售现场广告、其他媒介广告；

根据目标受众的活动区域和范围，将广告分为：家中媒介广告，如报纸、电视、杂志、直邮等媒介形式的广告；途中媒介广告，如路牌、交通、霓虹灯等媒介形式的广告；购买地点媒介广告等；

根据广告目的确定、广告的内容和广告投放时机、广告所要采用的形式和媒介，将广告分为：产品广告、企业广告、品牌广告、观念广告等；

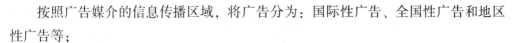

按照广告媒介的信息传播区域，将广告分为：国际性广告、全国性广告和地区性广告等；

依据广告所指向的传播对象，将广告划分为：工业企业广告、经销商广告、消费者广告、专业广告等。

（三）人员推销

人员推销是指企业派出专职或兼职的推销人员通过与顾客（或潜在顾客）的人际接触来推动产品销售的促销方式。人员推销的特点：信息传递的双向性、推销过程的灵活性、推销目的的双重性、满足需求的多样性、人员推销具有选择性、针对性和完整性。人员推销的基本形式有上门推销和柜台推销两种形式。

（四）营业推广

营业推广是指能够迅速刺激需求，吸引消费者购买而采用的特种促销手段，其短期效益比较明显。典型的营业推广一般用于有针对性的和额外的促销工作，其着眼点往往在于解决一些更为具体的促销问题。具有非规则性和非周期性、灵活多样性、短期效益比较明显的特点。

（五）公共关系

市场营销角度的公共关系是指企业与其相关的社会公众之间的联系，这种联系是通过信息沟通实现的，其主要方式分为：利用新闻媒介、参与社会活动、组织宣传展览、进行咨询和游说、企业导入 CIS 战略等。为了树立良好的企业形象，以及消除和处理对企业不利的谣言、传说和事件等。

第四节　基于"互联网+"时代的新媒体营销

一、"互联网+"时代的新媒体营销概述

当前，以互联网信息技术和现代移动通信技术为基础的"新媒体"脱颖而出。微博、微信、BLOG、BBS 等网络自媒体，即时通信工具 QQ、MSN，以及 SNS、WIKI 等移动新媒体迅速发展，并逐渐超越或取代传统媒体，消费者不再被动接收信息灌输，拥有更多的主动权，为中小企业利用网络营销策略提高市场竞争力带来了机遇。新媒体营销是在新媒体兴起后，利用新媒体平台和网站来推广某一产品或服务。企业在上述平台上宣传产品的功能和价值，塑造品牌形象，管理公共关系。新媒体营销是一种新兴的营销方式，也是企业的营销策略。它不同于传统媒体的单向

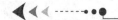

传播模式，例如，传统媒体如杂志、报纸、电视、广播等的地毯式广告，而新媒体营销的传播路径是双向传播路径。它强调内容的多样性和用户参与，在收集用户在传播过程中的反馈后，公司能够及时调整营销策略，例如，网上的话题通过网友的评论转发能扩大产品的推广范围；或者通过用户在品牌微信公众号上的点评来收集的反馈和建议等。

二、新媒体营销优势

（一）宣传成本低

成本是营销的一种重要的因素。在企业营销中，营销成本包括宣传、推广等成本，成本在整个营销环节中占了很大的一部分，营销成本的已经成为制约传统经济发展的最大瓶颈。新媒体营销通过新媒体中各种资源的整合，利用网络社交平台的人脉关系网，借助大数据，使消费者在无形之中形成对产品的宣传和推广，新媒体拥有自己独特的资源优势，推广效果更加明显，同时大大降低了宣传推广费用，互联网平台的博客、微博、微信公众号的注册几乎免费，各大企业也都为了方便公司产品的宣传以及与消费者的情感维系，注册了官方微博、微信公众号，也会在搜索引擎和 APP 投放广告，从而控制了企业的营销成本。

（二）信息传播速度快，受众广

据《中国互联网发展统计报告》显示，截至 2019 年 6 月，我国网民规模达8.54 亿。人们每天通过互联网接收信息，话题和事件被大家讨论、转发，加快了传播速度，扩大了受众范围，确保了信息受众足够广。

（三）营销目的明确，针对性强

在"互联网+"时代，消费者更喜欢通过自己方便、快捷的手段获取产品信息，企业也希望能够在控制成本的基础上，快速地把自身的产品信息发送给消费者。而这些，通过新媒体都能够实现。新媒体营销，企业根据消费者的需求，在各类网络平台及微信等社交关系网中有针对性地推送相关广告，为消费者量身定制个性化的产品宣传，并且利用消费者的社交关系网对潜在的顾客需求进行精准定位营销。

（三）营销方式多元化，营销效果显著

在新媒体营销传播中，多元化的营销方式有助于增强营销效果。合理地将不同市场产品信息进行有机结合，在新媒体平台上，为产品营造良好的口碑环境，当消费者在产品消费中产生良好的口碑，才能使产品传播范围更加广泛。除了产品宣传

之外，还可以植入企业文化、信念、故事情节等因素，更能吸引消费者，增加消费者对产品的认同感，在不知不觉中，提升了营销效果。

（四）信息获取方便快捷

采用新媒体营销的企业，要想提高顾客的参与程度，让产品融合到消费者的日常交流中，那么必须促进与顾客的交流互动，主动去了解消费者的相关信息，从大量的信息中获取对自身产品具有宣传和推广价值的信息，加以提炼，从而制定出有针对性的营销方案并实施。企业还可以通过新媒体的后端数据挖掘消费者的潜在需求。通过大数据分析和算法，定位消费者，满足消费者的个性化和潜在需求。

三、新媒体营销模式

（一）客户终端营销

客户终端营销，主要是通过 App 软件来实现营销的一种方式，当前的 App 营销软件主要是指利用人们重要的通信工具，如智能手机、平板等，以下载第三方移动平台营销的应用程序，来实现营销的目的。在"互联网+"时代，人们已经习惯使用各大 App 应用平台进行管理生活，如购物、游戏、导航等，我国各大电商平台随之兴起，发展至今，很多电商平台拥有自己比较完善的集销售、仓储与物流一体化的系统，拥有相对成熟的客户端，如京东、唯品会等电商平台。电商平台是目前最常见的客户终端营销方式，电商平台的发展，开启了新媒体营销的新纪元。

（二）微博网站营销

微博营销是一种比较传统的新媒体营销方式。微博主要是利用文字、图片信息、视频等形式，发起当前热门或者感兴趣的话题，实现即时分享交流与互动。微博营销涉及的行业范围比较广，在一定的微博交流圈子中，渗入宣传产品及文化等信息，从而形成固定的圈子来实现营销的目的，企业通过发送最新产品信息到自己的微博公众账号平台中，使得一些用户和潜在的用户可以快速地获取产品的信息。另外，微博网站还具有一定的包容性，商家在利用微博网站进行产品推广时，可以在短时间内在全网进行传播，从而提高新媒体营销的有效性和针对性。

（三）微信平台营销

微信平台营销是当前使用比较广泛的新媒体营销，微信营销除了具备微博营销的特性之外，还具有以下几点优势：第一，微信是当前人们通信交流的主要工具，微信功能实用性强，无论是学习、生活还是工作，微信在公众中出现的频率都是相

当高的，这就给产品推广提供了更宽广的渠道；第二，微信突破传统的现金、刷卡和转账功能，支付功能快捷方便，支持线上线下平台支付，这就给消费带来无限的商机；第三，微信平台具有强大的分享功能，其受众范围也比较广，上至七八十岁老人，下至三四岁小孩，而且其信息覆盖范围广泛深远，为信息传播提供了无限的可能；第四，微信衍生的其他产品对现代营销的作用也十分大，例如，企业商家通过创建微信公众平台或者小程序，在微信公众平台中达到推广销售产品的目的。

（四）H5 营销

H5 营销是 2015 年开始大规模兴起的一种营销形式。通过 H5 营销，不仅可以充分传播企业品牌和产品信息，而且通过后台互动，强化消费者黏性和对品牌的好感。2018 年开始出现的一种全新的 H5 表现方式。这是依托于 AR 技术的不断进步，目前 AR 已经可以脱离传统 APP 为载体的表现形式，通过微信公众号、Web 链接等便捷的方式便可体验 AR，找到了 H5 与 AR 的结合点，如百威电音风暴 Web AR、百事可乐 Web AR 抢红包、乐事：新春藏宝图等都是该类型的营销。

（五）其他营销

在新媒体营销中，软文营销、短视频营销、论坛营销、电子邮件营销、即时通信营销等都是常用的新媒体营销。在这些营销中，短视频是使用频率比较高的营销方式，主要是指拍摄 3 分钟左右的短视频，配以积极向上的语言或者文字，将产品相关的信息融入到视频中，短视频容易被大众所接受，其排斥性和接受性尚可，这种营销主要用于日常性和消耗量大的产品营销。

四、新媒体营销方式

（一）活动直播营销策略

活动直播营销是通过直播软件直播当下发生的场景到线上，以此获得粉丝和用户的关注，实现产品营销的目的。如洽洽食品于 2019 年开展透明工厂直播活动，将其瓜子和坚果工厂直播，让消费者亲眼见证洽洽瓜子坚果产品生产流程。洽洽并在其官方微博账号@洽洽坚果官方微博发布透明工厂直播活动相关信息，扩大新媒体营销效果。

（二）创意电商营销策略

1. 品牌联名营销

品牌联名营销是凭自身的品牌吸引力，企业选择通过合作、联名的形式，在企

业自身媒体以外的多平台进行分发的营销内容。洽洽联合时尚品牌太平鸟推出上海时装周联名款 T 恤衫，既响应了洽洽坚果"更时尚、更快乐"的企业口号，同时也借助太平鸟联名，以低成本的流量获得，赋予洽洽坚果品牌更加丰富的企业内涵，使得洽洽坚果 20 年老品牌焕发活力。

2. 创意产品营销

电子网络营销，指企业运用线上平台开展的售卖经营活动。洽洽食品开通的电子商务凭条有淘宝、天猫、京东、美团等。洽洽食品官方旗舰店淘宝月销：1.0 万+笔，点赞数：96 人，洽洽食品官方旗舰店京东粉丝数：17.5 万。

（三）新媒体公关营销策略

1. 纪录片营销

通过纪录片的形式彰显企业文化的同时，宣扬产品营销。如 2018 年，联合利华和京东推出了"点亮生活的小美好"活动，旨在引领人们感受生活的小美好。本次主题活动推出了系列短片是 6 个关于用户真实故事，并将联合利华的产品融入短片中，视频里的暖心瞬间引发了观众的情感共鸣。

2. 新媒体植入式营销

在"互联网+"背景下的新媒体广告发展中，植入式营销是未来发展的趋势。植入式新媒体广告需要更加隐性和具有趣味性，在新媒体广告营销中增加更多的情感营销和趣味性营销内容，是推动新媒体广告向更受欢迎发展的关键。《人民的名义》《宝贝的结局》等热播电视剧中都有植入式营销产品出现，带动该产品在电视媒体上的曝光，也为产品的发展营销奠定了基础。

本章小结

市场营销是企业生存和发展的重要组成部分。本章主要介绍了市场营销的基础知识，希望同学们了解掌握 STP 理论、4P 理论、新媒体营销和市场调研方法、能够运用 SWOT 的理论知识，会编写产品市场调研报告，能够进行创业市场开发，研究制定出相对应的市场营销策略，并完成自己企业的产品（服务）推介会。

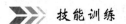
技能训练

训练项目1　创业项目的市场需求调研分析

训练目的：

1. 训练学生市场调查方法的应用；

2. 培养学生市场调研的能力。

训练内容：

结合你的创业项目，根据本章学习的内容 SPT 战略市场开发，完成你的创业项目的前期市场需求调研，并运用 SWOT 分析法分析，撰写本创业项目的市场需求调研报告。

训练形式：

1. 以创业项目为团队，每组 3~5 人。

2. 调查访问之前，每组需根据课程所学知识经过讨论，制定调查访问的提纲，包括调研的主要问题与具体安排。

训练环境：学生课下自己进行。

训练过程：

1. 教师课堂对训练进行布置和说明；

2. 学生个人或小组利用课余时间通过实地、网络收集相关信息，并作出书面整理；

3. 学生交整理好的书面文字交给老师；

4. 教师在课堂上进行讲评和总结。

训练结果：

1. 运用实地调查、网络调查方法，每个小组提供一份创业项目市场需求调查报告；

2. 在班级进行交流，每个小组推荐 1 个人进行介绍；

3. 由教师和学生代表对学生评估打分。

评分依据：

1. 调查样本的抽选方法及其结构；

2. 调查问卷的发放方式及其回收率；

3. 各种访问方式的选择及其走访的次数；

4. 方案调查资料的来源；

5. 对调查资料进行加工、整理、分析的方法等；

6. 完成附录作业。

××项目市场需求调查报告

一、市场背景的调研

(一) 地理的条件

1. 地理位置

_____

2. 本项目主要商业区的分布

_____

3. 交通运输的条件

_____

(二) 气候的条件

(说明当地季节性变化对产品交易量或消费方式产生的影响)

_____

(三) 经济发展趋势

(说明其经济发展的现状和可能达到的增长程度及与产品销售有关的各种经济
部门的发展变化情况)

_____

(四) 产品 (服务) 的状况

(说明某种产品 (服务) 的现有状况及其发展变化的趋势, 以及对该产品 (服
务) 的市场经营、竞争情况和消费者的购买将会产生的影响)

_____

(五) 政局的状况

(政局的现状及其可能变化的趋势及其对当地市场的经济贸易政策可能发生的
影响)

_____

(六) 社会和文化的趋势

(说明当地市场社会文化方面的变化趋势将会给本公司产品 (服务) 带来的影
响或者对产品 (服务) 提出的新要求)

_____

(七) 各种法令与法规

(包括税法、配额、许可证、卫生安全规定等)

_____

训练项目2 某产品 (服务) 推介会

训练目的: 运用 STP、4P、SWOT 的理论知识, 编制市场营销的策略, 提高团

队协作能力、提高分析问题、解决问题的能力、通过参与该推介会获得自豪感、成就感。

训练内容：

1. 以模拟公司为单位，利用课余时间实地调查来的×××企业的各种资料信息，运用 STP、4P、SWOT 的理论知识，编制创业项目的产品（服务）推介会。

2. 做公司间交流。每组推荐一名代表进行总结发言。

（1）制定目标：详细制定此次策划活动的目标，包括初期目标和最终目标。

（2）设计与抉择方案：为实现目标，要合理配置人、财、物等诸种资源，选择正确的实施途径与方法，制订系统的计划方案。

（3）编制计划：要依据计划目标与所确定的最优方案，按照计划要素与工作要求，编制计划书。

（4）计划的实施与反馈：计划付诸实施，管理的计划职能并未结束。为了保证计划的有效执行，要对计划进行跟踪反馈，及时检查计划执行情况，分析计划执行中存在的问题，并对计划执行结果进行总结。

训练形式：以创业项目团队为单位、主要通过实地、网络收集相关信息，做出书面整理。该项训练在课下进行。

训练环境：学生课下自我进行。

训练过程：

1. 教师课堂对训练进行布置和说明。

2. 小组利用课余时间通过实地、网络收集相关信息，并作出书面整理。

3. 学生交整理好的书面文字交给老师。

4. 把整理好的书面材料做成 PPT 进行课堂汇报。

5. 教师在课堂上进行讲评和总结。

训练结果：

1. 以模拟公司为单位提交交流总结报告。

2. 以模拟公司为单位提交专题策划方案。

3. 以小组为单位进行 PPT 项目汇报。

4. 在小组评分基础上，教师进行综合评分训练项目。

第六章　商业模式

知识要点

通过本章的学习，希望学生了解：

1. 商业模式的定义、本质与构成要素，商业模式的盈利逻辑；
2. 商业模式设计与创新的思路方法。

技能目标

1. 思考商业模式与战略的联系；
2. 完善创业项目的商业画布。

训练项目：

1. 访谈潜在客户
2. 评估你的商业模式
3. 完善商业模式

案例导入

易咖——这杯咖啡跑得快①

　　成立于 2016 年的易咖，是一个低调的存在。在互联网上，有关它的新闻，仅仅是一个累计销量 200 万杯的数据。创始人王竞笑称是自己思维太过直接，只注重技术与服务，却忘记了"酒香也怕巷子深"的道理。

　　主打校园场景的易咖目前以 985、211 等院校为排头兵，进行投放，其中北京地区大部分高校均有易咖的身影，清华大学园区的易咖已突破百台。这一点，也就成为了易咖不同于其他玩家的一点。

---

　　① 节选自易咖创始人王竞：不以数据博虚名，但以服务建优势。

要知道，单机效率对于自助咖啡机尤为重要。有说法称，谁有能力做到高效投放，谁就能有稳定的现金流收入。在此情况下，自助咖啡机厂商在选择点位铺设时往往会避免扎堆出现，以免降低单机销量。

易咖偏偏反其道而行，在单个区域内机器覆盖率远高于其他企业。而在这一点上，王竞给出了易咖的运营逻辑。他认为，在咖啡市场的3个赛道中，连锁咖啡店、外卖咖啡均为刚性需求，自助咖啡则更倾向于冲动型消费。因此，离消费者更近，满足用户的冲动性需求已成为易咖运营的立足点，同时这也有助于培养用户的消费习惯。

从某种程度上将，易咖完成了对"终端"的部分替代，消费者不用再去咖啡店买，只需要就近找到咖啡机就可以快捷消费，这种商业模式创新称为"终端商业模式"。

案例解析：

由案例我们可以看出，易咖咖啡不走寻常路，从校园入手，布局校园生活，释放校园消费新流量，用校园消费商业模式撬动新行业，取得了成功。创始人王竞表示："只要我们进入某所学校，基本上就会排名这所学校咖啡消费的第一位，因为我们投入了足够多的机器。"据统计，目前易咖自助咖啡机器数约占市面上正在运营的机器总数的40%，而在全国各高校的市场占有率至少达80%，为全行业第一。所有的商业项目只要有一个简单快速可复制的模式，就能够迅速扩大产能。易咖咖啡就是在各大高校运用同样的模式迅速获得了成功。"好"的商业模式能带来"好"的项目收益，你的创业项目又适合什么样的商业模式呢？请带着问题开启本章的学习吧。

第一节 商业模式的概念、特征与类型

一、商业模式的概念

商业模式是指为实现客户价值最大化，把能使企业运行的内外各要素整合起来，形成一个完整的高效率的具有独特核心竞争力的运行系统，并通过最优实现形式满足客户需求、实现客户价值，使系统达成持续盈利目标的整体解决方案。

商业模式的内在范围涵盖了企业的整个运营流程，也就是我们通常所说的价值链，它是一个整体的、系统的概念，而不仅仅是一个单一的组成因素，是由包括融资、研发、生产、营销等相关联的价值活动所构成的，它是企业构造价值链的方式，如图6-1所示。

简而言之，商业模式即公司通过什么途径和方式盈利。例如，汽车公司如何通过卖车来赚钱；食品公司如何通过卖食品来赚钱；快递公司如何通过送快递来赚钱；超市如何通过平台和仓储来赚钱等。只要有潜在或直接的盈利环节，就有商业模式存在。

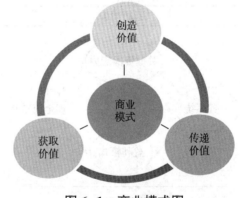

图6-1 商业模式图

>>> 案例

3W咖啡咸鱼翻身

2010年，许单单和伙伴无意为之，找了100多个股东，瞄准互联网公司和人群，开了"互联网咖啡馆"。经营一年多，亏得一塌糊涂。团队开始考虑如何结合自己强大的互联网背景来开拓业务。

他们成立传媒公司承接各种互联网活动，渐渐承接到三星等IT巨头的活动，积累了各种创业者、开发者资源，还花大力气请圈内资深人士作演讲，并成立互联网招聘网站，同时尝试做互联网创业团队的孵化器项目——随着3W咖啡生态链的浮

出水面，咖啡馆实现了收支平衡。

目前3W具有绝对优势的核心竞争力尚未形成，但团队方向明确，将继续针对互联网人群深耕细作，凭借在圈内的名气，已拿到融资，准备两年内在全国开20~40家新店。

二、商业模式的特征

商业模式是企业与企业之间、企业的各部门之间乃至与顾客、渠道之间都存在各种各样的交易关系和联结方式。主要包含以下两个特征。

（1）商业模式是一个整体的、系统的概念，而不仅仅是一个单一的组成因素。如收入模式（广告收入、注册费、服务费）、向客户提供的价值（在价格上竞争、在质量上竞争）、组织架构（自成体系的业务单元、整合的网络能力）等，这些都是商业模式的重要组成部分，但并非全部。

（2）商业模式的组成部分之间必须有内在联系，这个内在联系把各组成部分有机地关联起来，使它们互相支持，共同作用，形成一个良性的循环，如图6-2所示。

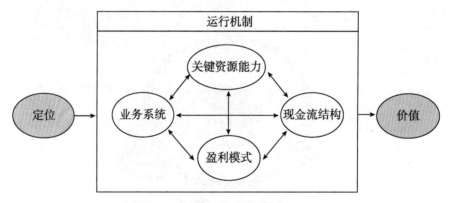

图6-2　商业模式的运行机制

三、商业模式的类型

商业模式分为平台模式、网模式、资源衍生模式、开门模式、金字塔模式、饵与钩模式以及新盈利商业模式等。

（一）平台模式

通过搭建一个合理化的平台，吸引相关人群来经营发展，保证稳定的业务增长和持续发展的动力。例如，阿里巴巴、腾讯、百度等网络平台。

(二) 网模式

通过构建密集完整的网络体系，最大限度地占有市场份额，保持对市场的控制度，并整合市场中尽可能多的资源。例如，家乐福、沃尔玛等网模式发展模式。

(三) 资源衍生模式

从现有资源中挖掘衍生价值，构建新的盈利点和盈利模式，使利润倍数增长。例如，加油站附带餐饮、商店经营；机场、火车站附带大巴客运等方式。

(四) 开门模式

前期的销售是后续销售的铺垫，以培养客户的消费习惯和购买忠诚度为目标，使客户的购买行为变成一种长期的重复性行为。形成企业商业模式的一个关键是：找到更大的，可以被彻底消除的成本。例如，买话费送手机等。

(五) 金字塔模式

根据客户的不同特点，对客户群进行细分，提供不同类型、不同层次的产品，以达到最大程度覆盖市场的效果。例如，化妆品、洗发水等根据不同需求设计各种功能型产品。

(六) 饵与钩模式

以某种商品低价甚至零价格销售作为诱饵，以后续产品作为真正的盈利源。例如，打印机和墨盒、王者荣耀游戏公司。

(七) 新盈利商业模式

随着物联网的不断发展与运用，市场环境的不断变化，目前市场上出现以下 10 种最新的盈利商业模式。①

1. B2B 电子商务模式

代表：阿里巴巴

关键词：在线贸易、信用分析、商务平台

模式概述：阿里巴巴被誉为全球最大的网上贸易市场，不仅推动了中国商业信用的建立，也为广大的中小企业在激烈的国际竞争中带来更多的可能性。阿里巴巴汇聚了大量的市场供求信息，同时通过增值服务为会员提供了市场服务。

---

① 来源于网络：中青创想教育科技（北京）有限公司发布的《大学生创业基础知能训练教程》配套资料。

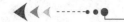

难题：中国电子商务整体环境始终困扰着 B2B 电子商务模式的发展，信用管理问题也同样突出。

2. 娱乐经济新模式

代表：腾讯视频"创造 101"等选秀节目

关键词：娱乐营销、整合营销、事件营销

模式概述："创造 101"构筑了独特的价值链条和品牌内涵。"创造 101"通过全国海选的方式吸引能歌善舞、渴望创新的女孩子参赛，突破了原有电视节目单纯依靠收视率和广告赢利的商业模式，植入了网络投票、充值网站会员等盈利点，并整合了大量媒体资源。赞助商、电信厂商和组织机构成为最大赢家。而在节目结束后，电视台所属的经纪公司又开始对决赛前 11 名进行系列的包装、运作，进行品牌延伸营销。

难题：如同所有的电视节目的规律一样，海选节目很容易进入疲劳期。消费者喜好的转移和市场的千变万化，是这类商业模式的"死穴"。

3. 新直销模式

代表：玫琳凯

关键词：多层次直销

模式概述：多层次人力直销网络是直销模式的根基，这张庞大的销售网上的每一个节点——每一个直销员，都具备经销商和消费者的双重身份。与面向终端消费者、以产品消费价值招徕顾客的常规企业不同，这种销售是面向小型投资主体——个人与家庭，招募他们为经销商，加入直销大军。

难题：政策约束和道德风险，是直销企业在中国发展的主要瓶颈。

4. 国美模式

代表：国美

关键词：资本运作、专业连锁、低价取胜

模式概述：家电在中国是成长性较好的商品之一，低价连锁的销售模式深得消费者的青睐。国美依靠资金的高周转率，以惊人的速度扩张，至今国美电器在多个城市拥有几百家直营门店。国美的扩张速度是世界知名的家电连锁巨擘百思买公司的 4 倍，利润主要来自供应商的返利和通道费。

难题：低价之外还需要更多的精细化管理，而凭借供应商的应收账款维持高速运转，不是长久之计。

5. C2C 电子商务模式

代表：淘宝网、易趣网

关键词：网上支付、安全交易、免费模式、网络营销

模式概述：淘宝网以连续数年免费的模式，将最大的竞争对手置于被动地位，

并吸引了众多网上交易的爱好者到淘宝开店。淘宝网还打造了国内先进的网上支付平台"支付宝"，其实质是以支付宝为信用中介，在买家确认收到商品前，由支付宝替买卖双方暂时保管货款的一种增值服务。

难题：易趣网被淘宝网的免费战略打败，说明中国的消费环境尚不成熟。另外，网络支付的安全性也是挑战。

6. 分众模式

代表：分众传媒

关键词：新媒体、新蓝海、眼球经济

模式概述：其商业价值来源于让等电梯的写字楼白领观看液晶屏广告，给广告主提供准确投递广告的新媒体。IZO 企业电视台有效地结合了网络、电视、视频通话技术，可谓最先进的技术手段相互融合造就的高品质的即时互动多媒体整合平台，是架构在企业网站上最新的媒体广告方式。它能够在企业网站上将宣传片等内容透过视频窗口在线播放，让企业可以轻松透过声音、影像及文字随时随地享受与世界互动互通。网民通过搜索引擎寻找到企业网站，并观看企业电视，了解企业文化，产品介绍等资讯，受众完全是自主选择的，不带有任何强制性的，这样的主动寻求而非被动接受使得受众更易产生兴趣及购买欲望。无论是对政府网站、城市门户网站还是数以千万的企业网站，IZO 企业电视都是一个极佳的广告宣传方式。IZO 企业电视台被业内认为是唯一有望超越分众的网络新媒体。

7. 虚拟经营模式

代表：耐克

关键词：虚拟经营、外包

模式概述：美国耐克公司是服装业虚拟经营的典范。耐克公司把精力主要放在设计上，具体生产则承包给劳动力成本低廉的国家和地区的厂家，以此降低生产成本。这种虚拟制造模式使耐克得以迅速在全球拓展市场。近年来，耐克试图转变既有的产品驱动型的商业模式，进而发展成为通过全球核心业务部门的品类管理，推动利润增长的，以客户为中心的组织。

难题：由于中国各地 OEM 厂商产能有限，供货商队伍过于庞大分散，引起了品牌企业的经营和管理成本上升，对创业企业的管理能力也提出了挑战。

8. 经济型连锁酒店模式

代表：如家

关键词：酒店连锁、低价

模式概述：如家未必是中国经济型酒店的"第一人"，却是迅速地将连锁业态的模式运用于经济型酒店的革命者。由于快速地加盟、复制、扩张，如家快捷酒店及时地占据了区位优势，在众多的同行业竞争者中率先赢得华尔街的青睐，于 2006

年 10 月 26 日成功登陆纳斯达克。

难题：中国的不同城市差异巨大，如何在维持低成本运作的前提下，以相对统一的服务品质，保证在各个城市均获得成功是个难题，而众多的加盟店管理不善也会影响品牌形象。

9. 网络游戏模式

代表：盛大

关键词：免费模式、互动娱乐

模式概述：盛大独自开创了在线游戏的商业模式。在 2005 年 12 月，盛大主动宣布转变商业模式，将自己创造的按时间收费的点卡收费模式，改为实施道具增值服务的计费模式。盛大希望以一种有效的运转模式发现和满足用户需求，延长游戏的生命期，并为公司的互动娱乐战略提供更持久的现金流。

难题：无论收费还是免费，只有依靠好的游戏产品，才能在市场上长期立足。

10. 网络搜索模式

代表：百度

关键词：竞价排名、网络广告、搜索营销

模式概述：搜索引擎已彻底改变了人们的生活方式，其中竞价排名是搜索最主要的收入来源。百度的收入对竞价排名的依赖程度很高，实质类似于做广告，即客户通过购买关键词搜索排名来推广自己的网页，并按点击量进行付费。由于网页左右两边都包含有竞价排名的结果，搜索者很难清晰地辨别哪些搜索结果是付费的。

难题：单一搜索门户所采用的竞价排名商业模式，很容易影响搜索结果的客观性，造成用户的忠诚度下降。另外，如何识别无效点击或欺骗性点击的技术，也是竞价排名搜索模式需要解决的问题。

第二节　商业模式的构成要素

一、商业模式的构成要素

商业模式就像一张蓝图，使得策略可以在组织化的结构、流程、系统中顺利实行。一般商业模式包括九大构成要素。不同要素解析了企业如何获取资源及分配资源，以及如何通过营销策略来接近目标消费者。

（一）价值主张

即企业通过其产品和服务所能向消费者提供的价值。价值主张确认了企业对消费者的实用意义，如图 6-3 所示。

图 6-3　价值主张的简单要素

（二）消费者目标群体

即公司所瞄准的消费者群体。这些群体具有某些共性，从而使公司能够（针对这些共性）创造价值。定义消费者群体的过程也被称为市场划分。

（三）分销渠道

即公司用来接触消费者的各种途径。这里阐述了公司如何开拓市场。它涉及公司的市场和分销策略，如图 6-4 所示。

渠道类型			渠道阶段				
自有渠道	直接渠道	销售队伍	1.认知 我们如何在客户中提升公司产品和服务的认知？	2.评估 我们如何帮助客户评估公司价值主张？	3.购买 我们如何协助客户购买特定的产品和服务？	4.传递 我们如何把价值主张传递给客户？	5.售后 我们如何提供售后支持？
		在线销售					
	非直接渠道	自有店铺					
合作伙伴渠道		合作伙伴店铺					
		批发商					

图 6-4　分销渠道示意图

145

（四）客户关系

即公司同其消费者群体之间所建立的联系。我们所说的客户关系管理即与此相关。

（五）价值配置

即资源和活动的配置。

（六）核心能力

即公司执行其商业模式所需的能力和资格。

（七）合作伙伴网络

即公司同其他公司之间为有效地提供价值并实现其商业化而形成的合作关系网络。这也描述了公司的商业联盟范围。

（八）成本结构

即所使用的工具和方法的货币描述。

（九）收入模型

即公司通过各种收入流来创造财富的途径。

二、有效的商业模式

有效的商业模式必须包括 4 个关键要素和 3 个界面要素：核心战略、战略资源、伙伴网络和顾客界面，以及顾客利益、构造和企业边界，如图 6-5 所示。

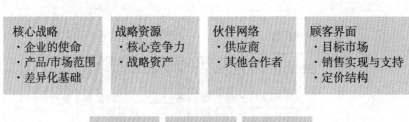

图 6-5　有效的商业模式展示图

（一）核心战略

核心战略从如下几个方面描述了企业如何与对手进行竞争。

1. 企业的使命

描述了企业为什么存在及其商业模式与其实现的目标。

2. 产品/市场范围

定义了企业集中关注的产品和市场。

3. 差异化基础

企业战略会对商业模式产生很大影响。

　案例

"85°C" 的核心战略

85°C 店名的由来是据称现煮的咖啡煮到85°温度时口感最好。

咖啡、蛋糕、面包这3个市场竞争最激烈的商品，85°C 能做到百亿元的市值，且规模不断壮大。成功秘诀就是"质优价廉"。

质优——创始人吴政学追求"五星级的味道"，先后挖来20多位"金牌主厨"，全力打造高品质口感。

他还亲抓食材的供应，跑到中南美洲挑选咖啡豆，批量引进高级咖啡豆、顶级巧克力等。

价廉——同样成本，85°C 只卖竞争对手一半甚至1/3的价钱。实现高利润，靠的是销量。

店面主要放冷藏柜、烘焙箱等生产用品，桌椅只放几张作点缀，而员工培训的重点除了服务就是效率。

（二）战略资源

企业拥有的资源会影响商业模式的持续性。

1. 核心竞争力

核心竞争力是一种资源或者能力，是企业胜过竞争对手的竞争优势的来源。

2. 战略资产

战略资产是企业拥有的稀缺、有价值的事物。

案例

京东的核心竞争力

2014年5月，京东上市。十年间，京东交易额增长一万倍，是中国发展速度最快的综合电子商务公司。京东在电商中突围，靠的是什么？

"全品类、自建物流、技术驱动、用户体验"被认为是京东的四大核心竞争力。

在竞争对手致力于寻找物流同盟时，京东勤勤恳恳的花大投入"自建物流"。经过多年建设，京东物流已覆盖全国500个城市，在300个城市实现了当日送达和次日送达。

京东CMO蓝烨表示，目前真正实现仓储配送一体化的，在中国只有京东。

自建物流让京东在风起云涌的电商大战中，立于不败之地，无疑是京东最重要的战略资产之一。

（三）伙伴网络

新创企业往往不具备所有的所需资源，因此需要依赖合作伙伴。

1. 供应商

供应商是向其他企业提供零部件或服务的企业。

2. 其他合作者

合资企业、合作网络、社会团体、战略联盟和行业协会是合作关系的一些常见形式。

案例

福喜事件冲击肯德基和麦当劳

2014年7月，有报道称，麦当劳、肯德基等快餐供应商上海福喜食品公司被曝使用过期劣质肉而被调查。

2014年8月1日，肯德基的母公司百胜集团发布公开信，宣布断绝与福喜的全球合作关系。随后还公布了主要供应商，表示其从不依赖福喜，而是与200家食品原料供应商建立良好合作关系，多数产品都会由多家共同提供。任何一家不能供应时，有能力第一时间调配补货。

相比肯德基，麦当劳和福喜的合作时间更长、关系也更紧密，在此时事件中受伤更深，短期内难以替换供应商。大量麦当劳餐厅陷入无餐可售的窘境。部分餐厅仅有一款麦香鱼汉堡在售，但点单者寥寥，用餐流量大减。

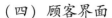

（四）顾客界面

顾客界面指企业如何与顾客相互作用。作用类型依赖于企业选择如何在市场上竞争。

1. 目标市场

企业在某个时点追求或尽力吸引的有限的个人或企业群体。

2. 销售实现与支持

描述了企业产品或服务"进入市场"的方式，或如何送达顾客的方法。

3. 定价结构

随企业目标市场与定价原则的不同而变化。

 案例

北京欢乐谷的主题公园模式

北京欢乐谷是华侨城主题公园"北上"的典型代表，初来北京，也"水土不服"。

最终，欢乐谷明确了以"主题文化"为核心的发展思路，针对北京的人群特点，巧妙构思，策划开展了"百艺闹春欢乐节"等六大"亲民、乐民、惠民"的主题活动，通过极富有吸引力及轰动性的主题活动打造全新的旅游亮点和阶段热点，从而打破了传统主题公园过分依靠园区建筑、设施为主题服务的常规，转而力求通过打造丰富多彩、创意十足的活动来服务于欢乐谷的主题文化建设。

后又与时俱进，首创性地将专项活动和主题文化相结合；精心设置满足不同群体的景观、表演、设施；引进大型赛事；建设明星、极限、街舞、魔术四大俱乐部……极大地丰富了园区主题活动内涵。

欢乐谷的"活动品牌"战略赢得了巨大成功，而成功背后收获更大的是摸索出了一条独属自己的主题公园发展模式，避免了国内主题公园娱乐活动同质化，也将为未来的欢乐谷赋予最为独特的竞争力，为国内的文化旅游产业提供了一个良好的范本。

第三节　商业模式的设计方法——商业画布

一、商业模式画布的定义

商业画布是指一种能够帮助创业者催生创意、降低猜测、确保他们找对了目标用户、合理解决问题的工具。商业画布不仅能够提供更多灵活多变的计划，而且更容易满足用户的需求。更重要的是，它可以将商业模式中的元素标准化，并强调元素间的相互作用。

商业模式画布是一个精密系统，它涉及 3 个板块、4 个视角、9 个模块。

3 个板块是指客户价值主张、资源与能力、盈利模式。客户价值主张用来描述为特定客户细分创造价值的系列产品和服务，用以解决客户难题和满足客户需求。价值主张是客户转向一个公司而非另一家公司的原因，他解决了客户的困扰或者满足了客户的需求。每个价值主张都包含可选系列产品或服务，以迎合特定客户细分群体的需求。从这个意义上讲，价值主张是公司提供给客户的收益集合或收益系列。资源与能力指企业能够加以控制的因素，核心资源、关键业务、重要伙伴。盈利模式指按照利益相关者划分的企业的收入结构、成本结构及相应的目标利润。

4 个视角是客户视角、提供物（产品和服务）视角、基础设施视角、财务视角。

9 个模块是 4 个视角的细分。客户视角包括客户细分、客户关系、渠道通路；提供物（产品和服务）视角包括价值主张；基础设施视角包括核心资源、关键业务、重要伙伴。财务视角包括成本结构、收入来源，如图 6-6 所示。

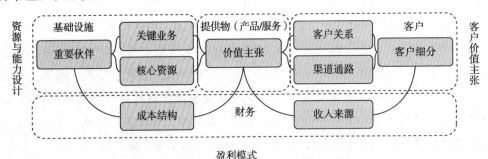

图 6-6 商业模式框架：三维四度九步法

创业者通过商业模式的画布可以描绘自己项目的主要内容，向投资者表达自己商业模式的完整性、一致性，如图 6-7 所示。

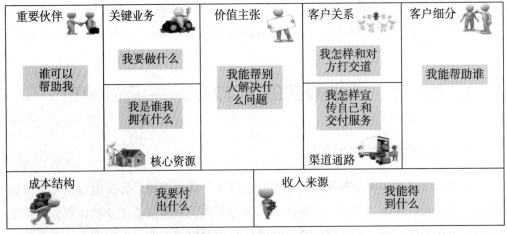

图 6-7 商业画布

二、商业模式选择的原则

（一）经济性原则

企业运营过程中出现的固定成本及可变成本的变动影响着企业可自由支配的现金流量，进而影响企业发展过程中在投资规模、范围，竞争力强化等方面的战略抉择，交易成本、管理成本、运营成本及其他相关成本的节约，有利于增加企业流动资金数量，提高企业资本利用效率，扩大企业生产规模，以及实现企业战略发展目标。因此，企业选择构建的商业模式应能够减少企业不必要的成本支出，加强企业运营效率与效益以增加企业现金流，提高企业资本利用效率。

（二）有效性原则

选择有效的商业模式以帮助企业实现其自身价值。商业模式的有效性一方面表现在对企业资源包括有形资源和无形资源的合理配置，企业所拥有的资源是有限的，因此，必需充分利用企业内部资源，并合理利用企业外部资源，实现企业资源的有效配置及高效利用；另一方面，商业模式是否有效性与企业能力相关，企业内部具有何种能力，是否存在未被有效开发利用的潜在能力，如何强化企业现有能力或挖掘企业潜在能力形成企业竞争优势是商业模式选择应该关注的问题；商业模式还要能够帮助企业实现内部价值链的有效整合，充分发掘和利用价值增值能力较高的环节，剥离价值增值能力低的环节，从而集中企业有效资源进行高价值创造，实现企业内部高效率运转，为企业和客户创造更多价值。

（三）差异性原则

差异性主要是相对于竞争对手而言，是指企业在选择商业模式时应该考虑与竞争对手形成差性，并通过差异性商业模式获得竞争对手难以获取的比较竞争优势，打造企业自身独具特色的价值获取模式，否则企业在其发展的各个方面都可能会受制于先行的企业，无法超越行业中的竞争对手，始终做行业中的跟随者，无法获得行业中存在的超额利润，无法占据有利的市场地位，市场份额有限。差异性是一个相对短期、比较静态的概念，因此企业必须对商业模式进行不断的变动调整，进行商业模式的创新，以保证企业在行业中的优势地位。

（四）不易模仿性原则

该原则与差异性原则类似，都是为了使企业能够在行业中保持其优势地位。不易被竞争对手模仿的商业模式能够为企业带来持续的竞争优势，对企业长远的发展

具有十分重要的意义，如企业的核心价值观，经过长时间的发展，已经注入企业的经营、管理、生产运作及员工的价值理念等中，有助于推动企业实现战略发展目标，对于竞争对手来说是很难模仿的；企业核心能力，有些能力是异质性的，是企业所独有的，不易于被同行业中的竞争对手所模仿，有助于企业构建竞争优势，确定市场地位，获取丰厚价值回报。

（五）适应性原则

企业是不能够独立生存在社会及市场大环境里的，因此它需要与社会及市场中的其他组织发生必要的联系，进行物质资源及信息等方面的交换，且受到外界环境中各种因素的影响和制约。企业在确定其发展战略目标的基础上对外部宏观环境及微观环境进行详细的调查分析，确定环境中存在的机会与威胁，从而根据自身具备的资源能力，选择能够适应外部环境变化，并利于企业发展的商业模式。即通过对外部环境全面合理的假设，选择能够有效利用外部机会，规避可能威胁，并能对企业内部及外部环境的不确定变化做出反应的商业模式。

（六）价值创造原则

企业在客户价值最大化目标的基础上是为了实现企业自身价值的最大化，因此，企业选择商业模式的根本目的在于获取更加丰厚的利润，实现企业的可持续发展。为了这一目标，企业需要和那些与其发展息息相关的企业、团体、组织等互相协作、扶持，需要在为自己创造价值的同时，为供应商、顾客（包括分销商和最终顾客）、社区及政府等利益相关组织和群体创造价值，实现多方的共赢。

三、商业模式选择的步骤

商业模式的选择主要是根据企业自身的特点及所具备的资源、能力，企业所处的外部宏观大环境、竞争环境等方面来进行的，具体可以分成以下几个步骤。

（一）把握外部环境，做出合理假设

企业应从经济，政治和法律，社会、文化、人口和地理环境，技术和竞争五个方面分析影响企业商业模式选择的外部环境因素，对于这些因素的分析是为了能够对企业所处的外部环境有一个总体性的评价，进而形成较清晰的思路，对企业外部环境做出合理的假设。在这一环节，主要是为了确定企业所面临的机会是什么，又存在着哪些威胁，使企业选择能够趋利避害的商业模式，同时能够抓住环境中的有利机会，发挥企业优势，实现企业价值。

（二）综合评定企业内部资源、能力

在此环节，主要是通过对企业实施全面客观深入的分析，从公司财务状况、管

理水平、规模与成本优势、技术优势、市场网络、独特的资源、品牌、社会网络、销售渠道、隐性资源、人力资源和特殊的自然资源等内部因素方面分析企业所具有的优势与劣势，发掘企业中具有价值的资源、能力，发现企业中具有较强价值增值能力的环节，发挥企业优势，避开劣势的决策。在对企业优势与劣势有很好把握的基础上做出企业内部条件的合理假设，根据假设选择能够扬长避短的商业模式。

（三）提出可供选择的商业模式方案

在综合分析企业外部环境与企业内部资源能力的基础上，提出能够很好地把握外部机遇以及能够充分发挥企业优势的商业模式备选方案。

（四）比较商业模式与企业战略发展框架方向是否一致，与战略目标是否匹配

战略发展框架为企业指明了通向未来之路，战略目标则指明了企业发展所要达到的结果，而实施某种商业模式的目的是为了能够实现客户价值最大化，进而实现企业价值的最大化，因此，企业选择的商业模式要能够与企业的战略发展框架方向一致，并且要有利于企业战略目标的实现。

（五）对各种商业模式实施效果进行预测，选定商业模式

商业模式的差异性导致企业运营的最终结果不同。将备选商业模式方案，按照对企业内外环境的假设做出合理的运行效果的预测，并综合企业高层管理人员对企业发展的意见，选择既符合企业管理层意愿，又能够实现企业战略目标的商业模式方案，并付诸实施。

四、设计商业模式的思路和方法

如何设计一个完善的商业模式呢？根据现在的研究发现主要包括 5 个方面的要素：定位、盈利点、关键资源和能力、业务系统、自由现金流结构。第一，界定和把握利润源——顾客；第二，不断完善企业利润点——产品；第三，打造利润杠杆，构筑商业模式内部运作价值链；第四，疏通拓宽利润渠道，构筑商业模式外部运作价值链；第五，建立有效保护利润的利润屏障。如果把这 5 个要素用一个金字塔来表现的话，金字塔的底部就是定位；第二层是盈利点；第三层是关键资源和能力；第四层是业务系统；第五层则是自由现金流结构。

（一）确定顾客价值主张——战略定位

"定位"，是确定企业的"顾客价值主张"。也就是说，是要选择那些"最有潜

力提供长期利润增长的目标客户"，即选择"最高利润区"；然后，为了解决这些目标顾客的某个重要问题或重要需求，为他们提供不同的"价值主张"，即解决问题或满足需求的一种产品或服务，它的内涵不仅包含销售的内容，同时包括销售的方式。

凡是成功的企业都能够找到某种为客户创造价值的方法，即帮助客户解决某个需要解决的根本问题。客户需要解决的问题重要性越高，同时客户对行业原有的解决方案满意度越低，解决方案比其他对手的更好，那么，客户价值主张就越卓越。

（二）创造更多利润来源——盈利模式

"定位"解决之后，企业就应该要制订盈利模式，从哪里去盈利，并以什么样的模式去盈利，而且制订的盈利点要更多。企业应该根据自身企业的实际情况来选择符合自身特色的盈利模式并进行优化为创造利润打好基础。

（三）建立利润壁垒——关键资源和能力

一个商业模式设计，如果没有战略控制手段的支持，就好像一艘航船的底下有一个漏洞，它会使船很快沉没。为了保证利润增长，企业在进行商业模式设计的时候，必须同时寻求和建立自己的战略控制手段。这是一个大问题。建立战略控制手段的目的是，保护企业设计带来的利润流，使其免受竞争对手和用户势力的侵蚀。

通过上述具体化步骤可以将商业画布各要素进行具体化，如图6-8所示。

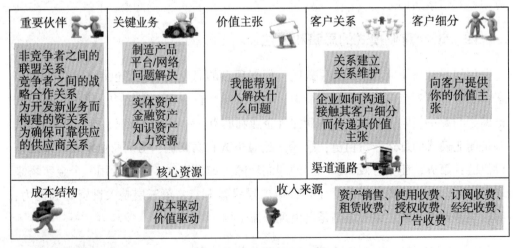

图6-8　商业画布要素

例如，移动电信行业的商业模式，如图6-9所示。

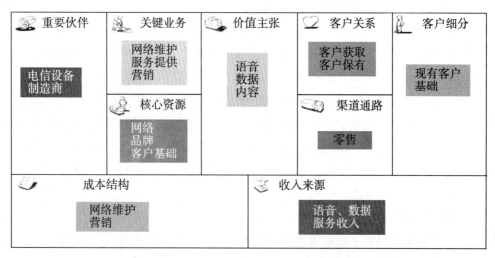

图6-9　移动电信行业的商业模式

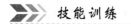 技能训练

训练项目1　访谈潜在客户

访谈6个潜在客户，分析自己项目的可行性，评估小组团队的商业模式。

训练项目2　评估你的商业模式

将你设计的商业模式，按以下标准以小组互评的方式分别对设计的商业模式进行评估和比赛，评分标准见表6-1。

表6-1　商业模式评分标准

主营业务	模式名称	指标分值									模式点评
		独特价值	不可复制	可操作性	持续稳定	扩展延伸	整体协调	具盈利性	具创新性	总分	
		20	15	15	15	10	5	5	15	100	

训练项目3　完善商业模式

通过以下7个问题，分析评估小组所设计的创业项目商业模式存在的问题与

风险。

问题一：客户的"转移成本"有多高？

转移成本是指客户从一个产品（或服务）转移到另一个产品（或服务）所需的时间、精力或者金钱。"转移成本"越高，客户就越忠实于某项产品（或服务），不会轻易离开去选择竞争对手的服务。

将"转移成本"融入商业模式中一个很成功的例子就是 2001 年苹果 iPod 的产品。这是一个专注于存储的产品创新，也是一个商业模式策略，让消费者将音乐拷贝进 iTunes 和 iPod 里，这种方式会让用户一旦用了这个产品以后很难再用其他竞争对手的数字音乐播放器。仅仅是用户这一点选择偏好，就为苹果后来强大的音乐中心和创新打下了坚实基础。

问题二：商业模式的扩展性怎样？

扩展性是指在没有增加基本成本的情况下，能很容易地拓展商业模式，赢得利润。当然，基于软件和互联网的商业模式比基于砖头和水泥的商业模式有天然的扩展性，但是即使如此，数字领域的商业模式仍然有很大的区别。

最让人钦佩的例子就是 Facebook，只用几千个程序员就可以为亿万用户创造价值。只有很少的公司拥有这样的员工用户比。

问题三：能否产生可循环的经济价值？

通过一个例子可以很好地解释循环价值。报纸在报摊销售赚取销售费用，另外的价值可以通过订阅和广告进行循环。循环价值有两个主要的优势：第一，对于重复销售，成本只产生一次；第二，你可以有更多更好的想法来构想未来怎样赚钱。

还有另外一种循环价值形式：从之前的销售中获取增值收入。例如，你买一个打印机，你需要持续购买墨盒或买一个苹果手机，它从硬件销售中赚得利润的同时，来自内容和 App 产生的经济价值依然稳定增长。

问题四：是否可以在你投入之前就赚钱？

毫无疑问，每个商人都希望在投入之前就获得收入。

戴尔就把这种模式运用到电脑硬件设备制造的市场上。通过直销建立的装配订单，避免硬件市场可怕的库存积压成本。戴尔取得的商业业绩就显示了其在投入之前就赚钱的力量。

问题五：怎么样让用户为你工作？

这可能是商业模式设计上最具有杀伤力的武器。在传统的市场上，宜家（IKEA）就让我们自己组装在它那里购买的家具，我们干活儿，他们赚钱。在互联网领域，脸书（Facebook）让我们上传照片，参加对话和"喜欢"某样东西。这正是脸书的真正价值，只提供平台，内容全部由用户创造，而公司却挣得天文数字般的利润。

问题六：是否具有高壁垒，以防止竞争对手模仿？

一个优秀的商业模式可以使你保持长时间的竞争优势，而不仅仅是提供一个优秀的产品。

苹果主要的竞争优势来自于其商业模式而不是单纯的产品创新。对三星来说，模仿苹果的产品比建一个像苹果那样的应用商店生态系统要容易得多。所以，三星无论产品做多么炫，它仍然很难撼动苹果的地位。

问题七：是否建立在改变成本结构的基础上？

降低成本是商业实践中的长期追求，有的商业模式不仅能降低成本，并且创造了一个与以往完全不同的成本结构。

同样地，巴帝电信——印度最大的移动运营商，一直在通过摆脱网络和 IT 的束缚来完善它的成本结构。该公司通过与网络装备制造商爱立信和 IBM 合作，购买宽带容量来降低成本，现在他们已经能够提供全球价格最低的移动电话服务。

当然没有一个商业模式设计能一一对应以上 7 个问题并且得到完美的 10 分，不过有的却可能会在市场上成功。对创业者而言，时刻用这 7 个问题提醒自己，有助于让你保持长久的竞争力。接下来，你需要做的就是用市场检验你的商业模式。

第七章　创业财务

知识目标

通过本章的学习，希望学生了解并掌握：

1. 估算创业资金的方法，预测投资和收入；

2. 创业财务管理的概念、重要性、内容和流程，学会读懂财务报表；

3. 筹措创业资金的能力，掌握创业融资的主要渠道，了解创业融资的方式；

4. 识别创业风险和风险防范的方法。

技能目标

1. 帮助学生树立创业财务资金筹划意识，锻炼撰写资金计划的能力；

2. 读懂财务报表，利用财务报表做简单财务分析；

3. 掌握创业风险识别和风险应对的能力。

训练项目：

1. 筹措创业资金的计划方案

2. 筹资风险案例分析

3. 创业企业财务报表

4. 模拟奶茶店创业项目风险识别和应对措施

案例导入

饿出来的创业——饿了么的融资历程①

2009年4月，在读研二的大学生张旭豪和康嘉等几位同学在上海共同创立了"饿了么"大学生创业公司，开发出了首个订餐网络平台。1.0版"饿了么"网站

---

① http://www.cnrencai.com/goldjob/story/141039.html
https://newseed.pedaily.cn/data/invest/29052

正式上线，并以移动互联网的模式为用户提供丰富、多样、快捷的网上订餐服务，为不同类型的餐饮商家提供一体化互联网运营解决方案。

2009年10月，"饿了么"网站在上海慈善基金会和觉群大学生创业基金联合主办的创业大赛中，获得最高额度资助10万元全额贴息贷款。12月，"饿了么"网站在欧莱雅大学生就业创业大赛上，获得10万元冠军奖金……通过创业竞赛，团队总共赢得了45万元创业资金。获得资金的"饿了么"网站如鱼得水，到2009年底，订餐平台已拥有50家餐厅进驻，日均订餐交易额突破万元。

2010年5月，"饿了么"网站2.0版本成功上线；9月，"饿了么"网站全上海版上线，合作餐厅超过千家，单月最高交易额达到了百万元。2010年11月，"饿了么"手机网页订餐平台上线，订餐业务不仅覆盖了全上海，目标直指杭州、北京等大城市。

2011年3月，"饿了么"注册会员已超过两万人，日均订单3000份。这一战绩，很快引起了美国硅谷一家顶级投资公司的高度关注。接洽数次后，"饿了么"成功融得A轮数百万美元风险投资。

2013年1月，获得来自经纬中国、金沙江创投的B轮数百万美元投资。

2013年11月，获得来自红杉资本中国、经纬中国、金沙江创投的C轮2500万美元投资。

2014年5月，获得大众点评的D轮8000万美元战略投资，总计金额达到1.1亿美元左右。

2015年1月，"饿了么"宣布获得E轮3.5亿美元投资。除红杉资本、大众点评继续增资，新投资方包含领投方中信产业基金及腾讯、京东。

2015年8月，"饿了么"宣布完成F轮6.3亿美元融资，由中信产业基金、华联股份领投，华人文化产业基金、歌斐资产及腾讯、京东、红杉资本等原投资方跟投。

2016年4月，"饿了么"宣布完成G轮12.5亿美元融资，由阿里巴巴领投。

2017年4月，阿里巴巴与蚂蚁金服联手对"饿了么"增资4亿美元，阿里持股32.94%，成为"饿了么"的最大股东。

2018年4月，"饿了么"获得阿里巴巴、蚂蚁金服95亿美元并购投资，张旭豪担任"饿了么"董事长。

2020年11月，张旭豪以55亿元人民币财富位列"2020胡润80后白手起家富豪榜"第34位。

案例解析：

企业要发展，只有拥有更多的资金，才可以快速地占领更多的市场份额，特别是在互联网领域，而且能在市场上获得更好的形成垄断的机会。张旭豪创办的"饿了么"迅速成长为行业独角兽企业，完成了七轮融资，融资策略发挥了重要作用。

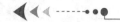

如果企业的成长速度不够快，或者你每天都在为钱的事情发愁，公司的发展定然无法达到预期，未来定然会被市场所淘汰。

第一节　创业资金

企业的创业资金是指创办企业并使其正常经营所需要筹集的资金。企业的创业资金可以根据具体用途分为投资资金和流动资金两大类。投资资金是创办企业购置的长期资产和筹建时支付的开办费所需资金的总和。流动资金是企业日常经营所需要支出的资金，一般金额较小，资金回收的速度比较快。

一、创业资金预测

（一）投资资金的预测

创办企业离不开必要的投资，投资资金一般可分为长期资产投资和开办费投资两类。

1. 长期资产投资

长期资产投资是企业为了销售而专供企业经营活动中使用，且经济寿命较长的资产项目投资。一般包括固定资产投资、无形资产投资、长期待摊费用投资、开办费投资。

（1）固定资产投资

固定资产投资是企业购置价值较高、使用寿命较长的资产所投入的资金，如厂房、办公场所、办公家具、机器、设备等。固定资产投资额的预测取决于固定资产的取得方式，其方式主要有两种：一是外购；二是自建。如果企业对固定资产有特殊要求，最好采用自建的方式，比如根据生产的特殊性自建厂房。自建固定资产的好处是能够更好地满足企业生产经营的需要，但是也有不足，就是会占用大量的资金、时间。如果企业可以直接外购固定资产，如购买合适的商铺或者购买可以直接用来开工生产的设备，则创办企业的效率会更高，相对会比较简单、快捷。如果可以在家创业或利用已有房产、设备等资源创业，就可以减少固定资产投资，降低创业成本，创业会更容易。如果创业资金不是很充足，很难购建固定资产，也可以采用租赁的方式。租房比建房、买房所需的资金要少，也更容易改变经营地点。设备价值比较高的情况下也可以考虑租赁以减少投资，降低公司风险。

（2）无形资产投资

无形资产投资是企业取得长期使用的、不具有实际形态能形成经济收益所付出的资产，如特许经营权、商标权、专利权、土地使用权、大型软件等。无形资产有

160

一定的特殊性，因此在预测无形资产投资时，首先，要保证所购无形资产的合法性；其次，要确认无形资产的法定有效期；最后，要找准评估和计价的法律依据。在创业过程中，如果需要购买特许经常权等无形资产，可以向特许经营权等无形资产的拥有者咨询所需费用，也可以向经管同类业务的企业家或创业者寻求帮助来预测无形资产投资。在进行无形资产投资时还要注意不同的创业地点，费用可能会有不同，因此，还需要向特许经营或无形资产的出让者进一步验证预测的投资额。

（3）长期待摊费用投资

长期待摊费用投资是企业已经支出，但摊销期限在 1 年以上（不含 1 年）的各项费用，比较常见的有经营租赁办公用房装修费支出。

（4）开办费投资

开办费是企业在筹建期间发生的各项费用，包括培训费、差旅费、印刷费、注册登记费，以及不计入固定资产和无形资产价值的借款费用等。

（二）流动资金预测

一般情况下，企业在初创期以资金投入为主，现金流为负，只有到了经营期才能有销售收入，才开始盈利。企业在获得收益之前，先要有维持生产经营的流动资金投入。结合初创企业生产经营实际进行分析，流动资金主要包括购买并储存原材料及商品的费用、人工费、日常工作支出、广告宣传费、租赁费、保险费及其他费用。企业创办初期所需投入的流动资金数额取决于企业获得销售收入之前所需要的时间。有的企业需要足够的流动资金来支付 6 个月的经营费用，有的企业需要足够的流动资金来支付 4 个月的经营费用，获得收入前需要的时间越长，所需投入的流动资金就越多。因此，在进行流动资金估算时，要本着"以销定产"的思想，根据销售数量或提供服务的数量估计可能发生的材料以及商品购买费用。由于企业在初创期没有形成稳定的市场占有，销售并不乐观，因此，预测流动资金时要计划的更宽裕一些。

1. 购买并储存原材料及商品的费用

制造商生产产品需要预测原材料的需用量，服务企业提供服务需要预测顾客付款前原材料的用量，商贸企业进行销售需要预测营业前的商品采购量。企业预计的存货越多，采购需要的流动资金越多，资金投入越多，因此，保持合理的存货量以降低资金成本，从而降低企业经营风险尤为重要。

2. 人工费

企业的生产经营离不开人的劳动。人工费就是用人单位依据国家有关规定或劳动关系双方的约定，以货币形式支付给员工的劳动报酬，如员工的工资、为员工缴纳的社会保险等费用。社会保险包括基本养老保险、基本医疗保险、失业保险、工

伤保险、生育保险，其中前三项保险为企业与职工共同缴纳，后两项保险则只有企业为员工缴纳。在预测人工费时，通常用每月支付的工资总额和社会保险的金额乘还没到达收支平衡的月数加以计算。

3. 日常工作支出

日常工作支出是指企业为了维持正常的运营，除了场地费、原材料和库存商品费用及人工费以外发生的各项办公支出，主要包括电话费、网络费、水电费、招待费等。这部分支出可以根据实际情况预测。

4. 广告宣传费

企业在初创阶段为了让外界了解企业及产品，往往需要扩大宣传，树立企业形象，促销产品，因此，要测算出企业的广告宣传支出。广告宣传支出可以根据广告项目和当地实际收费标准预测。

5. 租赁费

企业的经营场所和设备可以是购买的，也可以是租赁的。如果是购买取得的则不存在租赁费用，如果是租赁来的则需要测算租赁费。租赁费可以按月、按季或按年支付，测算时可以用月租金乘以还没到达收支平衡的月数。如果租金是按季度支付或者半年、一年一付的就直接按季、按年测算。这样初创企业的流动资金投入会更大一些，企业的资金压力也会更大。

6. 保险费

企业从创立开始就必须要支付必要的保险费，主要是以商业保险的形式，包括财产保险，如机动车保险、企业财产保险、家庭财产保险、货物运输保险等；人寿险和健康险，如疾病保险、医疗保险等。保险费用可以根据投保的项目及投保的标准测算。这也是流动资金投资的一部分。

7. 其他费用

企业的日常经营除了上述列举的主要支出外，还可能发生许多其他支出，如设备维护费、车辆使用费等。因此，要求在资金预测时列出详细的费用项目。在投资资金预测中我们可以借助投资资金预测表，在流动资金预测时，我们也可以编制流动资金预测表。在编制流动资金预测表时，我们需要详细列出流动资金的项目及未来 3 至 6 个月的预计流动资金金额。承接上述投资资金预测表编制案例，我们来编制流动资金预测表。

（三）销售收入预测

企业的经营目标是生存、发展、盈利，创业企业在广泛的市场调查和分析的基础上，接下来则是要更好地运用启动资金实现盈利。这就要求企业做到心中有数，做好销售收入预测。销售收入是销售量与销售单价的乘积。企业已经根据市场分析

以及行业饱和度等信息预测出销售量，因此，销售收入预测的核心是合理准确预测销售价格。企业产品或服务的定价离不开成本，只有定价高于成本企业才有利润，所以销售收入的预测可以分为3个步骤。首先，合理预测产品或服务成本；其次，测算并制定销售价格；最后，预测销售收入，完成销售收入预测。

1. 预测企业产品或服务成本

企业间的竞争很大程度上是成本的竞争，同样的产品与服务，同样的质量与价格，哪个企业的成本更低，哪个企业就具有竞争优势。企业成本一般包括变动成本和固定成本两部分。变动成本是指在一定范围内，成本总额随着业务量的变化而变化的成本费用，如材料费用。固定成本是指在一定的业务量范围内，成本总额固定不变的成本费用，如固定资产的折旧费。对于制造企业或服务企业，与生产产品或提供服务有直接关系的成本就属于变动成本，如生产产品的材料费用、零售商的进货成本、食品店购进的饮料等。

2. 制定销售价格

创业企业产品或服务的定价方法可以分为两大类：一是以成本为基础的定价方法；二是以市场需求为基础的定价方法。以成本为基础的定价方法可以选择的成本包括变动成本、制造成本、完全成本。因此，以成本为基础的定价方法又细分为完全成本加成定价法、保本点定价法、目标利润定价法和变动成本定价法。

完全成本加成定价法是在完全成本的基础上，加上合理的利润来定价。合理利润的确定，在工业企业一般根据成本利润率，在商业企业一般根据销售利润率确定。考虑税金的情况下，定价公式为：

产品或服务的单位价格=单位成本+单位税金+单位利润

=单位成本×(1+成本利润率)/(1−适用税率)

=单位成本/(1−销售利润率−适用税率)

以某教育培训公司为例，如果企业要求的成本利润率为10%，且无相关税金则培训业务的定价可以确定为：

培训业务的定价=800+800×10%=880（元）

需要说明的是，产品或服务的定价可以在完全成本加成定价法确定的基础上，结合企业定价目标、定价策略及竞争对手的价格策略进行相应调整。

保本点定价法是按照刚好能达到盈亏平衡的价格来确定产品的销售价格。这种方法确定的销售价格是创业企业可以接受的最低价格。定价公式为：

单位价格=单位完全成本+单位税金=单位完全成本/(1−适用税率)

采用保本点定价法，某公司的定价应该确定为800元，这也是公司可以接受的最低价格。

目标利润定价法是根据目标利润、产品销售量、产品成本、适用税率等因素来

确定销售价格的方法。其定价公式为：

$$单位价格=单位成本+单位税金+单位目标利润$$

$$=（单位目标利润+单位完全成本）/（1-适用税率）$$

假设某培训公司的单位目标利润为100元，则培训业务的定价为：

$$单位价格=800+100=900（元）$$

变动成本定价法是在企业有剩余生产能力的情况下增加生产一定数量的产品，增加的这部分产品不负担固定成本，只负担变动成本时，以变动成本为基础确定销售价格。此处的变动成本既包括变动制造成本，又包括变动期间费用。定价公式如下：

$$单位价格=单位变动成本×（1+成本利润率）/（1-适用税率）$$

这种方法主要在企业有追加订单的情况下采用。

以成本为基础的定价方法主要关注于企业成本情况而不考虑市场需求，因此还可以采用以市场需求为基础的定价方法，该方法又可以分为需求价格弹性系数定价法和边际分析定价法。鉴于这两种方法专业性比较强，使用起来比较复杂这里不再详细介绍。

创业企业在制定价格时，竞争对手的反应是很难预测的。如果在企业进入市场初期，竞争对手的反应比较激烈，也许会采用低价格策略，这样就会使初创企业难以立足从而面临经营风险。因此，销售价格的制定除了采用上述专业定价方法测算以外，还要考虑市场的反应、竞争对手的策略及其他外部因素对价格的影响，在价格测算的基础上根据定价策略进行相应调整以最终确定销售价格。

3. 预测销售收入

首先根据市场调查与分析，采用专门的方法预测了销售量，第二步制定了销售价格，销售量乘销售价格即为销售收入，但是企业生产的产品或提供的服务往往不止一种，这就需要先区分产品与服务项目再来测算销售收入。因此，销售收入的预测可以分为以下4个步骤：

第一步，列出企业推出的所有产品、产品系列或服务项目。

第二步，通过市场调查与市场分析，预测每个月每种产品或服务的期望销售量，至少完成6个月的预测。

第三步，为企业生产销售的每种产品或提供的每项服务制定销售价格。

第四步，用销售价格乘月销售量来预测每项产品或服务的月销售收入。

需要注意的是，在企业的初创期或市场环境变化较大的时期，经营的不确定性较大，因此，在销售数量和销售收入的预测上不要太过乐观，要切合实际。

二、创业融资的主要渠道

融资渠道指的是筹措资金来源的方向与通道，体现资金的来源与流量。企业常见的融资渠道主要有 6 种，包括银行信贷资金、其他金融机构资金、其他企业资金、居民个人资金、国家资金（包括由国家财政以直接拨款方式形成的资金以及国家对企业"税前还贷"或减免各种税款而形成的资金）和企业自留资金（主要包括提取公积金和未分配利润等）。创业融资因受企业规模、盈利能力及经营特点等影响，融资渠道与方式会受到很多限制，筹资的难度也更大。创业融资的渠道主要有以下 6 种：一是来源于家人和自己的积蓄即自我投资；二是来源于亲戚朋友的借贷即亲情融资；三是来源于银行和其他金融机构的贷款；四是来源于经营过程中其他企业资金即赊购；五是来自于专门的投资人或者网络金融；六是来源于国家的创业支持资金。

三、创业融资的方式

融资方式是企业筹集资金所采用的具体形式。不同专家站在不同角度按照不同的分类标准对企业融资方式进行分类（见表 7-1）。

表 7-1　融资方式分类

分类标准	类型	举例
按资金的权益特性不同	股权筹资	吸收直接投资、发行股票、利用留存收益
	债券筹资	发行债券、借款、融资租赁等
	混合筹资	可转换债券、认股权证
按是否借助与金融机构为媒介	直接筹资	发行股票、发行债券、吸收直接投资
	间接筹资	银行借款、融资租赁等
按资金的来源范围不同	内部筹资	利用留存收益
	外部筹资	吸收直接投资、发行股票、发行债券、向银行借款、融资租赁、利用商业信用
按所筹集资金的使用期限不同	长期筹资	吸收直接投资、发行股票、发行债券、取得长期借款、
	短期筹资	商业信用、短期借款、保理业务

目前我国创业融资呈现融资难度大、融资渠道少、融资成本高及阶段性特点鲜明的特点，因此，创业企业可采用的融资方式可以细分为以下 9 种。

（一）自我融资

企业在创立初期和经营过程中很重要的一个资金来源和筹资方式就是依靠家人和自己多年的积蓄融资。这种融资方式的优点是有利于创业者控制企业且占有绝大部分的股份，可以长期使用，并且不需要还本；其缺点是筹资数额往往有限，筹资风险较大，一旦创业或经营失败，个人及家人多年的积蓄将付之东流。

（二）亲情融资

新创企业筹资的另外一个渠道就是从亲朋好友处借钱，然后实现融资。这也是寻找初创资金和扩大经营规模时，创业企业比较容易采用的筹资方式。这种筹资方式的优点是筹措资金速度快、风险小、成本低，方便快捷灵活；缺点是会给亲朋好友带来资金风险，甚至资金损失，如果创业或经营失败，可能会影响双方的感情。因此，诚信在创业过程及经营过程中都很重要。

（三）合伙人融资

合伙人融资是祸福同享的共同投资。其优点是既可以有效筹集到资金，还可以充分发挥人才的作用，有利于整合和利用各种资源，尽快形成生产能力，降低创业风险；缺点是合伙人多了，就容易产生意见分歧，降低办事效率，也可能因为权利与义务的不对等而产生合伙人之间的矛盾，不利于合伙企业的稳定。

（四）商业信用融资

赊购是一种利用商业信用，在购买商品时不付现金先记账，以后一次或者分次还款以减少资金占用从而实现融资的形式，是一种自然融资。值得注意的是，在企业成立之初，从供应商处赊货很难，因为供应商对企业的经营及未来状况不了解，因此企业很难从供应商处赊到货。在企业已经步入正轨时，这还是一种不错的融资选择。

（五）政府扶持资金

企业创立初期，特别是大学生创办企业，国家会有相应的政策扶持。政策扶持资金是创业者的"免费皇粮"，其优点是政府投资一般都是免费的，降低或免除了筹资成本，而且不用担心投资方的信用问题；缺点是申请创业基金有严格的申报要求，同时政府每年的投入有限，筹资者必须面对与其他筹资者的竞争。

（六）金融机构贷款

金融机构贷款是银行、信托公司、金融公司等金融机构根据国家政策，以一定的利率将资金贷放给资金需要者并约定归还期限的一种经济行为。金融机构贷款在创业者中很有群众基础，主要是金融机构贷款形式灵活多样，有抵押贷款、信用贷款、担保贷款、贴现贷款等。金融机构贷款融资的优点是方便灵活，期限和类型较多，风险较小，不涉及企业资产所有权的转移；缺点是申请手续比较麻烦，筹集资金的数量有限，利率较高，一旦金融机构因企业无力偿还而停止贷款则可能使企业

陷入困境，甚至导致企业破产。

（七）天使投资

天使投资是企业初创期可以采用的一种筹资方式。它对具有巨大发展潜力的初创企业进行早期投资，是一种自发而又分散的民间投资方式，也是风险投资的一种。需要注意的是，天使投资与风险投资是有区别的，天使投资一般是在申请投资的人具有明确市场计划时就已经开始投资，而风险投资公司是暂不接受这些市场计划或想法的，也不会投资。

这种筹资方式的优点是相比风险投资而言门槛较低，有时即便是一个创业构思，只要有发展潜力就能获得资金，而风险投资一般对这些尚未诞生的想法兴趣不大；缺点是申请成功的概率不是很高。分析原因，一方面，我国的天使投资还不够成熟、发达；另一方面，投资人对企业的创业项目要求较高。

（八）风险投资业

根据美国风险投资协会的定义，风险投资是由职业金融家投入到新兴的、迅速发展的、具有巨大竞争潜力企业中的一种权益资本。从投资行为的角度讲，风险投资是把资本投向蕴藏着失败风险的高新技术及其产品的研究开发领域，旨在促使高新技术成果尽快商品化、产业化，以取得高资本收益的一种投资过程。从运作方式来看，是指由专业化人才管理下的投资中介向特别具有潜能的高新技术企业投入风险资本的过程，也是协调风险投资家、技术专家、投资者关系，利益共享，风险共担的一种投资方式。

这种融资方式的优点是投资期限一般较长，资金流动性不高，资金流供给稳定。投向处于早期发展阶段的小微企业，可以满足其技术创新、产品研发、组织营销等环节及不同发展阶段对资金的需求。此外，投资者与企业是风险利益共同体，因而会积极参与企业经营管理。风投严格规范的运行机制可对企业进行财务监督以遵守各种法律法规政策的规定，可规范企业行为，保护知识产权，提高其自主研发能力。

（九）众筹融资

众筹融资是创业者把自己的产品原型和创意提交到众筹平台发起募集资金由感兴趣的人来捐献指定数目资金的融资方式。有了这一平台的帮助，任何有想法的人都可以启动一个新产品的设计生产并进行创业。一般来说，创业众筹有 3 种模式，分别为凭证式、会员制和股权式。创业股权式的众筹，在中国已经有了不少案例，也获得了社会的极大关注。越来越多的国外创业者开始在众筹网站募集资金，国内也出现了很多出色的众筹平台，如天使汇、大家投、点名时间、追梦网等。

四、创业融资的方式选择

筹资渠道解决的是资金来源问题，筹资方式则解决通过何种方式取得资金的问题，它们之间存在一定的对应关系。一定的筹资方式可能只适用于某一特定的筹资渠道，但是，同一渠道的资金往往可采用不同的方式取得，同一筹资方式又往往适用于不同的筹资渠道。因此，企业在筹资时，应实现两者的合理配合。新创企业一般经历种子期、创业期、成长期和成熟期4个阶段。不同的阶段，融资数量、融资渠道以及融资方式有着不同的特点，创业者要做到融资方式选择与融资阶段、融资需求及融资渠道相匹配。

（一）种子期

在种子期，创业者往往刚萌生创业的想法，可能只是有了一个创意或者有了一个正在研究的科研项目。在这个阶段，创业者可能还没有注册企业或者刚完成注册，也可能正在进行市场调研，也许还未制订商业计划、还未形成创业团队还没有自己的产品或服务，还没有实现销售和利润。这个阶段大概要持续3个月到1年。在种子期，创业者的主要任务就是将创业理想变为创业现实，所需资金主要是用于新技术、新产品的研发或是市场调研，资金需求量不是很大，资金主要来源于创业者自己和家人的积蓄，融资方式主要选择自我融资、亲情融资或众筹融资。

（二）创业期

创业期是创业者创办企业并让企业活下来的阶段。在这个阶段，创业者完成了公司注册，制订了商业计划，组建了创业的核心团队，已经完成产品的研发和市场调研，有了较少的销售或者有了较少的利润；企业如果要存活下来就需要大力地开拓市场，加大产品宣传，有足够的资金保证生产。这个阶段大概需要1~2年的时间。在创业期，创业者需要大量的资金保证企业的建立、生产经营的顺利进行及市场开拓。由于这时企业的生产规模较小，市场占有率不高，管理制度还不够健全，经营风险还较大，机构投资者和金融机构出于稳健经营的考虑往往不会提供大量的资金支持给企业，因此，此阶段创业者的资金主要来源于个人资产、私人借贷、合伙人或天使投资和风险投资。这时的融资方式可以选择少量的金融机构借款，多选择自我融资、亲情融资、合伙融资、商业信用、典当等。如果创业者可以争取到天使投资的青睐也可以选择天使投资，如果创业企业是高科技企业也可以选择风险投资，得到风投在管理和资金上的支持。

（三）成长期

在成长期，企业的生存问题已经基本解决，企业开始实现盈利，销售进一步扩

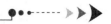

大，企业生产经营面临的主要问题就是进一步占有市场，不断扩大生产经营规模。这就要求创业者有更多的资金投入，这个过程通常要持续2~3年。在这个阶段，企业已经步入正轨，资金需求主要是满足企业发展和扩张的需要，资金需要量较大。因为此时企业的经营风险降低，因此可以增加债务资金投入，发挥财务杠杆作用，提高企业资金的盈利能力。在融资方式的选择上，可以选择金融机构借款、融资租赁、风险投资、商业信用、票据融资等。

（四）成熟期

创业企业在成熟期需要确定企业未来的发展方向，如上市、被并购或独立发展。发展方向不同，融资的渠道与方式就会不同。如果创业企业选择上市，那么可以采用发行股票的方式或者吸收直接投资的方式融资；如果企业选择被并购，则收购方可能采用杠杆收购的形式。收购方可以以目标企业的资产或未来的现金做抵押向银行以优先债形式获得60%左右的收购所需资金，从风险投资公司以可转化债券和优先股形式获得30%左右的夹层资金，以及自己投入10%左右资金来完成杠杆收购。上市和被并购都会涉及夹层资金，因此，成熟期的融资主要是夹层融资。

第二节　财务管理

一、财务管理概述

在创业初期，企业财务方面通常会存在很多薄弱环节，有很多不规范的地方。而创业者也往往对财务管理存在一些偏见，如认为创业初期没什么财务好管理的，有一个会计、一个出纳就可以了，只要收些钱、记流水账即可；还有创业者认为财务管理的重要性只有在公司做大后才可体现，创业初期不必浪费人力物力健全财务制度。此外，在创业过程中，很多创业者在公司财务管理方面也会发生以下情况：

（1）不了解创业企业的基本财务管理过程，不看账目，无法对财务数字进行分析；

（2）没有事前的财务预算、事中的财务控制及事后财务审核的意识，只知事后算账；

（3）不懂三大报表（损益表、资产负债表、现金流量表）所反映的业务实质，既不知道创业企业都掌控了哪些资源，也不了解企业掌控的资源哪些产生了经济效益，哪些是在浪费企业的资金。更不知道运营、筹资和投资等活动中的现金流状况

及存在的问题对于初创企业来说，无论是企业所需资金的筹集和配置，还是经营成本控制，都是非常重要的。即便是公司规模很小，完善的管理制度也是不可或缺的。任何企业的发展都有一个生命周期，包括若干个不同的发展阶段，每个发展阶段都有区别于其他阶段的特点，这些特点决定了初创阶段的财务管理与其他阶段不同。

随着新创企业经营活动的展开，一些与财务相关的问题就会出现。例如，企业是盈利还是亏损？成本细分都有哪些？企业目前还有多少现金？这些现金能否用来偿还债务或投入新的项目？企业资产的使用效率如何？企业是否需要筹集资金来支持未来经营发展？等等。总之，大多数新创企业都要面临 4 个主要的财务指标：营利性、流动性、资产使用效率和稳定性。

（一）创业财务的概念

狭义的创业则指创办新企业的行为。创业财务是指新企业从识别机会开始到实现盈亏平衡之间所涉及的组织财务活动、处理财务关系的一系列财务问题。这些财务问题包括资金的筹集、投放和日常管理，也包括利润管理、纳税筹划，以及财务会计制度建设和简单的财务报表等内容。

（二）创业财务的主要内容

创业财务的主要内容包括：资金管理（包括资金的筹集、投放和日常管理）、利润管理、财务制度建设、财务报表的编制和分析。

1. 资金管理

由于创业企业筹资困难，加上初创期较少的现金流入和较大的经营风险，使初创期的资金管理显得更为重要。其包括筹资管理、投资管理和日常营运资金管理 3 个方面。

（1）资金筹集管理

企业从事经营活动，首先必须解决的是通过什么方式、在什么时间筹集资金的问题。与在位企业不同的是，初创企业筹资的渠道可能比较狭窄，在资本市场筹资比较困难。初创期主要的筹资方式往往是通过私人资金，如个人积蓄、亲友款项、天使投资等，从银行等金融机构取得贷款比较困难，通过发行股票或债券筹资等更是绝大多数初创期企业难以采用的方法。在通过私人资本或者金融机构筹资时，表现为资金的流入；在支付利息、归还本金及支付各种筹资费用时表现为资金的流出。这种因为资金筹集而产生的资金收支，是由企业筹资引起的筹资活动。

在进行资金筹集时，需要创业团队相关人员首先预测可能的资金需求量，然后

根据对控制权的态度及可能获得资金的方式选择筹资渠道，并且需要就投资者的相应权利进行讨论。除此之外，还要考虑筹资的成本，以及所筹资金的控制权对于日后经营的影响。筹资管理的目的是要在能够满足企业生产经营所需的基础上，尽可能降低筹资成本、控制筹资风险。

（2）资金投放管理

筹集资金的目的是将所筹资金用于企业的生产经营活动，以尽快实现盈利。创业企业的资金投放主要是内部投资，将其用于购置固定资产、无形资产等经营性资产，以便从经营过程中获得更多的资金流入。当企业将资金投资于固定资产或无形资产时，或个别企业将其用于对外投资，进行联合经营或并购时，形成资金的流出；投资的实物资产带来销售收入，或从被投资企业收回分得的利润时，或者变卖对内投资的各种资产或收回对外投资时，形成投资活动的现金流入。

在进行投资决策时，最好采用集中投资的策略，专注于开发创业团队发现的创业机会，先在一种产品或服务，或者某一处地址获得一定的现金流，再考虑多元化投资的问题。另外，由于货币具有时间价值，对于投资的项目在进行财务分析时，不但要考虑不同时间现金流量的流入和流出，还要将其折算在投资时间进行考虑。一般来说，当其他条件相同时，获得回报越早的项目越好。除此之外，在将现金流量进行折算时，需要根据项目的风险判断折算率的高低。鉴于资源的有限性，当同一笔资金用于某个项目时，便无法将其用于其他项目，于是投资于其他项目可能产生的最大利益便是投资于某项目的机会成本。可以将机会成本作为折现率，也可以将投资者要求的必要报酬率作为折算的利率。项目的风险越大，投资者要求的报酬率会越高，相应的折算利率就会越高。

（3）日常营运资金管理

企业在日常的生产经营过程中也会发生一系列的现金收支。首先，为保持生产经营活动的正常进行，不仅需要采购一定的原材料或商品，还要支付员工一定的工资费用和其他营业费用，这导致了资金的流出；其次，通过销售产品或服务也会带来一定的营业收入，形成企业的现金流入；最后，如果日常经营过程中的现金流入无法满足持续发展的需求，就需要从外部筹集资金。一般来说，企业在实现盈亏平衡之前很难通过正常的生产经营活动来提供满足企业发展所需的资金，因此，筹集资金成为初创期企业的常态。

日常营运资金管理的重点主要是通过制定合理的信用政策，采用恰当的收款方式，减少客户对于赊销资金的占用；通过科学的存货管理方法，降低库存对于资金的占用；通过良好信用的建设及信用关系的维护，保障短期资金的筹集等。总之，要在保障生产经营正常进行的前提下尽可能降低资金占用额，加速资金周转，提高资金的利用效率。

2. 利润管理

如上所述，本章的研究范围是从企业创办之日到企业实现盈亏平衡的时间段，因此，管理和这一期间利润管理的主要任务就是成本费用的管理。

（1）利润管理

初创企业的利润管理主要是各种成本费用的管理。在初创期，企业的财务制度还没有建设完成，对于可以列支的费用项目尚未形成一致的观点，加上初创期主要是资金的支出和各种费用的花费，如果不做好利润管理，就会导致大量的资金使用效率低下，甚至形成浪费。

（2）纳税筹划

税收是国家为满足社会公共需要，依据其社会职能，按照法律规定，强制地、无偿地参与社会产品分配的一种形式。企业应该按照税法的规定依法纳税，履行社会公民的义务。因此，纳税筹划也是利润管理的内容之一。由于创业财务部分基本不涉及企业盈利之后的时间，所以，此处的纳税筹划主要是指流转税的纳税筹划问题。在全面实施营改增之后，企业的流转税主要就是增值税，做好增值税的纳税筹划是创业财务的内容之一。在进行纳税筹划时，首先应遵循相关的法律法规，做守法的公民；同时可以根据相应规定申请税费减免；并通过在会计核算时的合理规划，使税费的缴纳从时间分布来说更加合理。

（3）股权设计

尽管创业财务的研究范围在企业实现盈利、进行利润分配之前，但股权设计却是关乎企业未来发展的重要问题，在企业设立及每次筹集股权资金时均会涉及。而且，合理的股权结构不但可以使投资各方通力合作，还会影响企业的可持续发展。因此，股权设计也是创业财务的内容之一。

在进行股权设计时，首先，应遵循股权设计的基本原则，给企业一个健康发展的股权基因；其次，还应该熟悉创业企业的估值方法，在对企业进行合理估值的基础上，设定一个合适的股份比例。

3. 财务制度建设

创业企业应依据国家现行有关法律、法规及财会制度，结合企业具体情况建立健全财务管理制度，认真做好财务收支的计划、控制、核算、分析和考核工作，并加强财务核算的管理、提高会计信息的及时性和准确性，基于"互联网+"的背景做好财务信息的收集、管理和利用，提高决策效率。

4. 财务报表的阅读和分析

财务报表是指企业对外提供的反映企业某一特定日期的财务状况和某一会计期间的经营成果、现金流量等会计信息的文件。它是企业向外界传递信息，让外界了解企业的桥梁。

资产负债表、利润表、现金流量表,这些表如同行军打仗的地图。没有地图,就会迷失方向,创业者若不懂得这三张表,就失去了控制力,不能知己不知彼,必败无疑。三大会计报表是对企业业务开展情况的高度概括和总结,是创业者在短时间内了解企业经营状况的必由之路。其作用如下:

一是有助于了解本企业的经营状况;

二是有助于了解竞争对手的经营状况。

例如,有些新创企业通常会向某大企业供货,但往往并不能马上拿到货款,可能要等上 30 天或更长。而在这期间,企业可能还有许多要做的事需要开支,如购买零部件、原材料、给员工发工资、补偿日常开支和运费等。因此,作为创业者必须要清楚地了解:

一是已经筹了多少资金?用在什么地方?

二是经营过程中都有哪些开支?有哪些收入?

三是有哪些应收账款还没有收到?哪些应付账款还没有支付?

四是公司经营是否在盈利?

五是还有多少现金可以使用?

(1)财务报表的内容

一般企业的财务报表应该包括资产负债表、利润表、现金流量表和所有者权益变动表。小企业编制的财务报表,应当包括资产负债表和利润表,小企业也可以根据需要编制现金流量表。

①资产负债表:总括反映企业在某一特定日期全部资产、负债和所有者权益状况的报表。资产负债表是根据"资产=负债+所有者权益"这一会计基本等式,依照流动资产和非流动资产、流动负债和非流动负债大类列示,并按照一定要求编制的,是一张时点的、静态的会计报表。

通过资产负债表可看出企业掌控的资源和经济实力。表格的右边表示"负债",反映的是企业的钱从哪里来?如长短期负债、资本金、股东权益等,也包括经营利润或投资收益等;左边则是"资产",表示企业把这些资金投入到哪些资产上了?如现金、债券、原材料、商品、在建工程、长期投资等资产负债表通常可为创业者提供以下主要信息:

a. 企业资产及分布状况;

b. 企业负债及分布情况;

c. 企业净资产(所有者权益)金额;

d. 企业长、短期偿还能力;

e. 与利润表结合可以计算企业资金周转情况及资金创收情况;

f. 企业未来的财务形势和趋向,主要是根据本年数据与上年数据比较来判断。

②利润表：用来反映企业在某一会计期间的经营成果的财务报表。该表是根据"收入－费用＝利润"的会计等式，按营业利润、利润总额、净利润的顺序编制而成的，是一个时期的、动态的报表。

通过利润表可进行企业盈利能力分析、企业长期偿债能力分析及投资效益分析。损益表由两部分组成：一部分报告资金的流入（即销售产品或服务后顾客支付现金或承诺在将来偿付，计为应收账现金或应收账款，也称为收入；另一部分报告的是为获得收入所需的资金流出（也称为费用）。收入超过费用的部分就是利润（即收益）。收入总额超过费用总额的净值称为净收益。管理者和其他利益相关者需要经常了解企业的收益情况，因此一月编制一份损益表，有时一周甚至一天损益表通常可提供以下主要信息：

a. 企业各项收入情况；

b. 企业成本费用情况；

c. 主营业务税金及附加；

d. 企业实现税前利润；

e. 企业上交所得税；

f. 企业实现税后利润；

g. 与资产负债表结合可得出资金周转和创利指标。如将净利润与资产总额进行比较，可计算出资产收益率。

需要说明的是，尽管利润很重要，但以损失其后续发展的投入为代价，反而得不偿失，例如，有的新创公司为了获得股东的欢心或融资时获得较高估值，往往会把利润表做得更漂亮些，常用的方法是：一方面，砍掉或压缩应有的费用，压低相关人员的薪酬；另一方面，砍掉或压缩研发费用。虽然从账面上看确实是降低了成本，提高了利润，但新创公司却因此而没有了发展后劲。压低相关人员的薪酬，会导致管理团队中缺乏高素质人才，甚至难以留住人才；砍掉或压缩研发费用必会导致产品或服务档次低、更新换代慢、缺乏竞争力等。因此，为了公司的长久发展，有些必要的再投入支出应该是随着收益的增加而增加的。

③现金流量表：反映企业在一定会计期间现金和现金等价物流入与流出的报表，是沟通资产负债表与利润表的桥梁。向报表使用者提供了企业财务状况变动原因及经营活动中产生的现金及其等价物的信息，从而有助于使用者做出正确决策。

现金流量表为我们在企业提供的是一家公司经营是否健康的证据，可看出企业未来存活的可能性。对创业者来说现金流量表最重要，其高流动性使之能任意转换为其他任何类型的资产。只有纸面利润而没有实际现金流入，业务很快就会萎缩。结合现金流量表和利润表，做出的财务分析才有价值。创业者要特别关注有关现金流的问题，要注意库存与现金周转，降低流通时产生的不必要成本。因为公司业务

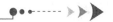

涉及异地的交易往来、现金往来，所以有关现金往来、交易凭证等票据就必须保存完整且与所记录的账簿一致。

现金流量表通常可提供如下信息：

a. 提供企业现金流量信息；

b. 可以分析企业应收账款和存货的质量；

c. 可反映企业经营、理财、投资等活动的现金流入和流出状况；

d. 可预测企业未来的发展状况；

e. 现金流量结构百分比分析（例如，经营、投资、筹资等引起的现金流入与流出所占比例）；

f. 现金流量变动趋势分析；

g. 现金流量财务比率分析（例如，现金净流入占净利润的比率，如果小于1，说明有在尚未实现的现金）。

在新创公司成立之初，应该设立好公司的资本结构，做好现金流的预警分析，在达到某一预警指标时，及时采取措施，防止出现资金链断裂的情况。一家健康的新创公司，一定要有良性循环的现金流量。

特别要提醒的是，应收账款与现金流是负相关关系，也就是说如果新创公司的应收账款增加，就会带来现金流量的减少，反之亦然。真实的利润率代表着公司的发展，而现金流则代表着新创公司当下的运营能力。没有现金流谈利润没有意义。有了足够的现金，才能有机会获得远比账面利润多得多的利润。

其实，现金流表示公司账户里的现金量变化，利润只是财务报表上的数字而已。比如一笔生意下来，合同金额是1000万元，所有成本总计800万元，利润则是200万元。可这200万元利润要变成现金，必须要等到客户将款全部打到公司账户里才成为可能。也许两年后会有坏账的风险等。因此，新创公司要重视应收账款的管理，尽量采用现销，避免用赊销的办法。另外，在商业活动过程中，要特别关注客户的资质和信用情况，以防现金流管理出现问题。

④所有者权益变动表：所有者权益变动表是一张反映企业在一定期间内构成所有者权益的各组成部分的增减变动情况的报表。当期损益、直接计入所有者权益的利得和损失，以及与所有者的资本交易导致的增减变动，均在表中分别列示。

（2）财务报表分析

财务报表分析是根据企业生产经营活动和财务管理活动的内在关系，以企业的财务报表和其他资料为依据和起点，采用专门的技术和方法，系统分析和评价企业过去和现在的财务状况、经营成果及其变动情况的过程。其目的是了解过去、评价现在、预测未来，为利益相关者提供决策支持信息。创业者也许可以依靠其会计人员来编制财务报表，但必须依靠自己来分析财务报表。从财务报表所提供的信息中

发现企业生产经营管理中可能存在的问题，及时寻求解决对策。

财务分析的方法包括比较分析法和比率分析法等。

①比较分析法是将同一企业不同时期的经营状况、财务状况进行比较，或将不同企业之间的经营状况、财务状况进行比较，揭示其中差异的方法。比较分析法按照比较对象的不同可分为横向比较和纵向比较。横向比较是指将企业数据与行业整体水平或者主要竞争对手进行比较，发现企业在市场占有、品牌影响力、经营战略等方面与其他企业的差异，或者发现企业在盈利水平、资产质量、现金流量管理等方面与其他企业的差异，从而发现有助于企业增强其核心竞争力的优势和可能会降低其核心竞争力的劣势。纵向比较法是指企业自身不同时期数据的比较。可以运用趋势分析的方法和差异分析的方法开展。

②比率分析法是将企业同一时期财务报表中的相关项目进行对比，得出一系列财务比率，以此来揭示企业财务状况的分析方法。通常财务比率主要包括三大类：构成比率、效率比率和相关比率。通过比率分析，可以了解企业的偿债能力、盈利能力、营运能力和发展能力，为企业决策提供帮助。

二、财务管理主要流程

财务管理流程是企业财务管理的工作步骤与一般工作程序。一般而言，企业财务管理包括以下几个环节。

（一）计划与预算

1. 财务预测

财务预测是根据企业财务活动的历史资料，考虑现实的要求和条件，对企业未来的财务活动做出较为具体的预计和测算的过程。财务预测可以测算各项生产经营方案的经济效益，为决策提供可靠的依据；可以预计财务收支的发展变化情况，以确定经营目标；可以测算各项定额和标准，为编制计划、分解计划指标服务。

财务预测的方法主要有定性预测和定量预测两类。定性预测法，主要是利用直观材料，依靠个人的主观判断和综合分析能力，对事物未来的状况和趋势做出预测的一种方法；定量预测法，主要是根据变量之间存在的数量关系建立数学模型来进行预测的方法。

2. 财务计划

财务计划是根据企业整体战略目标和规划，结合财务预测的结果，对财务活动进行规划，并以指标形式落实到每一计划期间的过程。财务计划主要通过指标和表格，以货币形式反映在一定的计划期内企业生产经营活动所需要的资金及其来源、

财务收入和支出、财务成果及其分配的情况。确定财务计划指标的方法一般有平衡法、因素法、比例法和定额法等。

3. 财务预算

财务预算是根据财务战略、财务计划和各种预测信息，确定预算期内各种预算指标的过程。它是财务战略的具体化，是财务计划的分解和落实。财务预算的编制方法通常包括固定预算与弹性预算、增量预算与零基预算、定期预算与滚动预算等。

（二）决策与控制

1. 财务决策

财务决策是指按照财务战略目标的总体要求，利用专门的方法对各种备选方案进行比较和分析，从中选出最佳方案的过程。财务决策是财务管理的核心，决策的成功与否直接关系到企业的兴衰成败。

财务决策的方法主要有两类：一是经验判断法，是根据决策者的经验来判断选择，常用的方法有淘汰法、排队法、归类法等；二是定量分析方法，常用的方法有优选对比法、数学微分法、线性规划法、概率决策法等。

2. 财务控制

财务控制是指利用有关信息和特定手段，对企业的财务活动施加影响或调节，以便实现计划所规定的财务目标的过程。

财务控制的方法通常有前馈控制、过程控制、反馈控制。财务控制措施一般包括预算控制、运营分析控制和绩效考评控制等。

（三）分析与考核

1. 财务分析

财务分析是指根据企业财务报表等信息资料，采用专门方法，系统分析和评价企业财务状况、经营成果及未来趋势的过程。财务分析的方法通常有比较分析法、比率分析法和因素分析法等。

2. 财务考核

财务考核是指将报告期实际完成数与规定的考核指标进行对比，确定有关责任单位和个人完成任务的过程。财务考核与奖惩紧密联系，是贯彻责任制原则的要求，也是构建激励与约束机制的关键环节。

财务考核的形式多种多样，可以用绝对指标、相对指标、完成百分比考核，也可采用多种财务指标进行综合评价考核。

第三节　风险管理

一、创业风险

（一）创业风险的内涵

风险是指在一定条件下和一定时期内，由于各种结果发生的不确定性而导致行为主体遭受损失的大小及这种损失发生可能性的大小，风险是一个二维概念，风险以损失发生的大小与损失发生的概率两个指标进行衡量。

创业风险是指在创业过程中存在的风险，是指由于创业环境的不确定性、创业机会与创业企业的复杂性，创业者与其他创业相关人员的能力与可控资源的有限性等主客观因素而导致创业活动偏离预期目标的可能性及其后果。其主要有两方面含义：一是指风险因素，即创业过程中有可能遇到某些风险因素的干扰；二是指一旦某些风险因素真正发生，创业者即会阶段性遇到很难克服的困难，导致创业活动很难推进，甚至创业失败。以下从创业风险的成本、频率与程度更确切地认知创业内涵。

1. 创业风险的成本

创业风险成本是指由于风险的存在和风险事故发生后人们所必须支出费用的增加和预期经济利益的减少，又称风险的代价。其包括风险损失的实际成本、风险损失的无形成本和预防、控制风险损失的成本。

2. 创业风险的频率与程度

风险频率，又称损失频率，是指一定数量的标的，在确定的时间内发生事故的次数。风险程度，又称损失程度，是指每发生一次事故导致标的毁损状况，即毁损价值占被毁损标的的全部价值的百分比。现实生活中二者的关系：①风险频率高，但风险程度不大；②风险频率不高，但风险程度很大。

（二）创业风险的特点

无论是企业刚刚创立还是已经稳定，风险都是客观存在的。创业风险有自身特点，了解创业风险的基本特点，有助于创业者更好地预测、评估和应对创业风险。具体来说，创业风险主要有以下特点。

1. 客观性

在创业过程中，由于创业环境是动态的、不确定的、复杂的，因此创业风险的存在不以人的意志为转移，是任何企业都会遭遇的必然事实，是客观存在的。

2. 相对性

创业风险是相对的，指的是风险因为面临的对象不同，基于时间和空间的差异，不同的对象面临的风险大小不尽完全相同。主要体现3个方面，第一，不同的创业对象有不同的风险；第二，随着时间和空间的改变，风险也随之改变；第三，体现在创业主体的不同上，事件对不同的创业者会产生不同的风险，同一创业者由于其决策或采取的策略不同，会面临不同的风险结果。同一风险，不同的创业者所采取的措施或策略不同，所产生的风险大小和结果也会不同。

3. 不确定性

创业的过程往往是将创业者的某一构想或创新技术变为现实的产品或服务的过程。在这一过程中，创业者会面临各种各样的不确定因素，如进入新市场面临着需求的不确定、新技术难以转化为生产力、后续资金不足等问题，都有可能导致创业失败。换言之，影响创业的各种因素是不断变化且难以预知的，从而造成了创业风险的不确定性。

4. 可测量性

尽管风险具有不确定性，但依然有其规律可循。因为任何事情的发生都是有其因果关系的，并且随着科技的进步和人们素质的提高，风险的规律性可以被更好地认识和应对。企业可以通过定性或定量等方法对风险进行识别和评估，为应对创业风险做好积极准备。

5. 损益双重性

在国外有这样一句谚语："除了死亡、税收外，没有什么是确定的。"在创业活动中，对创业者来说，风险和潜在的利益是共生的，即风险是利益的代价，利益是风险的报酬。

（三）创业风险的来源

创业环境的不确定性，创业机会与创业企业的复杂性，创业者、创业团队与创业投资者的能力与实力的有限性，是创业风险的根本来源。研究表明，由于创业过程往往是将某一"异想天开"或创新技术转化为具体的产品或服务的过程；在这一过程中，存在着几个基本的、相互联系的缺口，它们是上述不确定任性和有限性的主要来源。创业风险主要来源5个方面。

1. 研究缺口

研究缺口主要存在于仅凭个人兴趣所做的研究判断和基于市场潜力的商业判断之间。当一个创业者最初证明一个特定的科学突破或技术突破可能成为商业产品基础时，他仅仅停留在自己满意的论证程度上。然而，这种程度的论证后来不可行了，在将预想的产品真正转化为商业化产品（大量生产的产品）的过程中，能从市场竞争中生存下来的过程中，需要大量复杂而且可能消耗巨大的研究工作（有时需要几年时间），从而形成创业风险。

2. 融资缺口

融资缺口存在于学术支持和商业支持之间，是研究基金和投资基金之间存在的新断层。其中，研究基金通常来自个人、政府机构或公司研究机构，它既支持概念或创意的创建，还支持概念或创意可行性的最初证实；投资基金则将概念或创意转化为有市场的产品原型（这种产品原型有令人满意的性能，对其生产成本有足够的了解并且能够识别其是否有足够的市场）。创业者可以证明其构想的可行性，但往往没有足够的资金将其实现商品化，从而给创业带来巨大的风险。一般情况下，只有极少数基金愿意鼓励创业者跨越这个缺口，如个人或风投机构专门进行早期项目的风险投资，以及政府资助计划等。

3. 资源缺口

资源与创业者之间的关系就如颜料和画笔与艺术家之间的关系。没有了颜料和画笔，艺术家即使有了构思也无从实现。创业也是如此。没有所需的资源，创业将一筹莫展，创业也就无从谈起。在大多数情况下，创业者不一定也不可能拥有所需的全部资源，这就形成了资源缺口。如果创业者没有能力弥补相应的资源缺口，要么创业无法起步，要么在创业中受制于人。

4. 信息和信任缺口

信息和信任缺口存在于技术专家和管理者（投资者）之间。也就是说，在创业中，存在两种不同类型的人：一是技术专家；二是管理者（投资者）。这两种人接受不同的教育，对创业有不同的预期、信息来源和表达方式。技术专家知道哪些内容在技术层上是可行的，哪些内容根本就是无法实现的。在失败类案例中，技术专家要承担的风险一般表现在学术、声誉上受到影响，以及没有金钱上的回报。管理者（投资者）通常比较了解将新产品引进市场的程序，但当涉及具体项目的技术部分时，他们不得不相信技术专家，可以说管理者（投资者）是在拿别人的钱冒险。如果技术专家和管理者（投资者）不能充分信任对方，或者不能进行有效的交流，那么这一缺口将会变得更深，带来更大的风险。

5. 管理缺口

管理缺口是指创业者并不一定是出色时企业家，不一定具备出色管理才能。进行创业活动主要有两种：一是创业者利用某一新技术进行创业，他可能是技术方面的专业人才，但却不一定具备专业的管理才能，从而形成管理缺口；二是创业者往往有某种"奇思妙想"，可能是新的商业点子，但在战略规不具备出色的才能，或不擅长管理具体的事务，从而形成管理缺口。

在创业的路上，风险一定与你同行，并且会不离不弃。既然你选择了创业，风险

也一定选择了你。所以，在创业的过程中，一定要做好时刻面对风险的充分准备。

二、创业风险的识别

创业风险识别又称创业风险评估，是指通过对创业企业运营系统中所存在的各种风险因素进行定性和定量分析，以量化风险发生的概率及其对企业所造成的影响和损失的可能的工作活动。风险评估的主要任务是：通过有效识别企业所面临的各种风险，评估风险发生的概率及其对企业的影响，结合对企业的风险承受能力的判断，以明确风险消减和控制的优先等级，从而提出可行的风险防范预案。风险识别是创业企业提前判断并确定风险对企业影响程度的重要途径。

（一）创业风险识别的分类与指标

1. 创业风险识别的分类

创业风险识别的分类可以依据不同的标准进行划分。

（1）按创业企业所处的不同阶段划分，创业风险可以分为初创期风险识别、成长期风险识别、成熟期风险识别和衰退期风险识别。

初创期风险识别主要指创业企业在项目准备阶段，对企业项目运营环境条件，项目所必需的要素条件的满足程度，企业项目规划的合理性、科学性、投入产出预测等方面的风险因素所进行的识别的工作。成长期风险识别是指创业企业为确保项目运营过程中的顺利展开而进行的问题研究，及时判断项目目标实行的可能性，以便采取积极有效措施降低风险出现或蔓延的可能性。成熟期风险识别指企业对创业项目的生产、市场开发潜力、行业内的竞争压力、人员素质及管理水平等情况进行系统评估，以便对项目未来目标的调整做出科学的判断。衰退期风险识别是指对保持创业项目维持与发展策略调整的必要性评估。

（2）按企业所采用的风险识别方法的特征，创业风险识别可分为定性识别和定量识别。

定性识别是指通过人的主观判断，对创业企业运营过程中所存在的风险进行评估的方法。定性识别通常应用于企业的新项目、新产品或新领域的风险评估。这主要是由于企业缺乏充足的数据，只能借助专业人员的经验对创业风险进行判断。

定量识别是指依靠充分的历史统计数据，运用数学方法构造数学模型来进行风险评估的方法。定量识别法主要包括：第一，概率评估法；第二，专家评分评估法，根据专家的经验和个人见解制订一系列的评分标准，然后按风险因素的分数进行风险评估；第三，数学模型评估法，主要运用风险评估软件来进行预测。

（3）按风险识别的内容不同，风险识别可分为政治风险识别、行业风险识别、

市场风险识别、技术风险识别、财务风险识别、管理风险识别等。

2. 风险评估指标

风险评估指标是风险对企业影响程度的衡量尺度。一般用风险率和经济损失指标来表示。风险率是风险出现的概率。按对企业的危害程度来分，一般用严重程度和频率来共同衡量。严重程度是创业风险对企业所造成的经济损失的程度，一般用损失金额来表示。频率是指在企业运营一定的时间范围或生命周期内，创业风险发生的次数。

$$风险率=严重程度×频率=损失金额÷单位时间$$

经济损失指标是用来衡量创业风险对企业所造成经济损失的影响程度的指标，通常采用直接损失和间接损失金额来表示。

（二）创业风险识别的操作流程

创业企业进行风险识别的操作流程包括以下步骤：制订风险评估战略、选择风险评估方式进行风险评估、对风险进行测定和排序、准备风险防范预案。

1. 制订风险评估战略

制订风险评估战略，是指创业企业为确保企业风险评估工作的顺利展开而提前对风险评估目标、评估流程、评估方法及其途径进行制订的工作过程。风险评估所针对的对象不同，风险的影响因素及其运行特点会有很大的差异，企业所应采取的风险评估的时间、力度、幅度和深度都应进行相应的调整，从而针对不同的实际情况来选择与之相匹配的恰当的风险评估途径。

2. 选择风险评估方式进行风险评估

风险评估通常所采用的途径包括基线风险评估、详细风险评估和组合风险评估3种方式。

（1）基线风险评估

基线风险评估是指企业从自身实际情况出发，提前为各种风险要素划定安全线，这些安全范围的设定是根据标准规范设定的，通过这些安全线与实际运营操作所搜集到的信息进行比较，找出差距，根据基本的风险评估目标，可有目标地选择并实施风险防范措施，以此来达到化解、降低和控制风险的目的。安全线是能够使企业运营系统达到一定的风险评估目标的基本水平。创业企业可以根据相关的国际标准、国家标准、行业标准或行业惯例进行设定。

（2）详细风险评估

详细风险评估是指企业通过对资产进行详细识别和评价，及时对诱发风险的威胁和弱点进行深入评估，来识别和选择风险防范措施的过程。详细风险评估以资产风险评估为核心，通过有效识别企业资产风险的概率及企业对风险的承受能力，从

而及时、有效地应对风险的影响。详细风险评估适合于评估对象范围具体而清晰的项目的评估。

（3）组合风险评估

组合风险评估是将以上两种评估途径相结合起来评估企业风险的方式。企业首先通过整体初评，粗略确定各种风险的级别及发生的概率，然后对风险级次较高的因素进一步开展详细评估，从而达到成本低、效果优的目标。

3. 对风险进行测定和排序

在风险评估过程中，常采用以下操作方法：定性分析法、定量分析法、评分法。风险评估方法的选择需要考虑风险的性质、运行特征、时间、环境等方面因素。

（1）定性分析法

定性分析方法是指凭借专业人员的经验和直觉、行业的标准和惯例，对风险要素（风险的威胁程度、弱点、对风险的控制效力等）按照影响程度的大小或高低定性分级的方法。所确定的风险级次通常可分为"高""中""低"3 个级次。定性分析法是当前采用较为广泛的一种方法。定性分析的具体操作方法有德尔斐法、问卷调查法、电话访谈法、专家会议法、小组讨论法等形式。定性分析法操作起来相对简单，但与定量分析相比，准确性和精确性有些不足。

（2）定量分析法

定量分析法就是以大量的相关数据为基础，通过运用一定的模型进行计算，获得风险因素对企业影响程度的量化结果的风险评估方法。定量分析法需要确定两个重要指标，即风险发生的概率、风险发生所带来的损失。定量分析法的使用必须建立在大量统计数据的基础上，通过建立模型，对风险实施评估。因此，定量分析的结果较为直观和精确。

（3）评分法

评分法是指企业针对项目存在的不同风险，根据其特性进行风险程度及权重值的分配，风险程度与权重值的乘积作为该风险的得分，再将领域内各种风险特性的得分加总，即得到该领域风险的总分，依照分数高低可将不同领域所存在的风险进行排序。

4. 准备风险防范预案

企业在进行科学的风险评估工作之后，按照对企业所造成的危害或负面影响，对企业风险进行排序，随后针对不同的风险性质，制订多套科学、系统的风险防范预案，明确责任人，从而达到化解或者降低风险的影响的目的。

三、创业风险的防范

较大的企业有能力承受一般意义上的风险损失，而风险损失对处于创业过程的

小企业来说却是致命的。创业企业要在自己的努力下学会正常前行，并在这种学习过程中健康成长，不仅学会预测、识别各种风险，还要具备处理各种风险的能力。因此，如何应对创业风险，消除各种风险可能带来的潜在损失对创业企业而言具有至关重要的意义。

（一）创业风险的处理方式

一般来说，对于风险需采取一些常用的风险处理方式，用最小的成本达到最大安全保障。风险处理的方式很多，但常用的有以下几种方式。

1. 风险规避

风险规避即选择放弃、停止或拒绝等方式处理面临的风险。例如，采取中止交易、减少交易、放弃交易或离开市场等方式避免风险的发生。这是各种风险处理技术中最简单也是最消极的一种方法。适合采用风险规避策略的情况有以下两种：第一，某种特定风险所致的损失概率和损失程度相当大；第二，采用其他风险处理方法的成本超过其产生的效益。

2. 风险保留

风险保留又称风险接受，是指企业自己承担风险损失。当某种风险不能避免，或因冒风险可获厚利时，由企业自己保留承担的风险，这是最为普遍的风险处理方法。按照处理的顺序和情况可分为主动保留和被动保留两种。风险保留的处理方式：第一，将损失摊入经营成本，即将发生的损失计入当期损益。第二，建立意外损失基金。第三，建立专项基金。第四，从外部借入资金。除了筹集资金提高企业自身的抗风险能力以外，企业还可以通过套期保值、设置专业自保公司等方法自留风险。

3. 风险转移

风险转移是企业通过契约、合同、经济、金融工具等形式将损失的财务和法律责任转嫁给他人，达到降低风险发生频率、缩小损失幅度的目的。风险转移的形式有3种：控制型非保险转移、财务型非保险转移和保险转移。第一，控制型非保险转移是通过契约、合同将损失的财务和法律责任转嫁给他人，从而解脱自身的风险威胁，主要有外包、租赁、出售、回租等方式。例如，一家公司在与某建筑承包商签订新建厂房的合同中规定，建筑承包商对完工前厂房的任何损失负赔偿责任。又如，计算机租赁合同中规定租赁公司对计算机的维修、保养及损坏负责。第二，财务性非保险转移就是利用经济处理手段，转移经营风险，主要有保证、再保证、中和、证券化、股份化等方式。第三，保险是转移风险的一种办法，它把风险转移给保险人。保险也是一种分摊风险和意外损失的方法，一旦发生意外损失，保险人就补偿被保险人的损失，这实际上是把少数人遭受的损失分摊给同险种的所

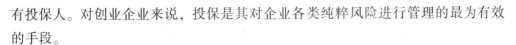

有投保人。对创业企业来说，投保是其对企业各类纯粹风险进行管理的最为有效的手段。

4. 风险利用

风险利用是把风险当作机遇，利用运营中的困难，通过风险战略开拓市场，实现更大的战略目的。风险利用是最为积极的风险管理战略，它对于培养经理人风险偏好、建立企业文化有重要的意义。风险利用的方式有配置、多样化、扩张、创造、重新设计、重新组织、价格杠杆、仲裁、重新谈判、影响等。

另外，在风险利用策略中还可通过对风险进行分散、分拆及对风险损失进行控制，也可化大风险为小风险，变大损失为小损失，实现风险控制的目的。

5. 损失抑制

损失抑制是指在损失发生时或在损失发生后为缩小损失幅度而采取的各项措施。损失抑制的一种特殊形态是割离，它是指将风险单位割离成很多小的独立单位而达到缩小损失幅度的一种方法。损失抑制常常是在损失幅度高且风险又无法避免或转嫁的情况下采用，如损失发生后的各种自救和损失处理等。

（二）创业风险的应对策略

创业者识别评估风险后，若认为某种风险会给企业带来较大的损失，就会针对该风险采取相应的防范措施。

1. 财务风险的防范

其主要应对措施有：

（1）创业者要对创业所需资金进行合理估计，避免筹资不足影响企业的健康成长和后续发展。

（2）要学会建立创业企业的信用，提高获得资金的概率。

（3）创业者或团队一定要学会在企业的长远发展和目前利益之间进行权衡，设置合理的财务结构，从恰当的渠道获得资金。

（4）管理创业企业的现金流，避免出现现金断流带来财务拮据甚至破产清算的局面。

2. 竞争风险的防范

其主要应对措施有：

（1）回归到产品本身，产品或服务才是创业者的护城河。

（2）关注竞争对手和用户需求，找到竞争对手的弱点，为用户提供独一无二的产品价值。

3. 技术风险的防范

其主要应对措施有：

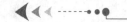

（1）加强对技术创新方案的可行性论证，减少技术开发与技术选择的盲目性，并通过建立灵敏的信息预警系统，及时预防技术风险。

（2）通过组建技术联合开发体或建立创新联盟等方式减少技术风险发生。

（3）提高创业企业技术系统的活力。

（4）高度重视专利申请、技术标准申请等，通过法律手段减少损失出现的可能性。

4. 市场风险的防范

其主要应对措施有：

（1）时刻关注市场变化，善于抓住机会。

（2）以市场及消费者的需求为生产的出发点。

（3）摸清竞争对手底细，发现其创业思路与弱点。

（4）广泛收集市场信息，并加以分析比较，制订有效的市场营销策略。

（5）对各种成本精打细算，杜绝不必要的费用。

（6）健全符合自身产品特点的销售渠道网络。

（7）以良好诚信的售后服务赢得顾客青睐。

5. 团队风险的防范

其主要应对措施有：

（1）谨慎选择创业团队成员。

（2）制订团队规范和团队纪律。在创业过程中需用良好的规范和纪律来约束团队的成员。

（3）形成团队的共同价值观和愿景。让所有团队成员对于"创业使命""共同目标"等关键命题达成一个共识，并用这些共识去指导整个团队和每个成员的行为。

事实上，几乎很少有新创企业能清醒地认识到他们创业风险的根本来源和真实原因。在那些不成功的创业案例中，如果创业者能在创业前和创业中以比较客观的方式进行风险预测、识别评估和应对，那么创业的概率也会大幅度提升。

▶▶▶ **技能训练**

训练项目1 筹措创业资金的计划方案

到目前为止，各个小组的创业项目已经完成如下几个部分：

1. 创业点子已经转化为创业产品原型或服务原型；

2. 各创业团队已组建完成，分工明确；

3. 市场营销方案撰写完毕。

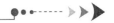

接下来，在老师的指导下，各团队要根据自己创业项目的实际情况，预测项目资金需求情况，并根据资金需求撰写筹措创业资金计划方案。

资金需求应预测到实现盈亏平衡或者实现下一次融资时的需求。至少包括投资预测、流动资金预测和销售收入预测。

编制筹资计划方案要包含融资金额、融资用途、融资方式和融资渠道。

各小组应当于下一次上课前将筹资计划上交。

训练项目2　筹资风险案例分析

张皑林作为国内某高校的计算机工程专业学生，在程序设计方面颇有天赋。他在大一学期间就开始设计停车场管理软件，他的软件销售给酒店、会所、旅游景点等，市场前景广阔。于是，张皑林组织创业团队开发了停车管理系统项目并参加了省级大学生创业大赛。在大赛中，该团队的创业项目得到了很多人的好评。有家风险投资商愿意出60万元资金资助其创办企业，但是要求拥有企业40%的股权，张皑林团队觉得该投资商想占有的股份有些过多，正当其犹豫之际，另一位投资商家也看到创业大赛信息后找上门来，

愿意投入40万元的现金，但只要求占20%的股份。张皑林创业团队决定选择后者作为自己的风险投资商。理由：后者的出资与所占的股权比例较前者相比具有明显的优势，而且如果公司发展后，另外20%的股份价值肯定会超过20万元。

但张皑林创业团队的停车系统项目进展却不是想象的那样顺利，投资商初期投入的40万元现金很快就在产品研发与广告宣传方面消耗殆尽，产品的销售状况又不太乐观，资金回流困难重重。尽管公司的日常运营依然不错，公司发展前景良好，但在企业资金周转上遇到了许多困难，又很难在短期内再找到愿意合作的伙伴，公司只好在开办一年后解散了。

训练要求：

1. 请分析张皑林创业团队在进行筹资决策时还应考虑哪些方面的问题。

2. 请1~2名学生结合创业实际，谈一谈如何理解筹资。

3. 就上述1~2名学生的阐述筹资时考虑的是否全面，模式选择的是否合适进行点评。

训练项目3　创业企业财务报表

某会计服务创业公司于2019年1月成立，创始人王斯冉用自己个人存款初始投入3万元作为企业的启动资金，公司开办时长期投资为1.5万元，开办费为0.3万元，合计1.8万元。其前6个月的利润表见表7-1。

表7-1 某会计服务创业公司财务报表

单位：元

	1月	2月	3月	4月	5月	6月
主营业务收入	10000	15000	20000	250000	28000	35000
主营业务收入	7000	11000	14000	17000	19000	22000
主营业务税金	—	—	—	—	—	—
期间费用	5000	5000	5000	5500	5500	5500
营业利润	−2000	−1000	1000	2500	3500	7500

训练要求：

学生以小组为单位讨论如下问题，讨论时间为15分钟。讨论结束后，挑选2个小组分享讨论结果。

1. 假设不考虑企业所得税，所有成本均为付现成本，请问3万元的初始投资是否够用？

2. 公司在几月份能够实现盈亏平衡？

3. 六月份的时候，股东王斯冉的1.8万元投资是否能够完全收回？

训练项目4 模拟奶茶店创业项目风险识别及应对措施

训练要求：

奶茶是时下年轻人包括大学生非常喜爱的一种饮品，你与自己的同学看到了这个创业机会，计划在学校附近开设了一家奶茶店。如果通过加盟品牌店的方式进行创业，需要注意哪些风险？应采取哪些防范措施？（主要对加盟前，加盟过程中和加盟后的风险进行评估）

每个小组进行讨论，讨论时间为20分钟，并根据项目评分表（见表7-2）进行评分。

表7-2 项目评分表

评分标准	满分	实际得分	备注
能识别不同阶段的风险	25		
能针对各种风险提出应对措施	25		
风险识别准确，措施合理有效	25		
能积极参与讨论，发表见解	25		
总分	100		

第八章　商业计划书

⊥ 知识目标

通过本章的学习，希望学生了解并掌握：

1. 商业计划书的作用；
2. 商业计划书的主要内容；
3. 如何编写商业计划书；
4. 如何评估商业计划书。

⊥ 技能目标

通过本章的学习，希望学生掌握商业计划书主要内容和编制方法。

训练项目：

1. 编写"互联网+"大赛商业计划书的摘要
2. 编写自己的商业计划书
3. 把自己的商业计划书 Word 版转换为 PPT 版

▷▷▷ 案例导入

竞争优势突出的 BP 帮燃也文化获腾讯千万级人民币 A 轮融资①

"燃也文化"漫画内容运营商于 2019 年 11 月份获得来自腾讯的 A 轮融资，其交易金额为千万级人民币。燃也文化在 BP（商业计划书）中如是诠释自己的竞争优势"快速验证市场"（见图 8-1）；第一时间进入变现环节；多维度积累口碑与影响力；从作品中脱颖而出。相比之下，其认为传统漫画 CP 公司的痛点在于"版权交由平台；成本高、战线长；除巨头公司外，鲜有公司有足够资金与实力进行开

---

① 腾讯连续布局动漫赛道，燃也文化获腾讯千万级人民币 A 轮融资. 财经涂鸦. https://36kr.com/p/1724669771777，2019-11-13.

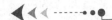
发"。现腾讯 PCG 动漫业务部总经理（彼时称腾讯互娱动漫业务部总经理）邹正宇在 2017 年腾讯动漫创作者大会上曾公开提出，腾讯动漫的投资需求主要有四点：

1. 有优质的创作能力和团队人才；
2. 在特色的题材领域里有独特建树；
3. 能思考长远经营化的思路；
4. 与腾讯动漫保持长期良好合作关系。

燃也文化无疑是符合他们的投资需求。

资料显示，燃也文化成立于 2015 年 4 月，主营业务为漫画、动态漫画、动画及相关内容的制作、推广、数据分析以及商业化运营，目前全版权签约的原创漫画作品包括《天下第几》《禅女》《棠棣血》等。此外，燃也文化还推出了国内第一个动漫 AR 内容平台——燃料儿 App，为漫画出版物与 ACG 相关线下活动提供 AR 内容服务与技术平台支持。

○ 燃也核心模式

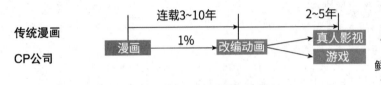

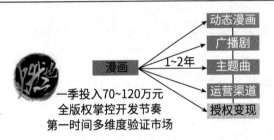

图 8-1　燃也文化的核心模式

案例解析：

从上面的案例可以看出，商业计划书是找到项目投资人的关键，投资人可以通过《商业计划书》了解该企业整体情况，以确保这个创业计划是切实可行的，而不是让其投入的资金"打水漂"。

另有研究显示：风险投资者对风险企业的选择从接受商业计划书开始，经过初审与筛选对有兴趣的项目与创业者面谈。经过上述两个过程以后，一般只剩下 50% 的风险企业进入风险投资者的审慎调查阶段，只有 10% 左右的商业计划书能够引起风险投资者的兴趣，而根据调查结果最终获得风险资本的风险企业只占所有候选企

业的 1% 左右，这构成了风险企业遴选的金字塔结构，因此商业计划书被称为风险企业吸引风险投资的"敲门砖"。[①]

第一节 商业计划书的概述

一、商业计划书的含义

商业计划书，英文名称为 Business Plan（简称 BP），也可称为创业计划，是国际惯例通用的标准文本格式形成的项目建议书，是全面介绍公司和项目运作情况，阐述产品市场及竞争、风险等未来发展前景和融资要求的书面材料。商业计划书是创业者准备的书面计划，分析和描述创办一个企业时所需的各种因素，其目的是为了通过撰写计划的过程对企业自身进行自我评估，对创业前景有更加清晰的认识，并且期望通过商业计划书获得风险投资者的风险资本。

可以说商业计划书是创业者"圆梦"的决心，是开创新业绩的战表，是一份全方位描述创业整体设想的文件，是一份关于创业设计的冷静的战略思考，是创业者展示自身才华的一种表达和诉说，是创业者获得风险投资支持的必备要件，是创业崛起的行动纲领。

创业学专家杰克·M.卡普兰和安东尼·C.沃伦在《创业学》一书中给出了编写商业计划书的 3 个理由，即让创业者获益匪浅；是衡量实际和预期收益差距的基础；它是一个沟通工具，它可以告诉其他人企业想要完成的目标是什么及企业实现目标的过程和方法是怎样的。

二、商业计划书的作用

（一）项目自省：厘清创业路径

商业计划书首先应该是给创业者自己看的。办企业不是"过家家"，创业者应该以认真的态度对自己所有的资源、已知的市场情况和初步的竞争策略做尽可能详尽的分析，并提出一个初步的行动计划，通过商业计划书使自己心中有数。其次，商业计划书还是创业资金准备和风险分析的必要手段。对初创的企业来说，商业计划书的作用尤为重要，一个酝酿中的项目往往很模糊，通过制订商业计划书，把正反理由都书写下来，最后再逐条推敲，创业者就能对这一项目有更加清晰的认识，更加清晰的认知项目的可行性。

---

① 杨林. 创业企业如何成功获得风险投资. 合作经济与科技, 2008 (11).

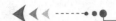

（二）集聚资源：创新项目管理

制订一份科学的商业计划书可以增强创业者的自信，使创业者感到对企业更容易控制，对经营思路更有把握。商业计划书提供了企业全部的现状和未来发展的方向，也为企业提供了良好的效益评价体系和管理监控指标。商业计划书使得创业者在创业实践中有章可循，通过描绘新创企业的发展前景和成长潜力，使管理层和员工对企业及个人的未来充满信心，并明确要从事什么项目和活动，从而使大家了解将要充当什么角色、完成什么工作，以及自己是否能胜任这些工作。

（三）获得融资：提升竞争能力

商业计划书作为一份全方位的项目计划，是对即将开展的创业项目进行可行性分析的过程，也是在向风险投资者、银行、客户和供应商宣传拟建的企业及其经营方式，包括企业的产品、营销、市场及人员、制度、管理等方面，在一定程度上也是拟建企业对外进行宣传和包装的文件。设计、撰写一份高质量的商业计划书还可能有机会取得政府的支持与扶持，增强创业者自己的信心，也会增强风险投资者、合作伙伴、员工、供应商、分销商对创业者的信心。[①]

第二节　商业计划书的内容

一份完整的商业计划书包括封面及目录、项目摘要、公司（项目）基本情况、产品与服务、市场分析、营销策略、商业模式、财务计划、融资说明、风险预测及规避、管理团队与组织结构、附录等主要内容。

一、封面及目录

封面是阅读者见到商业计划书的第一页，是商业计划书的"门面"，一个好的封面会使阅读者产生最初的好感，形成良好的第一印象。

（一）封面的设计要规范

封面包括企业名称、创业者姓名、日期、通讯地址、创业者联系电话、邮编、传真及电子邮箱。

（二）封面设计要有美感

一般封面：一般采用在页面上直接排列顺序和书写内容。彩页封面：由彩色背

---

① 朱素阳. 大学生创新创业大赛商业计划书设计关键技术研究. 文化产业，2019（34）.

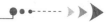

景作为底稿，内容排列也不是横向直序排列，文字也不是黑色，而是有色彩和跳跃感的艺术字。

（三）目录引用要准确

在封面的背面或第二页，内容包括的全部标题，并注明页码，便于阅读者能及时找到想要或感兴趣的内容。

二、摘要

摘要，或称执行摘要（Executive Summary）列在商业计划书的第一项，它是商业计划书精华的浓缩，涵盖了创业计划的所有要点，是商业计划书的总录。摘要要尽量简明、生动，一目了然，以便阅读者能在最短的时间内评审计划并做出判断。

（一）摘要内容

一般要包括项目（公司）介绍、主要产品及业务范围、市场及行业概貌、市场分析及预测、营销策略、商业模式、管理团队及其组织、财务计划、资金需求状况、风险分析和管理等。

（二）摘要应包括9个关键点

（1）开门见山：开头用最抓人眼球的句子写明为什么创业者的创意是最棒的。开头句定下整个执行摘要的基调。句子应该直接明确。例如，军友驿站项目是为退役士兵提供职业技能培训与就业岗位推介的服务性平台。

（2）问题：需要写清楚，有个很严重、很重要的问题（现存的或者潜在的）等着企业或项目来解决。

（3）解决方案：企业或项目能提供的是什么？软件？硬件？服务？还是全套解决方案？用简单的语言解释清楚企业或项目有什么，或者企业或项目在做什么，可以用来解决前面提到的问题。

（4）机会：写具体明确的数字来描述市场细分、容量、增长等，以及市场的动力源泉是什么。

（5）竞争优势：记住一定要用一两句话说清楚企业或项目独一无二的优势。

（6）商业模式：企业或项目收入的获取方式，从哪里获得？为什么企业或项目的商业模式有可持续发展能力？为什么对投资资本有效率？什么是企业或项目考虑的关键点：客户、许可权、收入、利润空间、还是别的什么？在未来3~5年内企业或项目能做到什么级别？

（7）团队：企业团队为什么有独特的资质能获得成功？

（8）财务承诺：给投资者最基本的承诺就是企业或项目将会给投资者带来巨大收益。

（9）资金需求：提出企业或项目发展达到下一个主要里程碑所需要的最小资金量。如果企业或项目期望以后能进行下一轮融资，写清楚，并且写上期望的下一轮融资数目。

（三）撰写摘要的注意点

（1）不要缩写企业或项目的名字。

（2）避免写些空洞的字眼。特别是那种看起来很吸引人但是毫无实际内容的形容词，如"下一代""大约"之类的，这些对投资者没什么意义。

（3）用肯定的方式来描述企业或项目竞争优势，例如，企业或项目能做的是什么，而不是说其他企业不能做的是什么。对于明显的一两家竞争对手，可以用很明确的方式写，例如，和某某的游戏平台不同，我们的游戏软件能够做到……

（4）用简单句，而不是多重复合句。可以用类比的方式来表达企业或项目创意。例如，我们企业（项目）的收入模式类似于百度，但是不能说创业者的企业或项目期望成为下一个百度。

（5）写完之后，重头审阅每个句子，看是否清晰、简洁、吸引人。

三、公司（项目）基本情况

公司基本情况主要包括公司名称、地址、联系方式、公司自业务情况、公司发展历史、公司未来发展预测、本公司与众不同竞争优势或者独特性、公司纳税情况等。在摘要中已经对公司（项目）概述进行了介绍，为避免重复，这部分内容是对拟创办企业的宗旨理念和如何制订战略目标进行介绍。

（一）企业宗旨介绍

企业宗旨是指企业管理者确定的企业生产经营的总目标、总方向、总特征和总的指导思想。它反映了企业管理者为组织将要经营业务规定的价值观、信念和指导原则；描述了企业力图为自己树立的形象；揭示了本企业与同行其他企业在目标上的差异；界定了企业的主要产品和服务范围，以及企业试图满足顾客的基本需求。企业宗旨的主要内容有：

（1）企业形成和存在的基本目的。它提出了企业的价值观念及企业的基本社会责任和期望在某方面对社会的贡献。

（2）为实现基本目的应从事的经营活动范围。它规定着企业在战略期的生产范围和市场范围。

（3）企业在经营活动中的基本行为规则和原则。它阐明了企业的经营思想。经营思想的陈述，往往反映在企业的经营方针中。

（二）战略目标介绍

战略目标是对企业战略经营活动预期取得的主要成果的期望值。战略目标的设定，是企业宗旨的展开和具体化，是企业宗旨中确认的企业经营目的、社会使命的进一步阐明和界定，也是企业在既定的战略经营领域展开战略经营活动所要达到的水平的具体规定。

战略目标的内容包括盈利能力、市场、产品、资金、生产、研究与开发、组织、人力资源、社会责任。

四、人员及组织结构

企业管理的好坏，直接决定了企业经营风险的大小。人是决定一切的因素，任何事都需要人来做，因此创业者要凝结成一支有文化、有思想、有能力、有战斗力的管理队伍，高素质的管理人员和良好的组织结构是管理好企业的重要保证。

（一）管理团队主要成员展示

企业的管理人员应是互补型，而且要有极强的团队精神。一个企业必须具备负责产品设计开发、市场营销、生产服务、企业理财等方面的专门人才。在商业计划书中，必须要对主要高级管理人员加以介绍，介绍他们教育背景、工作背景和业绩、领导能力、个人品质、弱点及在本企业中的职务和责任，所具有的专业资质等。同时也可以介绍公司外脑，主要是顾问团队的资历。

（二）企业结构的简要介绍

其主要包括：企业的组织机构图；各部门的功能与责任；各部门的负责人及主要成员；公司的报酬体系；公司股东名单，包括认股权、比例和特权；公司的董事会成员；各位董事的背景资料。

五、产品与服务

投资人最关心的问题，一是企业的产品、技术或服务能否在多大程度上解决现实生活中的问题，即产品（服务）的实用性；二是企业的产品（服务）能否帮助顾客节约开支，增加收入，即产品（服务）的技术性。

（一）产品（服务）的介绍

对产品（服务）的介绍一般包括：产品（服务）的概念、性能及特性；主要产

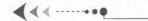

品（服务）介绍；产品（服务）的研究和开发过程；产品（服务）的市场竞争力；产品（服务）的市场前景预测；发展新产品（服务）的计划和成本分析；产品的品牌和专利。

（二）对产品（服务）做出详细的说明

说明要准确，并且通俗易懂，做到即使不是专业人员的投资者也能明白。产品（服务）介绍必须要能解决以下问题：

（1）希望企业的产品（服务）能解决什么问题，提供怎样的服务，顾客能从企业的产品（服务）中获得什么好处？

（2）与市场上其他的产品（服务）相比有哪些优缺点，顾客选择本企业产品（服务）的理由？

（3）本企业的产品（服务）采取了何种保护措施，拥有哪些专利、许可证，或与已申请专利的厂家达成了哪些协议？

（4）企业的产品（服务）定价可以使企业产生足够的利润，为什么用户会大批量地购买企业的产品（服务）？

（5）采用何种方式改进产品（服务）的质量、性能，企业对发展新产品有哪些计划？

六、市场分析

市场分析要向投资人说明市场空间足够大、市场需求真实存在、该项目有机会占据一定市场份额。

（一）市场分析的内容

其一般包括市场现状分析、市场需求、规模、趋势、竞争分析等。

（二）撰写市场分析时注意点

1. 尽量引用权威公开的数据

目前网络上有很多的公开数据，但不见得都是正确的数据。在引用数据做支撑时，尽量选择权威的调查机构公开的数据，如国家部委发布的数据、知名市场调研机构的数据等。尽量选择近期公布的数据。在运用多个维度的数据进行综合分析和计算时，特别注意这些数据要尽量都在同一个时期，否则算出来结果误差会很大。

2. 计算细分的潜在市场规模

在计算细分的潜在市场规模时，不要搜到报告数据就只管往上贴，要多考虑一下企业具体项目与这个市场数据的关系，尽量计算出本企业的产品（服务）面向的

细分人群的市场需求的规模数据。

例如，企业要做的是面向20~35岁的白领女性的服装电商。企业给出的市场数据就不能是一个笼统的国内服装市场规模的数据。要细分到女装市场、青年女白领，线上渠道销售的规模。企业可能很难找到直接的数据，那么需要根据女装市场规模、白领女性占比、服装销售线上渠道占比等，去估算出大致的市场规模。可能还要参考目前已有的女装电商的一些销售数据。

特别提醒的是，有一些数据可能不需要写到商业计划书里。投资人可能会在面谈的时候问道，以探查创业者对市场的了解程度。比如目标市场上最大的一家是谁？销售额多少？市场份额占比是多少？目标用户的购买频次、平均花费是多少等。创业者需要提前做好功课，烂熟于心。

3. 市场趋势分析

引用权威分析机构的报告，或者运用创业者自己的判断，预测目标市场未来几年的发展趋势，包括市场规模的趋势、服务模式的变化、市场格局的变化等。如果该市场本身是一个正在高速发展的增量市场，那对企业或项目就是很大的利好消息。因为公司的增长最好来自市场本身的增长，而非抢占竞争对手的份额，后者的难度要大得多。如果该市场是一个正在变化中的市场，要证明企业的产品或服务模式正好契合了这种变化趋势，抓住了时机。如果能证明公司有机会成为市场中具有支配地位的前两名，投资者一定很感兴趣。

4. 分析行业需求痛点

目标行业的市场环境如何？存在哪些问题？目标用户的需求痛点是什么？

基于目标市场的信息和企业目标用户的需求，做出需求痛点分析。痛点的分析一定要是真的痛点，不能列一些不痛不痒的问题上去；痛点还要与企业的产品（服务）有契合点，方便接下来介绍产品（服务）的时候指出产品（服务）是如何解决这些痛点的。

5. 竞争分析

关于市场竞争的分析，除非是完全新型的领域或模式，竞争不多，可以在市场分析部分简单提及。一般都会在产品介绍之后，单独拿一页，与竞品做全方位的优劣对比。

这部分要阐明的是：企业的直接竞争对手有哪些？竞争对手的发展现状如何？本企业在各个维度上与竞争对手相比各有何优劣？企业的间接竞争对手和潜在竞争对手又是谁？最好以图表的形式列出来，比较清晰明了。[①] 由表8-1可见，投资者可以清晰看到该产品或服务的竞争对手的情况。

---

① 商业计划书中的"市场分析"部分怎么写才对. 九牛金服咨询的博客. http://blog.sina.com.cn/s/blog _166addb0f0102yoex.html，2018-05-25.

表 8-1 军友驿站竞品分析表

品牌	退役军人培训就业服务平台	伍兵智聘	兵圈网
渠道	与社会企业、培训机构对接	与社会企业对接	与培训机构教、社会企业和零售商对接
营销策略侧重点	针对退役军人培训、就业创业	专业发布退役军人职位应聘求职信息	现役退役及军属的综合资讯网站

七、营销策略

营销策略在价格、促销、建立销售网络等方面拟采取的策略及其可操作性和有效性，对销售人员的激励机制等。

（一）营销策略的内容

一般包括市场机构和营销渠道的选择，营销队伍和管理，促销计划和广告策略，价格决策。对创业企业来说，由于产品和企业的知名度低，很难进入其他企业已经稳定的销售渠道中去。

（二）影响营销策略的主要因素

影响营销策略的主要因素有：消费者的特点，产品或服务的特性，企业自身的状况，市场环境方面、营销成本、营销效益等。

（三）制定营销策略的要点

在综合分析了影响营销策略的因素后，要制订适合初创企业发展的营销策略事关企业成败的大局，从以下 4 个要点把握制定合理的营销策略。

1. 市场及环境分析

只有掌握了市场需求，才能做到有的放矢，减少失误，从而将风险降到最低，进行市场及环境分析的主要目的是了解产品的潜在市场和预计的销售量及竞争对手的产品等信息。如美国的七喜汽水，之所以能成为美国第三大软性饮料，就是采用了与竞争者划定界线的定位策略。可口可乐和百事可乐是市场的领导品牌，占有率极高，在消费者心中的地位不可动摇，于是美国的七喜汽水，宣称自己是"非可乐"型饮料，是代替可口可乐和百事可乐的清凉解渴饮料，突出其与"两乐"的区别，成为可乐饮料之外的另一种选择，因而吸引了部分的"两乐"品牌转移者。这一定位，既避免了与两巨头的正面竞争，又成功地使其在龙虎斗的饮料市场中占据了老三的地位。

2. 消费心理分析

目前的营销大多是以消费者为导向，根据消费者的需求来制造产品，但仅仅如此是不够的，对消费能力、消费环境分析才能使整个营销活动获得成功，只有掌握了消费者购买产品的原因和目的，才能制订出具有针对性的营销创意。脑白金畅销数十年，其营销创意正是结合了我国的传统观念和习俗：过节不收礼正是利用了人们在过节时爱送礼的特性；而作为保健品，两个老人的形象在无形中影响老人都喜欢这个，驱使晚辈在过节时选择脑白金，相信如果换成两个年轻人在说广告语，效果就会差很多。

3. 产品优势分析

只有做到知己知彼，才能战无不胜，产品优势分析包括本品分析和竞品分析。在营销活动中，本品难免会被拿来与其他产品进行对比，如果无法了解本品和竞品各自的优势和劣势，就无法打动消费者。自 1984 年海尔集团的前身青岛电冰箱总厂成立至 1991 年的 7 年时间里，海尔在实施名牌战略过程中，坚持技术质量上的高起点，强化全员质量意识和产品质量意识，坚持技术进步，通过狠抓产品质量，创立了海尔冰箱牌。2014 年，海尔以品牌价值 1038 亿元继续稳居中国百强品牌之首，连续 13 年蝉联最有价值品牌榜第一名。

4. 营销方式和平台的选择

营销方式和平台的选择要企业自身情况和战略，同时还要兼顾目标群体的喜好来进行。如伊利优酸乳针对时尚、年轻的消费族群量身定制"我就是巨星"活动，打破冠名电视娱乐节目的常规做法，与浙江卫视深度合作，跨媒体设计各个环节，在特别节目中植入了"我要的改变"和"我要我的滋味"的环节，表现出伊利优酸乳"勇于改变"和"积极向上"的品牌主张；邀请明星为伊利优酸乳品牌代言，在幕前与年轻人群进行娱乐互动。由于具备了代言人与品牌内涵的高度关联优势，创造了收视与娱乐的双重价值，在年轻消费族群中夯实了其"健康青春饮品"形象。"伊利优酸乳玩转娱乐营销"被《成功营销》杂志评为"2009 最具人气乳品奖"，是因为伊利优酸乳在这个案例中运用的娱乐营销有很多创新之处，其成功经验非常值得其它品牌借鉴，娱乐平台正在成为年轻消费人群中的最大推动力量。

八、商业模式

商业模式主要包括企业向谁提供产品或服务，产品或服务主要内容是什么，产品或服务是如何制作与提供，以及企业怎么获取收入等。

(一) 商业模式的内容

在商业模式分析实际上就是解决 3 个问题：企业是做什么的（业务定位）？企

业的生产的产品或服务是怎么到达客户手中的（运营模式）？企业的盈利来源（盈利模式）？

（二）撰写商业模式的注意点

1. 企业是做什么的（业务定位）

业务定位就是对上下游产业链进行梳理，了解业务运作流程，从何处开始有何处结束，以生产型企业为例，原材料从哪里来？产品卖给哪些客户？这种业务定位可以帮助企业更好选择适合自己的商业模式。

2. 企业生产的商品/服务是怎么到达客户手中的（运营模式）

按业务步骤进行详细分析，在原材料获取阶段企业要采取怎样的资源整合模式，在加工生产过程中企业要采取怎样的生产模式，在销售过程中企业要采取怎样的销售模式。

3. 企业的盈利来源（盈利模式）

盈利模式是一个项目的核心，企业所做的一切都是为了更好的支撑盈利模式。有很多项目商业模式从逻辑上讲非常完美，流量很大、规模效益很足，但最终失败在服务模式和组织模式成本过高。[①]

4. 商业模式的可行性判断

在撰写出完整的商业模式之后，要进行商业模式的可行性判断。最直接有效的一个判定方法就是这个商业模式是否能有效解决一个市场痛点，满足了用户的什么需求。如智能健身房全国连锁品牌"光猪圈健身"（简称"光猪圈"）为例，光猪圈健身成立于2015年3月，提出"智能互联便利健身"概念，在全国开设智能健身房，光猪圈健身以"月卡制的定价方式、智能化的软硬件体系、社交化的运动健身互动、亲和化的服务体验、专业化的产品设置"为健身房经营提供解决方案，为顾客提供"最后一公里"健身服务。它有效地解决了现在人们没时间健身的困扰，同时又很好地满足了人们的社交需求。正因为"光猪圈健身"抓住了市场痛点，才迎来了后来的成功。[②]

5. 商业模式要体现规划性

商业模式除了静态呈现，还要有动态的呈现方式，比如1.0版本的项目是什么商业模式，能够盘活哪些资源；2.0版本的商业模式叠加了哪些新的盈利方式，能引入、盘活什么新资源。如内蒙古蒙草生态环境（集团）股份有限公司，第一阶段：市场需求型商业模式；第二阶段：技术创新型商业模式；第三阶段：共享开放型商业模式。

---

① 融资商业计划书. 知乎. https://www.zhihu.com/question/40552326/answer/1157586328, 2020-04-16.
② 一支神笔融资助手. 知乎. https://www.zhihu.com/question/40552326/answer, 2020-03-19.

九、生产制造计划

在创业计划中，大多数是服务型或者高新技术型的企业，对生产制造环节涉及较少，但随着企业的不断发展壮大，生产制造会在企业的发展中占据越来越重要的地位。

（一）生产制造计划的内容

一般包括：产品制造和技术设备现状；生产工艺和流程管理；新产品研发及投产计划；技术提升和设备更新的要求；质量控制和质量改进计划。

（二）编制生产制造计划的要点

为了增大企业在投资前的评估价值，创业者在商业计划书中应尽量使生产制造计划更加详细和可靠。一个完整的生产制造计划应回答问题有：

（1）企业生产制造所需的厂房、设备情况如何；

（2）怎样保证新产品在进入规模生产时的稳定性和可靠性；

（3）设备的引进和安装情况，供应商情况；

（4）生产线的设计与产品组装是否符合市场需要；

（5）供货者的前置期和资源的供需关系；

（6）生产周期标准的制定及生产作业计划的编制；

（7）物料需求计划及其保证措施；

（8）质量控制的方法和标准；

（9）生产事故的补救措施、安全保证措施及相关预案；

（10）相关的其他问题。

十、财务规划

商业计划书概括地提出在筹资过程中创业者需做的事情，而财务规划则是对商业计划书的资金使用说明和财务支持。因此，一份好的财务规划对评估企业所需的资金数量，提高企业取得投资十分关键。

（一）财务规划的内容

商业计划书中的财务规划一般包括：

（1）列简表说明公司在过去的基本财务数据（主营收入、主营成本、主营利润、管理费用、财务费用、净利润、补贴收入、总资产、总负债和净资产，主营产品的盈亏平衡点、毛利率和净利率）。

（2）说明财务预测数据编制的依据。

（3）在这个依据下，预测融资后未来 3~5 年项目盈亏平衡表、资产负债表、损益表、现金流量表。

（4）说明与公司业务有关的税种和税率。

（5）公司享受哪些优惠政策，由谁提供。

（二）财务规划的条件假设

企业的财务规划应保证和商业计划书的假设相一致。事实上，财务规划和企业的生产计划、人力资源计划、营销计划等是密不可分。要完成财务规划，必须要明确下列问题：

（1）产品在每一个期间的销售量有多大？

（2）什么时候开始产品线扩张？

（3）每件产品的生产费用是多少？

（4）每件产品的定价是多少？

（5）使用什么分销渠道，所预期的成本和利润是多少？

（6）需要雇佣哪几种类型的人？

（7）雇佣何时开始，工资预算是多少？等等。

（三）预计的资产负债表、损益表、现金收支分析、资金的来源和使用

（1）流动资金是企业的生命线，因此企业在初创或扩张时，对流动资金需要有周详计划和进行过程中的严格控制。

（2）损益表反映的是企业的赢利状况，它是企业在一段时间运作后的经营结果。

（3）资产负债表则反映在某一时刻的企业状况，投资者可以用资产负债表中的数据得到的比率指标来衡量企业的经营状况以及可能的投资回报率。

（4）新技术或创新产品的初创企业可能没有现有市场的数据、价格和营销方式。因此，企业需要自己预测所进入市场的成长速度和可能获得纯利，并把其设想、管理队伍和财务模型传递给投资者。[①]

十一、风险控制

风险防范与控制是企业为了避免各类风险的产生，或者控制风险的扩大和蔓延，而对企业生产经营活动、管理活动、融资活动等进行自我完善和控制。

---

① 融资商业计划书. 知乎. https://www.zhihu.com/question/359513960/answer/1142921246，2020-04-10.

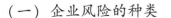

（一）企业风险的种类

（1）战略风险。影响整个企业的发展方向、企业文化、信息和生存能力或企业效益的不确定因素。

（2）财务风险。公司财务结构不合理、融资不当使公司可能丧失偿还债务能力而导致投资者预期收益下降的风险。

（3）市场风险。未来市场价格利率、汇率、股票价格和商品价格的不确定性对企业实现其既定目标的影响。

（4）运营风险。企业在运营过程中，由于外部环境的复杂性和变动性及主体对环境的认知能力和适应能力的有限性，而导致的运营失败或使运营活动达不到预期的目标的可能性及其损失。

（5）法律风险。在法律实施过程中，由于企业外部的法律环境发生变化，或由于包括企业自身在内各种主体未按照法律规定或合同约定行使权利、履行义务，而对企业造成负面法律后果的可能性。

（二）分析风险的原则

（1）分析微观风险。切实分析项目中最可能遇到的风险，越微观越好，因为宏观上分析的可控性相对较低。

（2）建立风险清单。风险识别完成后，建立投资项目主要的风险清单，将该投资项目可能遇到的所有重要风险全部列入表中，方便自己也便于投资人知道这个项目的具体情况。

（3）提出控制方案。控制方案一定要切实可行，不要假大空。

（三）风险处理常见的方法

（1）避免风险及被动躲避风险。比如避免火灾可将房屋出售，避免航空事故可改用陆路运输等。因为企业的任何活动都存在一定风险，不能因为有风险企业就不进行经营活动，所以一般不采用。

（2）预防风险即采取措施消除或者减少风险发生的因素。例如，为了防止水灾导致仓库进水，采取增加防洪门、加高防洪堤等；又如，企业加强员工的预防和避免风险意识，制定专业的有关规避风险的制度和应急预案，抽调专人对风险进行管理，可大大减少风险的发生及因风险导致的损失。

（3）自保风险，即企业自己承担风险。一是小额损失纳入生产经营成本，损失发生时用企业的收益补偿。二是针对发生的频率和强度都大的风险建立意外损失基金，损失发生时用它补偿。三是对于较大的企业，建立专业的自保公司。

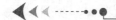

（4）转移风险。在危险发生前，通过采取出售、转让、保险等方法，将风险转移出去，这是目前企业采用最多的方法。

（四）如何判定创业者的风险控制方案的可行性

风险管理的基本程序包括风险识别、风险估测、风险评价、风险控制和风险管理效果评价等环节。理清楚企业风险并对其进行分析之后，企业需要更进一步去判定自己的风险控制方案的可行性即：风险管理效果评价。判定风险控制可行性的方法一般有两种：一是询问相关人士，征求内行人的意见；二是参考同类型公司做法。①

十二、融资计划及投资退出机制

商业计划书中应该具体描述融资金额及融资方式，融资前后的资本结构表以及规划投资者退出的途径及回报预测。具体内容如下：

（1）融资目的和额度。

（2）说明拟向投资者以什么价格出让多少股权，作价依据是什么。

（3）资金用途和使用计划。

（4）列表说明融资后项目实施计划，包括资金投入进度、效果和起止时间等。

（5）说明投资者可享有哪些监督和管理权力。

（6）哪些方式参与公司事务及参与程度。

（7）说明企业将为投资者提供怎样的报告。（如年度损益表、资产负债表和年度审计报告）

（8）说明投资的变现方式：上市、转让、回购、分红等。

（9）说明融资后未来3~5年平均年投资回报率及有关依据。②

十三、附录

附录主要就是针对商业计划书中提到的一些关键问题，提供一些必要的说明或者证明材料，主要包括：

（1）技术文件：成果鉴定、专利相关文件、查新报告、测试报告、应用证明等。

（2）市场调查相关文件：市场调查问卷、调研报告等。

（3）财务报表：收入表、费用表（年度）；损益、现金流量、资产负债（季度）等。

（4）其他：授权书、投资意向书、团队成员简介及分工情况。

---

① 一支神笔融资助手. 知乎. https://www.zhihu.com/question/354853843/answer，2020-04-03.

② 镖狮网. 知乎. https://zhuanlan.zhihu.com/p/40176761，2018-07-20.

第三节　如何编写商业计划书

一、商业计划书的写作准备

为了确保企业的商业计划书能够引起投资者的足够注意力，创业者必须事前进行充分周密的准备工作，这些工作包括以下几点。

（一）开门见山，直入主题

写作商业计划书的目的是为了获得投资者的投资，因此，在开始写作商业计划书时，应避免一些与主题无关的内容，要开门见山地直接切入主题。这一点对于很多初次创业的企业家来说，是写作商业计划书时格外要注意的。

（二）进行充分的市场调研

在撰写商业计划书前，应进行充分的市场调研。市场调研主要围绕以下内容进行：创业项目中的产品或服务的市场性质是什么？该行业目前的情况如何？产品或服务处于什么样的阶段？市场前景如何？竞争对手的情况如何？在调研过程中，务必不能遗漏任何可能的细节。

（三）进行自我评估

在撰写商业计划书的过程中，应站在投资者的角度去分析问题、思考问题、解决问题。确保投资者想了解的问题都能在商业计划书中找到明确的答案。例如，能得到多少投资回报、投资者可能遇到的风险、计划可行性、市场大小、企业如何争取到潜在的客户、投资何时撤出等。

（四）提前准备好数据和支撑材料

投资者阅读商业计划书习惯看数字，也习惯按数字来思考，数字最有说服力，投资者最喜欢看的就是数字和图表。例如，在互联网时代，投资者会关注企业有多少注册用户？多少活跃用户？网站有多少 PV？官微粉丝几位数？传播效果如何？收益如何，利润怎样，平均单价是否合理？投资者不会通过商业计划书就试用企业产品或服务，因此运营数据成为了产品以外最直观的体验。当然运营数据，要适当罗列，建议展示量级和数据里程碑。例如，App 上线 3 个月，用户到百万量级，日活在十万量级等之类的。[①]

---

① 刘林桓. 创投名堂 BP. https://zhuanlan.zhihu.com/p/12902505，2020-04-11.

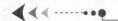

二、商业计划书的写作原则

（一）清晰明了

语言简单，避免在一个句子里包含太多的概念和思想，前后句逻辑连贯，准确运用形容词，在适当的地方运用表格说明。

（二）简洁精练

遣词造句要谨慎，删除冗长句子，留下精华信息。

（三）条理分明

句子之间要具有很强的逻辑性，易于记忆和增加影响力。避免不连贯的段落，即使句子组织得很好；确保在同一个标题下陈述内容的一致性。

（四）真实可信

为了寻找战略合作伙伴或者投资资金，其内容应真实、科学地反映项目的投资价值，不要夸大事实。

（五）数字说话

投资者习惯看数字，也习惯按数字来思考。语句不能打动他们，除非有准确的数字支持。所以，尽可能量化商业计划书的内容。

三、商业计划书的编写步骤及具体要求

（一）确定商业计划书编撰目的

确定商业计划书编撰目的，就是回答为什么要编撰商业计划书。一般而言，根据商业计划书的功能定位，主要分为两种目的：

一是被广泛作为融资工具，达到吸引投资者并成功获取资金资源的目的。这种情况下，创业者处于资源匮乏的环境，或者需要更多的资金来实现自己的创业计划。如果是为了实现融资的目的，商业计划书应侧重于商业环境分析、竞争性分析、营销计划、管理团队介绍及财务计划等内容。

二是用于公司内部的项目建议书，主要目的是为了组织内部沟通并认同项目的价值，明确项目的战略规划与行动方案，便于项目的实施管理。在这种情况下，企业本身的资源还比较丰富，重点在于如何高效地执行这个项目。因此，该类商业计划书在管理团队、经营管理计划方面的内容不宜过多描述，而应该强调项目的重要

性、项目的实施进度等偏实务方面的内容。

(二) 确定商业计划书的读者对象

不同的读者对象，所关注的商业计划书内容，其侧重点会有较大的差别，这与创业者编撰商业计划书的根本目的存在紧密的关系。如果创业者对个人的需求非常清晰，对读者对象了如指掌，那么就一定能够将重点信息提供给目标读者。因此，创业者明确个需求，了解读者是谁，分析读者需求，是成功撰写商业计划书的必要准备，也是创业者成功实现个人目的的前提。

1. 明确自己的需求

（1）获取资金支持还是与其他投资商、商业伙伴建立战略联盟关系？

（2）借款、贷款还是与投资商分享所有权和利润？

（3）获得批准还是获取公司高层的更多支持？

2. 了解读者需求

如果商业计划书是为了获取资金等资源支持，那么商业计划书的读者就会是投资者或者贷款方。投资者最关注的是盈亏平衡点、投资回报、项目的长期发展潜力及管理团队的能力；而贷款方则是更多的关注所贷款项目的风险。

如果商业计划书仅用于企业内部的沟通交流，或者是内部创业的商业计划书，那么商业计划书的读者对象就应该主要面向负责投资决策的董事会或者利益相关者。他们最为关注的是项目的可行性分析、投资回报及具体的行动方案。

(三) 搜集需要的信息资料

充足的信息资料将有助于创业者完成一份分析透彻、论据充分、内容丰富的商业计划书。因为商业计划书涵盖面很广，创业者需要就各个构成要素准备所需信息资料；而且商业环境分析、竞争性分析、目标市场定位及项目的可行性等关键性内容都需要充分的数据、信息来予以支撑。因此，信息资料的搜集与准备，也是商业计划书撰写过程中的关键环节。其具体实施步骤及相关要点如下。

1. 初步设计商业计划书的主要结构

依据一般商业计划书的主要构成要素，针对创业项目的性质与特点，用全局的眼光来初步设计商业计划书的主要结构。这个主要结构是商业计划书所需信息资料的总体指导性纲领。例如，商业环境、市场、竞争者等主要构成要素。

2. 确定所需信息资料的重点及详细分类

由于商业计划书的主要结构会涵盖一般商业计划书的各个要素，在确保各个部分内容有充足信息资料支撑的前提下，应该依据创业项目的关键成功要素，锁定所需信息资料的重点方向。例如，突出宏观经济政策优势、商机优势、竞争优势、管

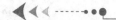

理团队优势等。同时，要求每一项重点部分的内容，明确细分的信息资料类别，并列出准备搜集的信息资料清单，而不是盲目地去搜集铺天盖地的各类信息资料。例如，针对竞争者分析，应该按照竞争对手分析的理论框架或者关键要素，明确更加细分的数据、资料与信息类别。

3. 确定已有的关键信息与缺乏的信息资料

这个步骤非常重要，因为大多数创业者平时都有搜集一些商业信息的习惯，而且创业者身边的朋友或者合作伙伴都会向他们提供一些商业数据与信息，而这些数据信息中，可能有一些正是创业者本次商业计划书中所要搜集的信息资料，这样就可以避免重复劳动，造成时间和资源浪费。与此同时，对照信息资料清单，明确商业计划书中缺乏的信息资料，这些信息资料是创业者要花费大量精力与时间去寻找与搜集，甚至需要寻求他人帮助来完成。例如，大多数创业者对比较陌生的财务计划部分，通常都需要专业人士来协助完成。

4. 开始搜集信息资料

信息资料的搜集是一个比较复杂的工程，通常还需要创业团队来共同完成。当然，创业者也可以聘请一些兼职学生甚至是一些专业人士的帮助。例如，开展系列市场调研活动、获取竞争对手的信息、监测有关商业数据等。以下是常见的信息渠道来源：

（1）通过公开媒介查询，如各类媒体（包括网络媒体）、出版物、与创业项目相关的各类网站、信息开放平台；

（2）通过访谈顾客、供应商等获取一手资料；

（3）通过问卷调查获取有关数据与信息；

（4）通过现场考察、评估获取直接的数据与信息；

（5）通过专业公司或者专业人士的参与分析，获取有关数据和信息，如情报公司、专业咨询公司等。

5. 对信息资料进行重新编码

在原来信息资料清单基础上，将搜集完善的信息资料进行重新地分类编码，便于后期撰写商业计划书过程中查询、使用。

（四）设计商业计划书框架

设计商业计划书框架是充分体现创业项目特色、各部分子标题更加细分明确的商业计划书框架，并非通用的商业计划书内容结构框架。具体设计原则如下：

1. 五个"依据"

一是依据创业者的撰写目的；二是依据读者对象；三是依据一般的商业计划书主要构成要素；四是依据创业项目的性质与特征；五是根据创业者所搜集的信息

资料。

2. 两个"便于"

一是便于撰写者自己后期撰写，这就要求各部分的子标题越细分越好，整体逻辑清晰，读起来连贯顺畅；二是便于读者找到自己关注的重点内容。（一般通过小标题来体现）

3. 一大"特色"

充分体现创业项目的特色，在总体框架设计中，一是整体的思路与逻辑体现出创业项目的优势；二是小标题能够体现创业项目的亮点。

（五）开始撰写商业计划书

由于本章第二节《商业计划书的内容》中已经对该部分内容提供了详细的阐述，这里不再展开描述。但是，创业者要注意以下撰写基本要求：

（1）关注商业计划书的各个要素，且内容完整；

（2）创业项目的特色得以充分体现；

（3）整体逻辑清晰，阅读起来流畅；

（4）分析透彻，论据充分、客观；

（5）针对性强，根据不同的读者对象能够突出自己要表达的重点信息；

（6）令人信服与鼓舞。无论是创业项目的论证，还是创业者的团队能力与具体行动方案，都让人觉得很信服，也令人很鼓舞。

（六）检查商业计划书

在商业计划书写完之后，创业者一定要对计划书进行检查，确保商业计划书是否能准确回答投资者的疑问，争取投资者对创业项目的信心。通常从以下几个方面对商业计划书进行检查：

（1）商业计划书是否显示出创业者具有管理公司的经验。

（2）商业计划书是否显示出创业者有能力偿还借款。

（3）商业计划书是否显示出创业者已进行过完整的市场分析。

（4）商业计划书是否容易被投资者所领会。商业计划书应具有索引和目录，以便投资者可以较容易地查阅各个章节。

（5）商业计划书中是否有计划摘要并放在了最前面，为了保持投资者的兴趣，计划摘要应写的引人入胜。

（6）商业计划书是否在文法上全部正确。千万不要有错别字之类的错误，否则读者会对创业者做事是否严谨产生怀疑。

（7）商业计划书能否打消投资者对产品/服务的疑虑。如果需要，创业者可以

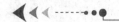

准备一件产品模型。

第四节　商业计划书的评估

潜在投资者在决定对创业项目进行投资前，必须对商业计划书进行全面系统、科学、严谨的审查评估。商业计划书是否能够顺利通过评估是获得投资的关键所在。

一、主要评判标准

商业计划书评估的关键标准是要判断创业项目及其依托的企业是否处于适当的发展阶段，是否存在良好的市场机会，是否拥有满意的管理团队及能否制订和实施一套稳健的商业计划。

二、关键环节的评估要点

（一）进入时机是否恰当

对于风险投资而言，种子期（研发阶段）和成长期（中试阶段）为最佳投资期；对于产业投资而言，推广期（小批量生产）和成熟期（已经成功进入市场）应为最佳投资期。

（二）市场前景及营销策略

市场前景需要清晰界定目标市场、具有吸引力的预期市场规模、竞争对手的市场占有情况。重点评估对市场预测的推理逻辑是否合理，企业经营存在哪些市场风险，评估企业对目标市场的界定是否合理，目标客户群的规模及增长前景。评估市场竞争状况，分析对企业核心竞争力的界定是否恰当，市场营销计划是否完善，主要竞争优势及中长期竞争策略是否恰当，分析竞争对手对创业企业市场进入的可能反应。评估创业企业是行业业务发展模式的塑造者还是适应者，评估如何培育在行业中的核心竞争力，如何有效进入市场，分析谁会最早成为项目产品的目标市场人群。

（三）项目管理团队

项目管理团队重点评估董事长、总经理、首席执行官及技术开发、市场营销、财务管理等关键职位是否已有胜任人选，管理团队的最终组建方案。评估在关键职位的负责人技能和经验，分析其担任过的高级管理职位或其他成功业绩。如负责运营的副总裁应有在相关领域一流企业的工作经历，具备丰富的经营管理经验，有制

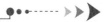

订营销市场的能力。

（四）治理结构

治理结构评估是否具备一套控制和管理企业运作的制度安排，治理结构能否有效解决管理层的激励问题，各利益相关主体的权利、义务和责任是否明确，能否确保投资者在企业中的资产得到应有的保护和获得合理的投资回报。企业治理结构能否按照国际通行的规则进行安排。

（五）项目获利途径和投资回报

项目获利途径重点评估业务模型的选择情况、所确定的经营模式及企业盈利目标、评估项目可能的收入来源、影响成功的关键因素，分析业务模型的潜在回报是否具有吸引力。评估产品的价值定位，分析产品能为客户带来何种服务和市场价值。投资回报重点对项目的财务计划进行详细评估，包括投资总额及其构成、项目建设期及投资进度计划、收入及成本费用预测的依据、盈亏平衡和利润等情况。

（六）技术及研发

技术及研发评估所采用技术的成熟程度，是否经过中试阶段，与同类技术相比较所具有的领先地位，评估项目的主要创新点，分析向消费者提供比市场上现有产品功能更强的产品或服务的途径和方式。评估所需资源的可获得性，能否控制非己所有的资源。

（七）投资者的股权安排

评估投资者所承担的风险能否与所获得的回报相匹配，股权结构安排是否合理，投资者的退出机制及撤资方式是否可行。项目整体收益是股东收益的源泉，评估者主要关心3个方面：一是项目的整体收益；二是股东回报；三是创业者自己可能得到的回报。

（八）特许资源的可保障程度

特许资源的可保障程度重点评估项目所需的资金、原材料、社会关系、特殊人才、营销渠道等是否能够满足项目启动的要求；所需资源种类的最小范围；创业者已经掌握了哪些资源，哪些资源必须是创业者内部组织的，能否控制非己有资源；所需的资源是否存在可替代品，特别是不同品质的替代品。

（九）商业计划执行的可信度

商业计划执行的可信度评估要求商业计划书的相关部分结构清晰、目标明确、计划合理、数据翔实，并确保该商业计划书能够作为未来企业推进拟建项目的行动指南并予以贯彻实施。

本章小结

撰写商业计划书是大学生创业的起点，更是大学生对项目思路的再次定位，不仅是关乎项目成功的关键，更关系到一个人走向社会第一站的成败。商业计划书要整体结构清晰明了，语言文字精练准确，表达思路清晰顺畅，项目特色突出，视角新颖；做到既不敷衍了事，也不长篇赘述，充分展示创业者的强烈愿望和决心；按照既定的原则和程序，在充分实地调研的基础上，确保数据的真实性和可靠性。

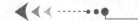 技能训练

训练项目1　编写"互联网+"大赛商业计划书的摘要

训练目的：鼓励学生根据11句话的提纲来编写自己的商业计划书摘要，从而能够很好呈现自己创业项目。

训练要求：

1. 创业的灵感或动机（切入点）。

2. 市场的潜力（市场前景）。

3. 项目满足了什么刚需（产品、服务、解决方案）。

4. 还有谁提供这些刚需（竞争对手）。

5. 产品或服务比其他企业强在哪（优势）。

6. 如何保持住优势（核心竞争力）。

7. 如何让客户知道你的产品或服务（市场推广）。

8. 在某个周期内能赚多少（商业模式）。

9. 创业者计划分多少股份，换多少投资，准备做什么（融资需求）。

10. 计划让投资人得到怎样的回报（退出机制）。

11. 创业者自己的团队（团队优势）。

训练项目2　编写自己的商业计划书

训练目的：请学生根据学习内容参考附录《大学生创业项目商业计划书——军友驿站退役士兵就业能力提升平台》案例，撰写自己的商业计划书。

训练要求：完成商业计划如下主要内容。

1. 封面

2. 目录

3. 内容：

（1）摘要/执行总结

（2）公司（项目）基本情况

（3）产品/服务介绍

（4）市场分析

（5）营销策略

（6）商业模式

（7）融资说明与财务计划

（8）风险预测及规避

（9）管理团队与组织结构

（10）附录

训练项目3　把自己的商业计划书 Word 版转换为 PPT 版

训练目的：根据训练要求，把自己的商业计划书转换为 PPT，为后面的路演做准备。

训练要求：

1. 整体风格清新，布局留有空间。

每一页都要有留白的空间，不要铺陈的很满。整体设计不要色调太鲜明突出，清新、容易阅读的风格为佳。

2. 不要大量堆文字。

文字的表达效果不如表格，表格的表达效果不如图片。在整个的 BP 中，要选择适当的表达方式。

3. 每一页的着色，整体色调不要超过 3 种，特殊情况下不要超过 4 种。

比较建议使用公司的 LOGO 色为主色，辅助添加几个配色，如灰色、黑色及一些浅色调。

4. 每一页的内容千万不要超出边框的范围。

有些表格可能会超出边框范围，会导致在转化成 PDF 格式或者放映时显示不全。

5. 通篇的字体、方框、表格、图表等要尽量对齐，形成统一风格。

字体的大小、字号保持一致，标题字号、正文字号都要保持一致，所有的图表尽量对齐。

6. 不要使用太多花哨的图表，以观点为主。

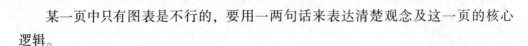

某一页中只有图表是不行的，要用一两句话来表达清楚观念及这一页的核心逻辑。

7. 页数控制在 12~15 页。

主要是考虑到投资人保持兴趣的时间有限，陈述时间在 10 分钟以内。

第九章 项目路演

知识目标

通过本章的学习，希望学生了解并掌握：

1. 项目路演过程中的要素；

2. 项目路演 PPT 的制作。

技能目标

通过本章的学习，希望学生掌握路演演讲稿的撰写、路演 PPT 的制作及路演技巧。

训练项目：

1. 电梯测验——1 分钟团队项目介绍

2. 路演创业计划

案例导入

第四届"互联网+"创新创业大赛金奖项目芒果青年（江西师范大学）

在第四届中国"互联网+"大学生创新创业大赛总决赛上，来自江西师范大学的"芒果青年—中国领先的新一代校园品质后勤生活服务提供商"项目荣获大赛金奖。

芒果青年的创始人姚智德在第四届"互联网+"创新创业大赛路演舞台上，介绍了芒果青年项目。2013 年，姚智德及其团队成员创办"芒果青年"，在 5 年的时间里，将芒果青年从一家校园餐厅打造成为一家为全国大学生服务的新零售企业，成长为中国领先的新一代校园品质后勤生活服务提供商。芒果青年从诞生之日起，就用互联网思维不断地推动产品，进行更新迭代。2013 年做菜品升级，从大锅菜到小锅菜，把小锅菜做成精品菜，让学生吃得更好。2015 年做第二个创新环境升级，做更懂年轻人的餐厅。2017年做第三个创新功能升级，让餐厅不只是餐厅，更是可以协同用餐、学习、办公、交流的全新空间。针对全国4000万的大学生。他们推出三款产品。第一款产品是升级版的芒果餐厅，截至目前，已经开展了32个项目。第二个产品是芒果天地，是芒果餐厅的Plus版，是全国高校唯一一个集餐饮、购物、休闲娱乐、学习健身等服务于一体的校园新物种，目前在全国开业27个。第三个产品是芒果盒子，芒果餐厅的迷你版，将现有的餐厅延伸到宿舍，是在门口的自动贩卖机，在芒果餐厅的基础上，实现覆盖校园的整个场景。在发展前景方面，2018年全国最大团餐集团"千喜鹤"战略投资，并将其高校业务板块并入芒果青年。届时，芒果青年由覆盖的4个省增扩到15个省。餐厅总数量在高校领域排名第三，校园新物种（商业综合体）领域继续排名第一。合并后，芒果青年管理的高校项目数为78个，正在运营的项目73个。其战略目标是，预计2021年，交易总额将突破20亿元，并带动两万人实现就业。此次融资3000万元，主要用于市场扩展和信息化提升，推动产业发展。[1]

案例解析：

项目路演是将自己的创业计划演讲给投资者、消费者，不同人对创业计划的诠释是不一样的。芒果青年的创始人姚智德的路演以"解决什么问题—为谁解决问题—如何解决—谁来解决（团队）—收益如何—解决的成本如何"这样的逻辑展开，他在整个的路演过程中，语言生动，运用数字凸显项目特点，讲述了芒果餐厅从一家校园餐厅开始，正在成长为新一代校园品质后勤生活服务提供商。如在资本支持方面，"千喜鹤"战略入股，芒果青年的业务布局由原来的4个省增加到15个省，餐厅总数量在高校领域排名第三，校园新物种商业综合体领域继续排名第一。在财务预测及融资需求方面，预测收入水平和融资规模进行了有机的结合，"千喜鹤"战略入股，并将其高校板块业务剥离并入芒果青年，适当的财务数据能够很好地说明期成长性，也吸引了现场评委及投资人的目光。

第一节　路演

一、路演是什么

（一）路演的含义

路演（Roadshow）最初是国际上广泛采用的证券发行推广方式，指证券发行商通过投资银行家或者支付承诺商的帮助，在初级市场上发行证券前针对机构投资者

---

[1]　根据第四届中国"互联网+"大学生创新创业大赛《芒果青年》路演视频整理。

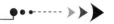

进行的推介活动。在投资、融资双方充分交流的条件下促进股票成功发行的重要推介、宣传手段，促进投资者与股票发行人之间的沟通和交流，以保证股票的顺利发行，并有助于提高股票潜在的价值。[①]

项目路演是指企业或者创业代表在讲台上向投资方或者评委讲解自己的项目属性、系列产品、市场分析、发展计划、融资计划等内容。通过现场展示的方式，引起投资方或评委的关注，使他们产生兴趣，让投资方或评委能真正了解并读懂自己的创业项目。

（二）优势

项目路演的优势在于，能满足创业者同时向多名投资人介绍自己的项目，而投资人在倾听讲解和说明的同时，还有一个思考和交流的过程，以了解项目的精髓，特别对于一些技术性强的项目，更能减少出现投资者看不懂和不理解项目的弊端。可以说，项目路演是国内外诸多风险投资机构实现融资的高速路，实现创业项目与投资人的零距离直面对话、专业切磋，促进创业项目与投资人的充分沟通和相互了解，让投资人真正读懂企业，做出更准确的判断，最终推动融资进程。

（三）目的

项目路演让投资方或者评委在创业者声情并茂的展示下，认真倾听创业者的讲解和说明，真正读懂创业者的项目，做出更为准确的判断，最终实项目融资及市场推广的核心目标。

在这种情景下路演有两层含义：一是在"大众创业、万众创新"背景下，越来越多的新兴创业项目涌现，为了鼓励更多的有志青年加入创新创业的浪潮中，宏观政策上举办了很多的创新创业大赛，希望通过大赛能挖掘出一批批优质的创新创业项目，进而在宏观和微观上进行培育和扶持，为市场的发展添加新生力量。而创业者参加创新创业类大赛，通过路演，争取好成绩，为自己的项目提高声誉打开市场。二是路演是创业者与投资人的融资沟通渠道。创业者在创业过程中会遇到资金问题，而企业在发展过程中也难免遇到瓶颈，有注入资金、资源的需求，创业者或者企业家便会考虑参加路演，以获得投资方的关注，获得其所需要的资金、资源，实现企业的发展、壮大。

---

① 百度百科. https://baike.baidu.com/item/%E8%B7%AF%E6%BC%94/267504?fr=aladdin.

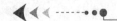

二、路演的类型及主要形式

(一) 路演的类型[①]

路演主要有以下几种类型。

1. 个人 IP 路演

在有些场合只有 1 分钟的时间，要充分把握好时间把自己推广出去；或者在路演的开始，把自己推广出去。当然，在路演中不只是自我介绍这么简单，是要让别人记住你，在听众内心打下一个深刻的烙印。如果摆在你面前的时间只有 1 分钟，你该怎么办？一定要记得在你的发言中，加入让听众特别记住的部分。例如，大家好我是 Papi 酱——一个集美貌与才华于一身的女子。

2. 品牌推广路演

品牌推广路演是企业为了提升产品知名度、提高产品销量、树立企业品牌而举办的产品推广活动。品牌推广路演一般有现场咨询、产品发布、产品试用、新品优惠等活动，是以打响知名度为主，目的在于吸引更多的关注，而不以卖产品为主。

3. 融资路演

融资路演是创业者根据创业情况对所需资金进行预测和预算，采用路演的方式向投资者筹集资金的行为。其重点在于让投资者看到双方可能拥有的未来，看到项目发展的前景。融资路演需要注意的是：突出项目优势、提出解决方案、项目商业模式、投资人投入和占股。

4. 合伙人招募路演

此类路演需要突出四点：创始人个人风格魅力、项目前景、商业模式及利益、如何加入。

(二) 路演形式

就路演的形式而言，路演可以分为线上项目路演和线下项目路演。

1. 线上项目路演

线上项目路演主要是通过在线视频、微信群或 QQ 群等互联网方式对项目进行演示和讲解。此种形式的路演，商业计划书一般会提前发布，互动阶段投资人会对感兴趣的项目提问，创业者需要判断对项目感兴趣的投资人，并争取线下交流的机会。

2. 线下项目路演

线下项目路演主要通过活动专场与投资人进行面对面的演讲及交流。目前主要

---

① 根据公众号百品咨询,《路演专题第 4 天路演的分类》整理。

表现为以下模式：

一是精准度私密度高的模式。从投递商业计划书到被投资机构约谈，再到判断是否支持创业，以私密性、节奏强、效果明显为特点，一般这样的项目质量都较高，被投的几率大。

二是由政府部门、知名机构或平台线下组织的项目路演会或专场路演会。地方政府部门或一些机构会定期组织项目路演活动，并给予创业者在路演准备、路演形式等方面的辅导，创业者在演示项目过程中比较专业，创投双方对频非常的容易、减少了很多沟通成本。

三是带有大赛和推广性质的创业大赛或创业 TV 秀模式。例如，"互联网+"创新创业大赛、最早央视的《赢在中国》到现在的《创业英雄汇》、各地方卫视和自媒体纷纷行动陆续推出各自的创投节目，如北京卫视的《我是独角兽》、天津卫视的《创业中国人》、深圳卫视的《合伙中国人》、腾讯自制的《腾飞之役》、国际互联网电视推出的《蝴蝶与独角兽》等。这些模式一般会有海选和优选环节，会有相应的项目辅导和优化，登台的项目质量都较高，在这种平台上，对优质创业者而言，既能吸引投资资金，也能达到品牌宣传，实现名利双收。

以上的线上线下两种类型的路演形式都随着跨界、技术、共享等领域的发展而不断的进化更迭，呈现不同的模式，但这些变化最终还是服务于创投双方的高效对接，实现彼此的期望：投融资对接成功。[①]

三、路演和演讲的区别

演讲又叫讲演或演说，是指在公众场合，以有声语言为主要手段，以体态语言为辅助手段，针对某个具体问题，鲜明、完整地发表自己的见解和主张，阐明事理或抒发情感，进行宣传鼓动的一种语言交际活动。演说是演在前，说在后，主要靠口才和肢体语言，突出的是外在的形式。而路演是路在前，演在后。路是路径、是逻辑、是内容，演是表演、是呈现，靠的是完美的逻辑与表现力、呈现力，强调的是内在的内容。

可见，路演与演讲的区别在于：

第一，演讲是路演的基础，演讲注重技巧、注重感觉。而路演注重结果，路演表现好不好关系路演者的目的能否达成。

第二，演讲更多的是关注如何才能讲好，而路演关注的是如何让听众收益。

第三，演讲是注重表演，注重靠口才；路演注重分享，更侧重于靠完美的逻辑与呈现力。

---

① 根据《双创政策下创业者必看的路演攻略》整理，https://www.sohu.com/a/212775658_ 99940061.

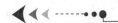

四、路演准备

就双创类大赛而言，能在路演现场有效的引起评委的兴趣和关注的路演才是成功的路演。而路演能否成功，路演前的准备尤为关键。这些准备包括高品质的 PPT、打动人心的语言、默契高效的团队等。

（一）路演 PPT

路演 PPT 的整体内容需要做到结构清晰、富有逻辑，且各篇章内容之间要有连续性，有层次的递进。PPT 以简单明了的图表、数据表达，配以简短精准的总结性、强调性文字。尤其是在进行财务和市场分析等内容表述时，最好的方式就是进行数据呈现，用详细的数据，明确告诉评委你和竞争对手对比优势、你的历史财务情况和未来几年盈利预测等。我们可以看看华为、小米等新品发布会的 PPT，往往以图表、数据、简短文字的形式展现，给人的感觉都是比较直观、有冲击力的。

（二）语言组织

路演中，需要传达的信息概括起来，包括以下内容：你的项目发掘了哪个市场痛点，项目团队采取了什么样的措施做出了什么产品或提供了什么服务。现在市场前景如何，未来增量空间在哪，产品盈利点在哪，盈利模式是否可持续，竞争对手占有多少市场份额，你需要多少资金来争取更大的市场份额等。因此，路演者首先要有把事情讲清楚的能力，能使用精准的语言，逻辑清晰，条理清楚的来描述出你正在做的事情是什么。演讲要反复演练，尤其是语速、语调、手势动作等要勤练，在团队前练习，让团队成员计时、录音、录像，反馈演讲效果，查漏补缺，时时改进。

同时，语言要有感染力，情感充沛，这样能展示路演者良好的精神气度，渲染气氛，让评委感知到路演者的专业与热爱，拉近与评委之间的距离，增加好感。

（三）团队配合

团队配合有效是团队发展的前提条件。优秀的创业团队一定是所有成员相互非常熟悉，能清晰地认识到彼此的优劣势，形成互补，配合默契。路演前，大家齐心协力准备，团队成员很清楚需要做什么，能竭尽全力工作，工作力强。同时团队成员相互信任，对团队的项目极其认同，并给予路演者最大的帮助与支持，让整个团队表现出足够的自信。

（四）着装仪态

路演者着装要得体，仪态要端庄，从容大气不紧张。路演者的着装仪态在整个

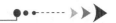

路演过程中也有着重要作用。路演服装有"三子"的原则，"三子"就是：一要有领子，二要有袖子，三要有扣子。还有"三色原则"，就是身上的色系不应超过 3 种。同时，着装要注重整体美感，服装要和体形、肤色相适应。一般而言，衣服着装要舒适、简单大方，通常是正装、简单大方通勤装、符合项目特征的职业装。男生建议西服皮鞋，女生化淡妆，可以穿套装或职业装。如果大赛规定了要统一着装，那项目成员可着重注意自己的举止与体态，如能给人一种"干净清爽、朝气蓬勃、自信热情"的状态。

 案例

乔布斯的演讲与路演

魅力乔布斯的演讲技巧：让人记住的演讲要做到这三点①

什么样的演讲才是一场精彩的演讲呢？演讲中，如何表达自己的内容，才能让听众想听，也喜欢听呢？下面就让我们一起来看看乔布斯是如何来做演讲的吧！

乔布斯喜欢在演讲中采用极简的表达方式，让听众能真正听得懂，并且也喜欢听，而主要的方法就是"三板斧"：第一，概括性短句；第二，讲三点；第三，讲故事。

第一，概括性短句：越简单，越容易被牢记

观众记不住你演讲的所有内容，所以，你需要给观众的大脑减负，也就是由你用一句简单的话做概括性总结，并在演讲中反复重复，这样就更有可能向观众的大脑中植入一个新的认知。

乔布斯在发布会时经常喜欢使用短标题，这样的标题概括性极强，在讲完后直接就变成了新闻的标题。

比如，对于 Keynote 的概括：当你的演讲非常关键时，keynote 就是你的选择。这句话听很多遍，脑海中就会建立一种认知，在我做关键演讲时，我就得用 Keynote 才靠谱，试问，哪个演讲不关键呢？

在这一点上，OPPO 学得特别好，记得它的经典广告词吗？充电 5 分钟，通话两小时。铺天盖地的广告，于是，我们就被洗脑了，可能一辈子都忘不掉了。

第二，讲三点：任何事物都可以用三方面来展开

在演讲中，讲两点感觉有点单薄，讲四点以上感觉有点太多，比如我说，接下来的 10 分钟，我给大家讲 10 点注意事项。你听了是不是有种崩溃感？

---

① 魅力乔布斯的演讲技巧：让人记住的演讲要做到这三点. 喜马拉雅 FM. https://m.ximalaya.com/news/2018-06-13/XW8pNHwec.html.

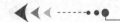

在 iPhone 的发布会上, 乔布斯就是用三点论来进行演讲的, 第一个是宽屏触控式的 iPod, 第二个是革命性的手机, 第三个是突破性的互联网通信设备。然后又不断重复, 最后说, 这不是 3 款产品, 实际是一个, 我们称它为 iPhone, 今天苹果重塑了手机。

在做演讲时, 只讲三点, 记住: 任何事物都可以从三方面来展开!

第三, 讲故事: 故事可以让你愉悦, 道理只能让你麻木崩溃

我们的大脑在进化的过程中, 特别不喜欢的一点就是听道理, 最喜欢的是听故事。观众喜欢听故事, 我们就要在演讲中安插故事。

在发布会或开会时, 乔布斯特别喜欢讲故事。乔布斯讲故事有个特点: 树立一个坏人, 然后由英雄来消灭它。这确实产生了极好的情绪渲染效果。

乔布斯成就了苹果, 路演成就了乔布斯①

在世界企业的舞台上, 史蒂夫·乔布斯可谓是最具路演能力和魅力的大师级人物, 几乎没有人可以与之媲美。如果说乔布斯成就了苹果, 那么成就乔布斯的就是他一直引以为豪的武林秘笈——路演。

认真分析乔布斯的路演技巧, 可以归纳为三点: 激情、说服力、用户体验。

路演的目的不外乎寻求一种被认可, 对产品的认可、对理念的认可、对企业文化的认可等。若你想提高路演水平, 或者想借助路演的力量成就自我、成就企业, 乔布斯的路演是最值得我们去研究、学习的。

激情是乔布斯路演的第一个技巧点。

激情通俗地说就是一种持续的热爱, 路演者发自肺腑对路演的热爱, 既能让听众不可自抑地心潮澎湃, 又能让听众享受无与伦比的极致体验。激情之于路演是最重要的因素。乔布斯印证了自己曾经说的 "激情能够将世界变得更好" 这句话, "激情" 成为他最贴切的标签。他对于每次路演的主题都能充满激情和兴奋感, 旺盛的精力和热情让听众极受感染, 并为之倾倒。

说服力是乔布斯的第二个路演技巧点。

1983 年, 乔布斯极力想拉拢百事可乐时任总裁约翰·斯卡利, 他看中了斯卡利身上携带着的最有效的百事可乐管理经验。斯卡利认同乔布斯的理念、钦佩齐布斯的激情、折服于乔布斯的个人魅力, 但他始终没有同意乔布斯的邀请。一天, 两人同时站在阳台的两侧, 阳光正打在乔布斯的脸上。乔布斯严肃地说出了斯卡利一辈子都忘不了的那句话你的余生是想一直卖糖水呢, 还是和我们一起改变这个世界? 斯卡利大为震动。这一句话产生了一系列的连锁反应, 斯卡利的人生、乔布斯的人

---

① 根据路演通,《没有不赚钱的事业, 只有不会路演的人》整理, https://www.sohu.com/a/159790829_99902416.

生、苹果公司的命运，统统在那一刻开始发生改变。乔布斯这次小小的"路演"之后，斯卡利成为苹果公司的掌舵人。他与乔布斯共同执掌苹果的那段时期，苹果公司创造了最好的产品和最经典的路演广告。

这个世界上每个人都可以有非常伟大的思想，但如果你不能说服足够多的人理解并接受你的理念，那你的思想再伟大也没有意义。正如乔布斯的强大气场，结合犀利的眼神、专注的神情、口若悬河的表述、过人的意志力等因素，成功地吸引了听众。

用户体验是乔布斯的第三个路演技巧点。

这是乔布斯路演始终运用的一种做法。乔布斯的路演，最突出的特点就是：始终将听众的关注点放在路演的第一位。他非常重视满足用户的极致体验。每一次路演自始至终，乔布斯都不会提到任何晦涩难懂的专业术语，而是以最精练的语言回答听众最关心的问题。他所有的创新活动、激情路演、产品完善等也都是基于自身所说的价值观："站在苹果的角度，我们面对每件事情都会问：怎么做能让使用者感觉方便。"

所以，我们在路演之前也应该问自己一个问题：为什么听众要关注我的路演？

这个问题不需要可有可无的回答，而是逼迫路演者必须思考这个问题，因为你的听众在观看路演之前，首先问自己的正是这个问题：我为什么要关注这个路演？人们对于无聊的事情并不感兴趣。他们通常更爱自己，关心你路演的唯一的原因就是能够从中获得对自己有利的东西。

大多数路演人对这个问题通常都表现得轻描淡写，他们经常将路演者与被路演者之间的关系看成赤裸裸的交易关系，要么"给听众下跪"，把听众当成上帝，求得听众的认可，要么"让听众投降"，对听众的反应不屑一顾，以至于经常将本该十分精彩的路演表现得索然无味，鲜有问律。而这样的人往往最后也会变成 Loser，他并非输给市场与竞争对手，而是输给了自己，输在了路演。

一场尽职而伟大的路演，应当满足路演者与听众双方的情感体验，我给予你价值体验，你还之以理念认可。路演既能成就你或者你的企业，也能成就你的听众。因此在路演之前，路演者就应该已经认真准备好问题的答案，在路演时能够坦率而又郑重地告诉听众你的答案，就可以轻而易举抓住听众的注意力，掌控全场，保持听众恒久倾听。

第二节　路演的实施

路演是一个特殊的场景，只有 5~10 分钟，创业者要在有限的时间里，把话说清楚，吸引投资人对项目有兴趣，从而创造再交流的机会。可见，路演是创业者展

示项目，吸引投资人的关键机会。

一、项目路演的实施

撰写商业计划书只是创业项目初始设计的第一步，针对性的项目路演，方是吸引投资方及特定市场推广的重要方式和关键步骤。可以说，项目路演是路演者在有限的时间里最大限度地传递最有效最有价值的信息，它是创业者的必备技能，是吸引投资方、进行市场推广的重要方式和关键步骤。就路演的实施而言，可以分为3个阶段：准备阶段、实施阶段、总结阶段。

（一）路演准备阶段

1. 明确路演听众

路演内容要围绕听众最想听的关键进行阐述。如面对政府领导，路演内容要侧重于是否符合产业政策，能否带来税收、推动就业；面对投资人，投资人最感兴趣的是他的投资回报，那么路演内容就应当侧重项目的未来价值、技术价值、市场价值等；就参加创新创业大赛的路演者而言，面对的是评委专家，那就应该侧重于项目整体优势、独特之处的阐述。

2. 路演材料的准备。

路演前要准备的材料包括：

（1）路演资料。包括进过反复修改打磨的商业计划书、路演 PPT、VCR。

（2）路演产品。最好能有产品的展示。

（3）训练资料。撰写路演讲稿并收集整理问题库。路演讲稿不是照着路演 PPT 读，每页 PPT 的演讲文稿一定要全稿创作，并在开篇和结尾注重承上启下的文字。项目问答库方面，评委投资人的问题一般是围绕着商业计划书展开的，要预想投资人可能的问题，做好准备，做出答案。

在撰写路演稿时，要学会讲故事，讲故事是一个沟通、说服的过程，要把项目过去的、现在的、未来的故事传递给投资人。路演讲稿一般由开场、正文、结尾三部分组成。路演者要梳理自己的观点，分清项目的重点和次重点，并据此安排路演中每部分需要花费的时间。开场部分清晰明确的自报家门；正文部分是主要内容，应该结合项目实际，明确项目定位，详略得当重点突出，一招制胜；结尾部分，结束演讲，自然过渡到答辩环节。在撰写路演讲稿时，内容要与 PPT 相呼应，要体现项目的特点，要自然流畅富有逻辑，明确先讲什么，再讲什么，最后讲什么。需要强调一点，项目想要获得高分，就要切合评分规则。大多时候评分指标是公开的。在做路演准备时，一定要解读评分标准，根据评分标准搭建路演结构。项目路演尽量按照评分标准来，这样评委可以打分有依据，评判有标准。

双创比赛路演评分参考表（见表9-1），可以根据评分点来完善路演稿。

表9-1 项目路演评分表

评分大项	评分细项	满分	第一组	第二组	第三组	第四组
创业项目 （20分）	项目具有可行性	5				
	项目的创意性	5				
	项目的可持续性	5				
	对项目市场调研程度	5				
项目市场 （35分）	项目产品是否明确	10				
	客户群是否明确	10				
	是否有竞争者调研	5				
	价格及产量是否考虑到市场因素	10				
运营模式 （15分）	价格定位是否合理	5				
	营销模式及促销手段	10				
资金计算 （10分）	启动资金计算是否准确完备	10				
现场展示 （20分）	项目展示内容是否全	5				
	PPT制作水平	5				
	项目展示者表达清晰程度	5				
	其他加分项（如着装，展现形式）	5				
总计		100				

3. 挑选好路演的演讲者

演讲者要具有很好的表达能力、逻辑思维能力、应变能力，要对项目的情况非常熟悉。项目创始人是演讲者的最佳人选，他对项目的各项指标要比任何人都了解。有些创始人可能不擅长演讲，这种情况下最好在创业团队中找到既熟悉项目又擅长演讲的人来担任演讲者。

路演稿反复练习，直到演讲人找到最佳状态，胸有成竹，对路演的讲稿熟记于心，可以脱口而出。在这里需要注意，一是初期先熟悉文字稿，对文字进行反复斟酌和润色；二是PPT翻页配合和文字稿演讲一起练，逐步加入肢体语言；三是演练过程中不断对演讲文字稿和PPT进行更高要求的打磨。

4. 熟悉路演规则

要熟悉路演评分标准、项目路演的形式，路演的时长，评委或受众是谁，以及现场是否提问等。要考虑好如何在有限的时间里用好每一分每一秒。路演一般分为

陈述和答辩两个环节，陈述时间 5~10 分钟，答辩时间一般为 3 分钟。路演时间是严格控制的，路演者必须在规定的时间内完成，否则会影响下一环节的时间。因此，根据项目情况来分配各个模块的时间很重要，要确保重点突出，能充分传递关键信息。路演前一定要提前演练，以确保效果。

（二）路演实施阶段

路演的实施阶段，我们以"互联网+"大赛为背景，进行分析。

大赛路演的时间市赛国赛不同，路演时间在 5~10 分钟，还有 3 分钟答辩时间。现场流程：抽签排序→主持人介绍→上场路演→现场提问→礼貌退场。

1. 上场路演

路演的开场很关键，决定了能否吸引评委和观众的注意力。以下 8 种开场方法助你精彩开场。

（1）提问式：提一个问题来引导。

（2）引证式：从可靠的来源引用一段话。

（3）轶事型：说一个简短温暖的小故事。

（4）陈述式：说出惊人的数据或摆出一段鲜为人知的事实。

（5）回顾前瞻式：向前展望或回首过去。

（6）格言警句式：大家熟悉的俗语开始。

（7）类比式：理清复杂、晦涩或模糊的主题。

（8）视频式：通过视频的播放更直观的了解产品或文化。

在路演现场，路演者需要传递给听众的信息首先是我们的项目是做什么的。其次，要告诉听众为客户解决了什么问题，这个问题必须是项目对整个行业的研究和对消费者的洞察之后得出的结论。再次，要告诉听众，项目与其他同行业在哪些方面是不同的，项目的核心竞争特色是什么。最后，要告诉听众项目的路演内容与听众有什么关系，听众为什么要关注该项目的路演。

2. 现场提问

路演结束时，还有 3 分钟的提问环节，路演者在回答评委投资人问题时，应避免犹豫、迟疑等现象发生。

提问环节常见问题有：

（1）用一句话概括你的项目。

（2）项目核心优势是什么？如何保持优势，且不易被复制？

（3）产品应用场景有哪些？

（4）项目的盈利模式是什么？

（5）项目的竞争对手及其市场策略如何？

（6）项目会遇到哪些风险，怎样规避？

（7）项目的核心客户是谁？

（8）如何打开产品市场、市场定位如何？

在回答问题时，要注意以下方面：

第一，听清问题，参赛队员应该听清评委问题的关键所在，切记错误理解评委的本意，如对提问有疑惑可提出自己对于这个问题的理解，征询提问者得到肯定答案后再回答。

第二，拆分问题，当评委的问题较复杂且覆盖范围较大时，参赛队员应将问题分解成小问题，按条理化解为几个小问题，分层次逐个攻破。

第三，将模块化知识与评委问题相对应。参赛队员将评委的问题与项目中的各个模块进项匹配，并进行拓展，丰富答案。

第四，总结性陈述，将问题和答案结合起来最终提炼成一句话。

3. 路演答辩要点

一场精彩的路演，包含着路演者的项目内容、心态、PPT及演讲的姿势、手势、眼神、语气的完美结合。路演现场，要注意以下要点：

（1）注意服装准备：正装、简单大方通勤装、符合项目特征的职业装。

（2）注意时间：5+3（市赛）、10+3（国赛）。

（3）注意站位：要躲开PPT，不要挡住屏幕上的PPT。一般路演者站在可选范围最中央，也就是我们常说的C位，自信大方地面对评委。

（4）注意路演稿节奏把控：开场要清晰明确，自报家门（各位评委老师同学大家好，我是来自某某大学的某某，我们的项目是某某）；自然进入项目内容；结束演讲，过渡答辩。在路演过程中，要亮点突出，一招制胜，把控全场，对于重点部分要加重语气，提醒评委观众关注。

（5）充满自信心。如果路演者自己都不够自信，那凭什么要求评委投资人相信你？所以一定要对自己的项目有信心，并将信心传递给投资人。路演展示过程中，从登台、台中步伐移动、站姿、手势、眼神、表情等都要考虑得当。

（6）说，而不是念，要富有情感与激情的进行表达，要规划自己的演讲地图，把复杂的问题简单化，找到关键点，把演讲的结构弄清楚弄明白，用翔实的数据、具体的事例和故事进行讲述，展示清晰的故事叙述能力，将听众带入你营造的情境里。

（7）善用肢体语言。路演者的肢体语言要随着演说的内容、听众的情绪、场上的气氛而改变，在路演者情感的支配下，像在绝大部分的谈话场合一样，要无意识地、自然地表现出来。但比赛中手势不宜过多，不正确地使用手势可能会让人产生不严肃感。

（8）想办法让评委听众记住你的项目。评委听了太多的项目路演，无法一一记住。可以用一句足够吸引人的口号、句子或观点，让评委牢记，给他们留下印象你就成功了一半。

 **能力拓展**

5分钟路演如何准备①

以5分钟的路演时间作为标准，进行路演时间划分。

1. 开场之前，需要提前展示 PPT，因此首页可以以项目名+公司 LOGO，直击主题，给投资人清晰的展示。

2. 首先介绍你遇到的问题或是创业的初衷，通过故事将投资人带到你的项目里，通常生动的演讲、风趣的言谈会给人留下更深的印象。（建议用时：30秒）

3. 用两句话介绍公司概况，目的是让投资人知道公司的背景，为后续的演讲内容做准备。（建议用时：20秒）

4. 介绍产品和它是如何解决问题的，相比其他的竞争对手你有什么优势和亮点。（建议用时：50秒）

5. 告诉投资人你的产品要如何变现，也就是商业模式和盈利模式，包含用户画像、竞争对手等。（建议用时：70秒）

6. 介绍项目的管理团队，包括他们的学历和经验，如果没有特别出色的学历，就突出团队成员的大公司经验或是相关领域的创业经验。（建议用时：70秒）

7. 融资计划及资金用途，每部分只需要一两句话的介绍。（建议用时：30秒）

8. 项目的运营规划和发展蓝图。（建议用时：30秒）

（三）路演总结阶段

路演结束后，路演者应该总结路演过程中的优势与劣势，积极完善自己的内容。同时，也要与听众交流，了解大家对项目的意见和建议，并对自己的项目进行针对性的调整，以适应市场，获得长远发展。

如果你没有经验，也没有接受过专业的路演训练，那么样板就是最好的老师。我们来看看以往大赛中的国赛金奖项目的路演（可在 B 站搜索"互联网+大赛路演"），从中你会收获很多。

---

① Yui 疯狂 Bp. 成功的融资路演都是这样准备的. https://www.jianshu.com/p/5d2737d42f44.

二、路演中常见问题

一是路演内容照搬商业计划书，主次不清，重点不突出。路演时间有限，要学会取舍，要清晰的阐明自己项目的亮点和优势，把握节奏，突出最核心最关键的信息，吸引投资人的兴趣。信息量太多太大，觉得各部分都想说，就会让路演变得没有重点。

二是缺乏对路演对象的分析，不清楚投资人想了解什么。创业者要适当地换位思考，分析投资人想听什么，投资人利益是什么，这样可以更有效的引起投资人的共鸣，获得投资人的青睐。

三是过多地使用专业术语，每个投资人都有自己擅长和不擅长的领域，过多地使用专业术语会阻碍投资人快速理解项目和做出判断。以技术创新为核心的创业者，应考虑如何用通俗易懂的语言说清楚技术优势，而不是一味地对自己的技术进行讲解。

四是对项目市场的分析不到位，成熟的市场、竞争激烈的市场都会让投资人对此项目心存疑虑，太多太强大的竞争对手不是投资人愿意看到的。创业者要细分市场领域，明确自己产品的落脚点切入点，以及自己是如何采取措施和行动的（实施方案）。投资人据此分析项目进展并判断项目未来的发展。

五是路演缺乏经验、语速、时间控制不好；演讲稿质量不高，主题不突出。因此在路演时，最好在语言表达上再精炼一些，能三言两语讲清楚其解决了哪些痛点

六是态度，怯场不自信，要充满自信、实事求是，真诚。

第三节　路演演讲稿的撰写

路演演讲稿是项目呈现过程中的重要部分。演讲稿是路演核心的载体，是对计划书的高度概括和整合，是对项目的精炼描述，也是评委和听众了解项目最直接的途径。优质的路演演讲稿是在有限的时间里，通过 PPT 的辅助，准确、有针对性、精彩地介绍项目。以"互联网+"大赛为例，我们看看路演演讲稿应该怎么准备。

一、路演演讲稿的内容组成

（一）路演演讲稿的框架

项目本身是路演演讲稿编写的基础。项目特色是演讲稿撰写的重点。项目计划书是演讲稿编写的参考。撰写演讲稿前要梳理计划书脉络，并根据计划书脉络确定演讲稿框架。演讲稿的内容一般包括项目概况、产品服务、市场、团队、营销模式、财务分析等。

开场白部分：由学校、项目组成。可以通过一个故事引出项目，好的故事能引起共鸣，进而带入产品。

正文部分：由客户痛点、产品服务、市场、运营与盈利情况、发展战略等部分组成。要用数据说话。

结束部分：项目的初衷、愿景，以及一句极具感染力的宣传语。

（二）路演演讲稿的主要内容[①]

项目好不好，要由评委（投资人）决定，那么什么样的项目才是他们眼里的好项目呢？主要体现在：有刚需，市场竞争相对空白，没有巨头；是创新产品，有先进技术、创新模式、更佳体验、更低成本；是一个优秀团队，团队成员特长明显、优势互补；项目强力执行。结合评委（投资人）的关注点，可在路演演讲稿中阐述以下内容。

1. 项目简介

清晰地描述项目的商业模式，落地为你的产品或服务；明确表述为什么你的创新及时解决了用户的问题，填补了市场的空缺；接下来用简单而具体数字来描述巨大的市场规模和潜在的远景，同时概括你的竞争优势。

2. 产品服务

项目的产品或服务对终端客户的价值是什么，是通过什么技术或手段来实现的；与市场已存在的产品或服务相比，你的产品或服务有哪些优势。

3. 市场

描述市场空白点，或者存在的问题；定潜在用户，市场规模和前景如何；怎样行之有效地做市场。

4. 竞争力

要明确竞争对手的优势和不足，评估你主要的潜在竞争对手，其次是说明你的竞争力，为什么这件事情你能做而别人不能做、你有什么特别的核心竞争力。可以按销售量和销售收入、市场份额、客户支持、目标客户群和分销渠道等指标来评估。

5. 里程碑

规划好重要的时间节点：产品上线、企业收入零的突破、盈亏平衡等。

6. 财务计划

简单说明未来一年或者一年半内需要多少钱（融资额、出让股份）和打算怎么花这笔钱。

7. 团队介绍

团队成员介绍包括基本信息、教育经历、工作经历、个人特长及项目中负责工作。

---

① 青春同济. 互联网+大赛 | 路演金点子. https://www.sohu.com/a/151174154_ 613671.

二、撰写路演演讲稿的注意事项

在撰写路演演讲稿时，要注意以下方面：

（1）路演稿准备流程：明晰路演时间，撰写路演大纲，分配模块时间，撰写路演演讲稿，反复练习并适当调整稿件。

（2）路演稿基础内容：客户痛点，产品服务，盈利模式。

（3）路演稿加分内容：技术壁垒，核心优势，运营现状。

（4）路演稿减分内容：与产品过多比较，暴露项目劣势，盲目预估市场。

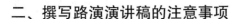 **知识拓展**

瑞谈中国"互联网+"大学生创新创业大赛现场路演内容说什么？[①]

中国"互联网+"大学生创新创业大赛现场路演时间只有五分钟，在短短五分钟内哪些内容必须要说清楚的？

一、市场的痛点和痒点

项目产生的背景，痛点和痒点，再告诉投资人自己是如何解决的。

从目前大量的现场数据来看，但凡出色的现场路演，基本是从一个故事开始，然后介绍大背景下的行业痛点发现、痛点解决方案、解决方案在市场中独具的优势等。

二、明确的核心观点

针对市场痛点和痒点提出自己的核心观点。

现场路演时间非常有限，要在评委和投资人面对大量项目筛选的情况下脱颖而出，我们除了要讲好项目计划书上的项目简介、产品服务、市场规模、核心竞争力、财务计划、团队介绍所有的内容之外，一定要有可以一句话描述清楚的核心观点给到评委，比如马云谈阿里巴巴的"让天下没有难做的生意"。

三、清晰的解决方案

即项目怎么做的问题，项目过去的解决方案、现在的发展情况、未来公司愿景等。

这中间就要把我们项目商业模式、运营数据、融资计划、团队介绍、风险对策等清晰明了的讲清楚。

1. 技术模式是核心：这里边商业运营模式和核心技术是核心，以后我们还会专门线上线下讨论。要注意在项目商业模式描述过程中，切忌不要单纯玩概念，概念要新，但是如果过于独特，其实会给市场投资运营增加极大风险。

---

① 瑞谈中国"互联网+"大学生创新创业大赛现场路演内容说什么？https://www.sohu.com/a/342020649_120317178.

2. 财务数据是保证：对于在早期网评形式阶段不是最重要的财务逻辑问题，在决赛路演阶段就变得尤为重要。投资人需要明确知道投给你的钱会花到哪里去。运营成本、收入增长、利润等财务细节阐述必须逻辑清晰、数据具体，来不得半点侥幸。你能规避掉的风险越多，获得风险投资的机会也就越大。

3. 团队建设是根本：在做团队描述的时候，要清晰思路企业的成败在执行。从市场运营角度来说，团队比创意更重要，这个是共识。在创业路上，有优秀的团队，即使初始阶段的市场解决方案并不完美，但是随着时间的推进，团队会创造出更加完美的结果。

四、真实的数据支撑

创新创业计划需要事实数据支撑，不能单纯是一个漂亮的观点。

需要让我们的创业计划书和路演内容立体有型，让评委容易做出客观评估，这个需要用大量详实的市场经营数据说话。比如我们的技术的实际运用期间，产生了多少量化的产出。我们的项目通过哪些运营手段创造了规模化的市场，比照同类产品和服务，我们的具体数据是多少，都要有明确的数据支撑。

案例

第四届"互联网+"大学生创新创业大赛金奖项目、最佳带动就业奖

"90 后"女孩有点"田"路演文稿①

大家好，我是"90 后"女孩"有点甜"的项目汇报人，首先，来看一段 VCR，……

［VCR］

近两年，一种叫冰草的神奇植物，频繁出现在全国各大酒店的餐桌上，吃起来嫩脆爽口，入口即化，受到食客们的追捧。在江浙沪地区，它的主要来源是天英农业科技有限公司，全国最大的冰草研发、种植企业。目前，华东地区市场占有率 40%，全国 30%。公司法人丁蓉蓉，一名"90 后"女大学生，她的团队不断研究新的技术，在全国首个自主培育出冰草种子，打破了国外长期垄断。现在，已是盈利千万的她不忘乡亲，带动 5241 人就业。"开始觉得他们太年轻，（担心他们）干不长久，后觉得有钱赚，就有盼头，就有动力了。"今年，企业与南京国家农业示范园合作，投入 4000 万国际标准大棚用于研发。"天英农业作为我们江宁区 2018 年引进的青年大学生创业项目，目前在我们江宁区谷里街道，已经生根发芽，成长非常喜人。"未来，天英将依托淮安，立足南京，走向全国。

---

① 根据第四届"互联网+"大学生创新创业大赛《"90 后"女孩有点"田"》路演视频整理。

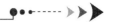

［陈述部分］

冰草原产于非洲，流行于日本，近几年才传入中国，营养价值十分丰富。

冰草的种植要求比较高，普通的农户难以掌握。目前，在国内能够规模化种植的企业不超过5家，而我们是全国最大的一家。可以骄傲地说"我们是中国的冰草大王。"

我们经过556天，8个对照组，4个变量，3周期的实验培育出了冰草新品种。我们掌握了四项核心技术。

第一，自主培育技术，我们是国内首个自主培育出冰草种子的企业，打破了国外的长期垄断。

第二，高产栽培技术，我们找到了适合冰草生长的最佳环境数据组合，实现了亩产量的翻倍。

第三，周年种植技术，不是所有的季节都能种植冰草，而我们可以周年种植，全年供应。

第四，广域种植技术，不是所有的土壤能够种植，我们通过对有机肥的改良，通过对土壤的改良，能够实现区域化的种植。

我们的核心技术受到了江苏省农科院的肯定，认为我们是国内领先。我们是江苏省农科院的冰草数据采集基地。

天英，目前天英种子在全国占比38%，冰草销售全国占比30%，在华东地区，我们拥有定价权。

2017年，企业进入了一个爆发式的增长，营业收入达到了17570万元，利润率高达62%。

刚开始我们就是种冰草，卖冰草赚取利润，后来，为了基地的快速扩张，我们免费向农户提供种子，提供种苗，以保护价统一收购，统一销售的模式，未来，天英将通过该模式在全国建立100个基地，种植5000亩冰草，带动两万人就业。在此过程中，香格里拉、周记等五星级酒店都是我们的稳定客户。2018年，天英以折扣价向自己的合作社和外来的农民企业提供了种苗。

企业的快速发展直接带动了5241人就业，其中，自营基地486人就业，我们向外来地区提供种苗，又带动了3100人就业。

我们的团队家族有从事30年的涉及农业经验，有中国冰草种植第一人，营销团队具有创业高管经理。

我们将推进四大举措，来推进我们的企业科学发展。同时，我们将引入农业合伙人、农民大学生、普通投资人都可以成为我们的农业合伙人，未来我们将通过该模式，在全国建立100个合作基地、5000亩冰草，带动两万人就业。

我们将带动更多农民就业，让农民和消费者来同享美好的生活，同时，我们欢迎各位加入我们。我们会一直扎根土地，因为土地会让人看到希望。谢谢！

第四节　路演 PPT 设计要点

项目路演就是项目介绍吗？为什么有的路演精彩纷呈，有的却令人昏昏欲睡？其实，路演并非背稿、并非读 PPT 那么简单。一般来说，一场路演时间大约在 5~8 分钟，期间要通过宣讲和互动问答，让投资者了解项目，达成投资、资源对接等方面的合作意向。如何能在简短的时间里，传递项目核心内容，吸引投资者目光，让他无法拒绝你，这些问题都值得创业者认真思考。

路演 PPT 源于商业计划书，两者的本质是一样的，但是商业计划书适用于阅读，一般是打印成册方便浏览的，而路演 PPT 适用于演说。目前，在各类的创新创业大赛中，路演时，都会带着 PPT 作为辅助工具。PPT 可以说是路演者的路演提纲，更是投资人、评委视觉感受的来源，一份好的路演 PPT 代表着创业者的态度和能力，它对路演结果的影响十分重要，能让创业者在台上更加自信。PPT 对于创业而言，是传递信息的工具，怎么才能做好路演 PPT 呢？

一、路演 PPT 的制作要素

路演 PPT 要简洁、清晰、美观、用增长数据和图表、真实的公司故事、真实的品牌讲述创业项目，以激发投资人（或评委）的兴趣。

篇幅：路演一般都会对每个项目限定具体的时间，大多数路演项目都限定在 5~10 分钟，以第五届"互联网+"创新创业大赛为例，北京市市赛路演时间是 5 分钟，国赛路演时间为 10 分钟。因此，创业者应根据项目情况，确定合理的 PPT 篇幅，但总的来说，PPT 应该控制在 15~20 张之间。

简明：路演 PPT 要逻辑清晰，版面简单清晰，给人简洁大方的直观感受，不宜过于复杂，要避免大段的文字描述，可以以增长数据、图表、图片等形式为主，配以简短的强调性或者总结性的文字。例如，介绍财务数据、市场规模时，可以用图表来展示，并在图表旁加上有针对性的、简要的说明文字。简单明了、简明扼要的路演 PPT，可以在有限的时间内吸引听众足够多的注意力，吸引投资者的投资愿望。

美观：强调的是色彩搭配，避免同一页面中出现过多颜色，字体颜色以柔和、清晰为标准，同时也能突出主要观点、内容，展示有效信息。

评委、投资人很看重路演 PPT，以此来判断创业团队的综合素质。因此一份逻辑清晰、文字精练、观点鲜明、视觉美观的 PPT 非常重要。创业团队必须要会写和会讲 PPT。如果想提升 PPT 水平，建议多学习苹果、小米、华为、乐视、罗辑思维等产品发布或对外演讲的 PPT，包括他们的文字和视觉等。

二、路演 PPT 的结构、内容

制作路演 PPT 要先画结构图，把知识点要点都画出来。根据评分标准准备自己的结构、元素、要点。在表达的时候说的都是得分点。说到了得分点基本都能得分，说的好就能得高分。PPT 要包含项目介绍、背景情况、团队介绍、组织分工、项目执行中有预算、项目活动、整合哪些资源、有什么成效、社会效应、项目反馈和延续推广，感谢和反思。这些在商业计划书中都会有阐述。

在制作路演 PPT 之前，如何梳理路演 PPT 的制作思路，一般而言，其按照以下思路进行：

- 我是谁？
- 做什么？（让评委/投资人快速听懂项目是干什么）
- 要解决什么问题？
- 为什么这样做？
- 我将怎样做？（团队介绍、销售方式、盈利模式等）
- 我的优势是什么？（市场分析、目标客户、竞争对手）
- 我怎么赚钱？（市场占有率、真实收益等）
- 我的融资需求是什么？（团队扩建、规模扩建、未来收益预测、财务需求等）

参赛的路演 PPT，需要提前研读评审规则，明确得分点，让自己的路演 PPT 有的放矢。

结合评审要点，路演 PPT 内容可以按照以下方面进行制作：

- 介绍：封面、问题、解决方案、技术、运营情况
- 业务：市场、竞争、客户、营销策略、合作伙伴、团队
- 未来：财务及预测、融资方案

三、参赛路演 PPT 的制作

（一）路演 PPT 的内容

我们以"互联网+"创新创业大赛路演 PPT 为例，简要说明。①

1. 封面

明确参赛组别和项目名称，项目名称用一句高度凝练的话来概括清楚，即产品为用户解决什么问题，在什么场景下使用，可以为用户创造什么价值。要把产品所表达的内容，撰写成评委想看到的、感兴趣的内容，文字要简洁再简洁，打磨再打

---

① "互联网+"大学生创新创业大赛项目路演汇报 PPT 模板. 金锄头文库. https://www.jinchutou.com/p-98988672.html.

磨；要听得顺耳，读得顺口，看得顺眼。例如，小米电视：打造年轻人的第一台电视；淘宝：淘我喜欢；京东：多快好省，只为品质生活。携程旅行：携程在手，说走就走。

2. 正文

（1）分析市场现状和行业背景（Why、Why、How）这部分需要呈现以下内容：

第一，讲清楚项目相关的行业背景、市场发展趋势、市场空间（注意行业市场分析要具体且有针对性，与所要做的事要紧密相关，避免空泛论述）。

第二，要描述在目前的市场背景下，你发现了一个什么样的痛点，或需求点、机会（在分析痛点时，如已有解决相关痛点的产品，可能需要简要分析已有产品存在的不足，表明当前的商业机会）。

第三，说明目前正是做这件事的最佳时间。

（2）讲清楚你要做什么（What），讲清楚你准备干一件什么事。不要大段文字，你要做的事应该一两句话就能说清楚，最好能配上功能示意图或简要流程框图，让人对项目一目了然。在内容上不要追求大而全，要专注聚焦，表明你就想做一件事，而且像解决这件事中的某个关键问题。

（3）如何做以及现状（How）这部分内容主要包括：

第一，有什么解决方案，或什么产品，能够解决发现的痛点（你的方案或者产品是什么，提供了怎样的功能）。

第二，产品将面对的用户群是谁（一定要有清晰的目标用户群定位）。

第三，产品或解决方案的竞争力（为什么这件事你能做，而别人不能？或者为什么你能比别人干得好？特别的核心竞争力是什么，与众不同的地方是什么？例如是否拥有知识产权……）。

第四，说明你未来如何挣钱，即你的商业模式。

第五，横向竞品对比分析，可以做关键维度对比分析，一定要客观、真实、优劣势可能都有。

第六，产品的研发、生产、市场、销售等相关策略。如项目处于早期或者在概念、设计阶段，该部分的市场、销售简要说明即可。

第七，目前已经进展程度，要用数据说话，例如，产品、研发、销售等关键环节的进展。

（4）项目团队（Who），要讲清楚团队的人员组成、团队成员的背景和特长、分工情况。团队要有合理分工，强调团队成员个人能力适合该岗位，团队的组合适合该项目，突出团队的优势，让投资人相信项目团队值得信赖。

（5）财务预测与融资计划（How much）。这部分主要表达未来一年或者半年需要多少钱，用这些钱干什么，达成什么目标，目前的估值和之前的融资情况。

（6）封底，为结束语。

（二）PPT 制作技巧

一份好的 PPT，可以全面梳理出要传递的必备信息，明晰演讲重点和核心，帮助路演者形成清晰的表达逻辑，并通过良好的视觉感官，牢牢抓住评委的"眼球"。那么，路演 PPT 的制作有什么技巧？

1. 逻辑

制作 PPT，要理清逻辑，突出重点，尽量按照评分标准，梳理好先讲什么，再讲什么，这样评委可以边听边看边打分。

2. 内容

路演 PPT 是信息的展示，评委要的是关键信息点，所以在制作 PPT 时，要凝练项目要点，提取关键词，把信息表达清楚。而当需要呈现的信息特别多时，可根据其内在的逻辑总结为表格或图。

3. 模板

选择简洁大方的模板。若模板有一些图片要素，要注意要素与项目的主题是相关的。模板的空间要足够宽敞。不要采用颜色过多的模板，一般整体风格不超出三种颜色，五颜六色的 PPT 会影响内容展示，不利于突出重点，不利于讲解。为了增强一些美感和行业特色，可以增加一些行业符号或有象征性的图案。

推荐模板下载网站：

优品 PPT：http://www.ypppt.com

PPT 宝藏：http://www.pptbz.com

第一 PPT：http://www.1ppt.com

站长素材：http://sc.chinaz.com/ppt/jihuashu.html

4. 文字

注意字体的使用和字号的大小，让路演 PPT 清晰易读。选用路演 PPT 字体，首先要考虑的是阅读性强的字体，其次才是艺术性。在字号上，要适中，一般题目 48 号，标题 28～36 号，正文 18～24 号，字号过大过小都会对阅度产生影响。在字数上，路演 PPT 最好的思路是图片或表格加上尽量少的关键文字，而文字也要放在更易阅读的位置。

推荐下载字体的网站：

找字网：http://www.zhaozi.cn

字客网：https://www.fontke.com

求字网：http://www.qiuziti.com

站长素材：http://font.chinaz.com

大图网：http://www.daimg.com/font

5. 尺寸

制作 PPT 时，一般将 PPT 尺寸设置为 16∶9。因 16∶9 的尺寸偏长方形，可以填充整个屏幕，在视觉上给人一种全浸和投入的效果。而 4∶3 的尺寸偏正方形，在投影时，会导致显示的 PPT 两边留下大片黑色区域，影响美观。

6. 图表

常用到的有柱形图、折线图、饼图等，可根据需表述的内容来选取。例如，柱形图常用来表示销售量、收益、不同项目之间的差异等；折线图可以用来表示项目的趋势，随着时间的变化显示项目的改变；饼图用来表示局部占整体的比例，在演示市场份额、股权结构等内容时比较适合使用，在此基础上，如需要再进一步细分某一块，可以使用复合饼图。

7. 特效

避免使用特效，展示时间很珍贵，特效会占用时间影响路演的流畅性。在路演过程中，PPT 的动画效果很容易出现问题，一旦出错，就是严重的浪费时间。

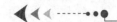 **技能训练**

训练项目1　电梯测验—1分钟团队项目介绍

电梯测验是麦肯锡公司检验其陈述咨询报告的方法之一，是指在乘电梯的 30 秒内清晰准确地向客户解释清楚解决方案。

请组织一下语言，用 1 分钟的时间介绍你们团队的项目。

电梯测试步骤：(根据项目情况自行调整)

第一步：项目介绍（言简意赅）

第二步：提供什么服务或产品和解决什么问题（满足了什么真实需求，解决了什么真实痛点）

第三步：项目状态（量化支持—用数据说话）

第四步：财务状况

训练项目2　路演创业计划

1. 各小组提前研读路演评分规则（见表9-1：项目路演评分表），明确得分点。在此基础上结合小组创业计划书制作路演 PPT 并撰写路演稿。

2. 各组推选 1 名成员上台进行 5 分钟路演。

3. 班级同学与任课教师组成评委组，针对路演项目提问，评分。

4. 各小组完善路演 PPT。

第十章 创新创业类大赛

知识要点

通过本章的学习，希望同学们了解相关的创新创业类大赛。本章主要介绍以下4个大赛：

1. 中国国际"互联网+"大学生创新创业大赛；
2. "挑战杯"全国大学生系列科技学术竞赛；
3. 职业院校技能大赛创新创业赛项；
4. "京彩大创"北京大学生创新创业大赛。

案例导入

全国大众创业万众创新活动周①

中国国务院总理李克强在 2014 年夏季达沃斯论坛上提出"大众创业、万众创新"，自此"双创"工作受到社会广泛关注，并吸引了各方面积极参与。2015 年政府工作报告明确提出，要将"大众创业、万众创新"打造成中国经济发展的"双引擎"之一。

为进一步营造良好社会氛围，在更大范围、更高层次、更深程度上推进"双创"，中国国务院决定从 2015 年起设立"全国大众创业万众创新活动周"，定于每年 10 月举行，具体时间根据年度安排确定，每年设置不同主题：

2015 年，主题为"创业创新——汇聚发展新动能"。

2016 年，主题为"发展新经济，培育新动能"。

2017 年，主题为"双创促升级，壮大新动能"。

---

① 百度百科. 全国大众创业万众创新活动周. https://baike.baidu.com/item/%E5%85%A8%E5%9B%BD%E5%A4%A7%E4%BC%97%E5%88%9B%E4%B8%9A%E4%B8%87%E4%BC%97%E5%88%9B%E6%96%B0%E6%B4%BB%E5%8A%A8%E5%91%A8/18740518?fr=aladdin.2023-01-10.

2018 年，主题为"高水平双创，高质量发展"。

2019 年，主题为"汇聚双创活力，澎湃发展动力"。

2020 年，主题为"创新引领创业，创业带动就业"。

2021 年，主题为"高质量创新创造，高水平创业就业"。

2022 年，主题为"创新增动能，创业促就业"。

通过搭建"双创"展示平台，推动形成新一轮创业创新热潮，为实现创新驱动发展汇聚智慧和力量。活动周期间在中国各地举办政策宣传、展览展示、经验交流、信息发布、文化传播、互动对接、投资交易、成果转化等活动，促进各类创业创新要素聚集交流对接，在全社会营造良好创业创新氛围。

每年的"全国大众创业万众创新活动周"是创新企业的盛会，与此同时，每年各类的大学生创新创业大赛是千万大学生的盛宴。各类创新创业大赛能持续激发学生创新创业热情，加快创新创业人才培养，展示创新创业教育成果，为大学生创新创业项目与社会资源对接搭建平台。

第一节 中国国际"互联网+"大学生创新创业大赛①

一、大赛简介

中国国际"互联网+"大学生创新创业大赛是双创领域的竞赛盛宴，其已成为覆盖全国所有高校、面向全体高校学生、影响最大的赛事活动之一。教育部、中央统战部、中央网络安全和信息化委员会办公室、国家发展和改革委员会、工业和信息化部、人力资源社会保障部、农业农村部、中国科学院、中国工程院、国家知识产权局、国家乡村振兴局、共青团中央等是大赛主办方。首届中国"互联网+"大学生创新创业大赛于 2015 年举办；第三届中国"互联网+"大学生创新创业大赛时，习近平总书记给"青年红色筑梦之旅"的大学生回信予以勉励。从第六届开始，赛事更名为"中国国际'互联网+'大学生创新创业大赛"。每一届大赛都会有相应的主题，历届大赛主题为：

首届："互联网+"成就梦想，创新创业开辟未来；

第二届：拥抱"互联网+"时代，共筑创新创业梦想；

第三届：搏击"互联网+"新时代，壮大创新创业主力军；

第四届：勇立时代潮头敢闯会创，扎根中国大地书写人生华章；

第五届：敢为人先放飞青春梦，勇立潮头建功新时代；

---

① 全国大学生创业服务网. https://cy.ncss.org.cn/.2023-01-10.

第六届：我敢闯，我会创；

第七届：我敢闯，我会创；

第八届：我敢闯，我会创。

大赛采用校级初赛、省级复赛、全国总决赛三级赛制。在校级初赛、省级复赛基础上，按照组委会配额择优遴选项目进入全国决赛。大赛一般历时 7 个月，于 4 月启动、10 月结束，赛程安排一般如下：

1. 参赛报名（4—5 月）。参赛团队通过登录"全国大学生创业服务网"（cy. ncss. cn）或微信公众号（名称为"全国大学生创业服务网"或"中国互联网+大学生创新创业大赛"）任一方式进行报名。

2. 初赛复赛（6—8 月）。校级初赛的比赛方式、时间、地点由各高校负责组织安排；省市复赛一般包括网上评审、现场评审两个环节。

3. 全国总决赛（10 月）。大赛专家委员会对入围全国总决赛项目进行网上评审，择优选拔项目进行现场比赛，决出金奖、银奖、铜奖。

大赛设置了不同的参赛组别，包括：（1）高教主赛道：本科生组、研究生组，根据所处创业阶段，本科生组和研究生组均内设创意组、初创组、成长组；（2）青年红色筑梦之旅赛道：公益组、创意组、创业组；（3）职教赛道：创意组、创业组；（4）萌芽赛道：参赛对象为普通高级中学在校学生。（5）产业命题赛道：针对企业开放创新需求，面向产业代表性企业、行业龙头企业、专精特新企业以及入选国家"大众创业万众创新示范基地"的大型企业征集命题。

参赛项目团队需准备和提交相关材料，包括：（1）项目计划书；（2）项目展示PPT；（3）项目一分钟展示视频；（4）资质证明（营业执照、专利证书、商标注册证明等）。

二、高教主赛道赛事方案及规则

（一）参赛项目类型

1. 新工科类项目：大数据、云计算、人工智能、区块链、虚拟现实、智能制造、网络空间安全、机器人工程、工业自动化、新材料等领域，符合新工科建设理念和要求的项目；

2. 新医科类项目：现代医疗技术、智能医疗设备、新药研发、健康康养、食药保健、智能医学、生物技术、生物材料等领域，符合新医科建设理念和要求的项目；

3. 新农科类项目：现代种业、智慧农业、智能农机装备、农业大数据、食品营养、休闲农业、森林康养、生态修复、农业碳汇等领域，符合新农科建设理念和要求的项目；

4. 新文科类项目：文化教育、数字经济、金融科技、财经、法务、融媒体、翻译、旅游休闲、动漫、文创设计与开发、电子商务、物流、体育、非物质文化遗产保护、社会工作、家政服务、养老服务等领域，符合新文科建设理念和要求的项目。

参赛项目团队应认真了解和把握"四新"发展要求，结合以上分类及项目实际，合理选择参赛项目类别。参赛项目不只限于"互联网+"项目，鼓励各类创新创业项目参赛，根据"四新"建设内涵和产业发展方向选择相应类型。

（二）参赛方式和要求

1. 以团队为单位报名参赛。允许跨校组建参赛团队，每个团队的成员不少于3人，不多于15人（含团队负责人），须为项目的实际核心成员。参赛团队所报参赛创业项目，须为本团队策划或经营的项目，不得借用他人项目参赛。

2. 按照参赛学校所在的国家和地区，分为中国大陆参赛项目、中国港澳台地区参赛项目、国际参赛项目三个类别。国际参赛项目和中国港澳台地区参赛项目可根据当地教育情况适当调整学籍和学历的相关参赛要求。

（三）具体参赛条件

本科生组各组别参赛条件如下：

1. 创意组

（1）参赛项目具有较好的创意和较为成型的产品原型或服务模式，在大赛通知下发之日前尚未完成工商等各类登记注册。

（2）参赛申报人须为项目负责人，项目负责人及成员均须为普通高等学校全日制在校本专科生（不含在职教育）。

（3）学校科技成果转化项目不能参加本组比赛（科技成果的完成人、所有人中参赛申报人排名第一的除外）。

2. 初创组

（1）参赛项目工商等各类登记注册未满3年。

（2）参赛申报人须为项目负责人且为参赛企业法定代表人，须为普通高等学校全日制在校本专科生（不含在职教育），或毕业5年以内的全日制本专科学生（不含在职教育）。企业法定代表人在大赛通知发布之日后进行变更的不予认可。

（3）项目的股权结构中，企业法定代表人的股权不得少于1/3，参赛团队成员股权合计不得少于51%。

3. 成长组

（1）参赛项目工商等各类登记注册3年以上。

（2）参赛申报人须为项目负责人且为参赛企业法定代表人，须为普通高等学校全日制在校本专科生（不含在职教育），或毕业 5 年以内的全日制本专科学生（不含在职教育）。企业法定代表人在大赛通知发布之日后进行变更的不予认可。

（3）项目的股权结构中，企业法定代表人的股权不得少于10%，参赛团队成员股权合计不得少于1/3。

研究生组参赛条件与本科生组基本一致，其中"创意组"要求"项目负责人须为普通高等学校全日制在校研究生。项目成员须为普通高等学校全日制在校研究生或本专科生（不含在职教育）"，"初创组"及"成长组"项目负责人及成员不含普通高等学校全日制本专科生。

（四）评审规则

创意组与其他组别的评审规则不同，具体评审规则如下：

表 10-1 创意组项目评审要点

评审要点	评审内容	分值
教育维度	1. 项目应弘扬正确的价值观，体现家国情怀，恪守伦理规范，有助于培育创新创业精神。 2. 项目符合将专业知识与商业知识有效结合并转化为商业价值或社会价值的创新创业基本过程和基本逻辑，展现创新创业教育对创业者基本素养和认知的塑造力。 3. 体现团队对创新创业所需知识（专业知识、商业知识、行业知识等）与技能（计划、组织、领导、控制、创新等）的娴熟掌握与应用，展现创新创业教育提升创业者综合能力的效力。 4. 项目充分体现团队解决复杂问题的综合能力和高级思维；体现项目成长对团队成员创新创业精神、意识、能力的锻炼和提升作用。 5. 项目能充分体现院校在新工科、新医科、新农科、新文科建设方面取得的成果；体现院校在项目的培育、孵化等方面的支持情况；体现多学科交叉、专创融合、产学研协同创新、产教融合等模式在项目的产生与执行中的重要作用。	30
创新维度	1. 项目遵循从创意到研发、试制、生产、进入市场的创新一般过程，进而实现从创意向实践、从基础研发向应用研发的跨越。 2. 团队能够基于学科专业知识并运用各类创新的理念和范式，解决社会和市场的实际需求。 3. 项目能够从产品创新、工艺流程创新、服务创新、商业模式创新等方面着手开展创新创业实践，并产生一定数量和质量的创新成果以体现团队的创新力。	20

续 表

评审要点	评审内容	分值
团队维度	1. 团队的组成原则与过程是否科学合理；团队是否具有支撑项目成长的知识、技术和经验；是否有明确的使命愿景。 2. 团队的组织构架、人员配置、分工协作、能力结构、专业结构、合作机制、激励制度等的合理性情况。 3. 团队与项目关系的真实性、紧密性情况；对项目的各项投入情况；创立创业企业的可能性情况。 4. 支撑项目发展的合作伙伴等外部资源的使用以及与项目关系的情况。	20
商业维度	1. 充分了解所在产业（行业）的产业规模、增长速度、竞争格局、产业趋势、产业政策等情况，形成完备、深刻的产业认知。 2. 项目具有明确的目标市场定位，对目标市场的特征、需求等情况有清晰的了解，并据此制定合理的营销、运营、财务等计划，设计出完整、创新、可行的商业模式，展现团队的商业思维。 3. 项目落地执行情况；项目对促进区域经济发展、产业转型升级的情况；已有盈利能力或盈利潜力情况。	20
社会价值维度	1. 项目直接提供就业岗位的数量和质量。 2. 项目间接带动就业的能力和规模。 3. 项目对社会文明、生态文明、民生福祉等方面的积极推动作用。	10

表 10-2 初创组、成长组项目评审要点

评审要点	评审内容	分值
教育维度	1. 项目应弘扬正确的价值观，体现家国情怀，恪守伦理规范，有助于培育创新创业精神。 2. 项目符合将专业知识与商业知识有效结合并转化为商业价值或社会价值的创新创业基本过程和基本逻辑，展现创新创业教育对创业者基本素养和认知的塑造力。 3. 体现团队对创新创业所需知识（专业知识、商业知识、行业知识等）与技能（计划、组织、领导、控制、创新等）的娴熟掌握与应用，展现创新创业教育提升创业者综合能力的效力。 4. 项目充分体现团队解决复杂问题的综合能力和高级思维；体现项目成长对团队成员创新创业精神、意识、能力的锻炼和提升作用。 5. 项目能充分体现院校在新工科、新医科、新农科、新文科建设方面取得的成果；体现院校在项目的培育、孵化等方面的支持情况；体现多学科交叉、专创融合、产学研协同创新、产教融合等模式在项目的产生与执行中的重要作用。	20

续 表

评审要点	评审内容	分值
商业维度	1. 充分掌握所在产业（行业）的产业规模、增长速度、竞争格局、产业趋势、产业政策等情况；具有明确的目标市场定位，充分掌握目标市场的特征、需求等情况；具有完整、创新、可行的商业模式。 2. 经营绩效方面，重点考察项目存续时间、营业收入（合同订单）现状、企业利润、持续盈利能力、市场份额、客户（用户）情况、税收上缴、投入与产出比等情况。 3. 经营管理方面，是否有清晰的企业发展目标；是否有完备的研发、生产、运营、营销等制度和体系；是否采用先进、科学的管理方法，以确保企业具有较强的竞争力。 4. 成长性方面，是否有清晰、有效、全方位的企业发展战略，并拥有可靠的内外部资源（人才、资金、技术等方面）实现企业战略，以建立企业的持续竞争优势。 5. 现金流及融资方面，关注项目融资情况、获取资金渠道情况、企业经营的现金流情况、融资需求及资金使用情况是否合理。 6. 项目对促进区域经济发展、产业转型升级的情况。	30
团队维度	1. 团队的组成原则与过程是否科学合理；团队是否具有独特的支撑项目成长的知识、技能、经验以及成熟的外部资源网络；是否有明确的使命愿景。 2. 公司是否具有合理的组织构架、清晰的指挥链、科学的决策机制；是否有合理的岗位设置、分工协作、专业能力结构；是否有良好的内部沟通机制；是否有合理的股权结构、激励制度等。 3. 团队对项目的各项投入情况及团队成员的稳定性情况。 4. 支撑公司发展的合作伙伴等外部资源的使用以及与公司关系的情况。	20
创新维度	1. 项目遵循从创意到研发、试制、生产、进入市场的创新一般过程，进而实现从创意向实践、从基础研发向应用研发的跨越。 2. 团队能够基于专业知识并运用各类创新的理念和范式，解决社会和市场的实际需求。 3. 项目能够从产品创新、工艺流程创新、服务创新、商业模式创新等方面着手开展创新实践，产生一定数量和质量的创新成果，获得相应的市场回报。 4. 项目能够从创新战略、创新流程、创新组织、创新制度与文化等方面进行设计协同，对创新进行有效管理，进而保持公司的竞争力。	20
社会价值维度	1. 项目直接提供就业岗位的数量和质量。 2. 项目间接带动就业的能力和规模。 3. 项目对社会文明、生态文明、民生福祉等方面的积极推动作用。	10

三、"青年红色筑梦之旅"赛道赛事方案及规则

（一）参赛项目要求

1. 参加"青年红色筑梦之旅"赛道的项目应符合大赛参赛项目要求，同时在推进农业农村、城乡社区经济社会发展等方面有创新性、实效性和可持续性。

2. 以团队为单位报名参赛。允许跨校组建团队，每个团队的参赛成员不少于 3 人，不多于 15 人（含团队负责人），须为项目的实际核心成员。参赛团队所报参赛创业项目，须为本团队策划或经营的项目，不得借用他人项目参赛。

3. 参赛申报人须为项目负责人，须为普通高等学校全日制在校生（包括本专科生、研究生，不含在职教育），或毕业 5 年以内的全日制学生（不含在职教育）；国家开放大学学生（仅限学历教育）。企业法定代表人在大赛通知发布之日后进行变更的不予认可。

（二）参赛组别和要求

参加大赛"青年红色筑梦之旅"赛道的项目须为参加"青年红色筑梦之旅"活动的项目。根据项目性质和特点，分为公益组、创意组、创业组。

1. 公益组

（1）参赛项目不以营利为目标，积极弘扬公益精神，在公益服务领域具有较好的创意、产品或服务模式的创业计划和实践。

（2）参赛申报主体为独立的公益项目或社会组织，注册或未注册成立公益机构（或社会组织）的项目均可参赛。

2. 创意组

（1）参赛项目基于专业和学科背景或相关资源，解决农业农村和城乡社区发展面临的主要问题，助力乡村振兴和社区治理，推动经济价值和社会价值的共同发展。

（2）参赛项目在大赛通知下发之日前尚未完成工商等各类登记注册。

3. 创业组

（1）参赛项目以商业手段解决农业农村和城乡社区发展面临的主要问题、助力乡村振兴和社区治理，实现经济价值和社会价值的共同发展，推动共同富裕。

（2）参赛项目在大赛通知下发之日前已完成工商等各类登记注册，学生须为法定代表人。项目的股权结构中，企业法定代表人的股权不得少于 10%，参赛成员股权合计不得少于 1/3。

参加"青年红色筑梦之旅"活动是参加"青年红色筑梦之旅"赛道的必要前提。

（三）评审规则

"青年红色筑梦之旅"赛道各组别具体评审规则如下：

表 10-3　公益组项目评审要点

评审要点	评审内容	分值
教育维度	1. 项目应弘扬正确的价值观，体现家国情怀，恪守伦理规范，有助于培育创新创业精神。 2. 项目体现团队扎根中国大地了解国情民情，遵循发现问题、分析问题、解决问题的基本规律，将所学专业知识、技能和方法应用于解决各类社会问题，展现创新创业教育对创业者基本素养和认知的塑造力和提升创业者综合能力的效力。 3. 项目充分体现团队解决复杂问题的综合能力和高级思维；体现项目成长对团队成员创新创业精神、意识、能力的锻炼和提升作用。 4. 项目能充分体现院校在新工科、新医科、新农科、新文科建设方面取得的成果；项目充分体现专业教育、思政教育、创新创业教育的有机融合；体现院校在项目的培育、孵化等方面的支持情况。	30
公益维度	1. 项目以社会价值为导向，以谋求公共利益为目的，以解决社会问题为使命，不以营利为目标，有一定公益成果。 2. 在公益服务领域具有较好的创意、产品或服务模式的创业计划和实践，追求社会效益的最大化。	10
团队维度	1. 团队的组成原则与过程是否科学合理；是否具有从事公益创业所需的知识、技术和经验；是否有明确的使命愿景。 2. 团队内部的组织构架、人员配置、分工协作、能力结构、专业结构、激励制度的合理性情况；团队外部服务支撑体系完备（如志愿者团队等）、具有一定规模、实施有效管理使其发挥重要作用的情况。 3. 团队与项目关系的真实性、紧密性情况；团队对项目的各项投入情况；团队的延续性或接替性情况。 4. 支撑项目发展的合作伙伴等外部资源的使用以及与项目关系的情况。	20
发展维度	1. 项目通过吸纳捐赠、获取政府资助、自营收等方式确保持续生存能力情况。 2. 团队基于一定的产品、服务、模式，通过高效管理、资源整合、活动策划等运营手段，确保项目影响力与实效性。 3. 项目对促进就业、教育、医疗、养老、环境保护与生态建设等方面的效果。 4. 项目的模式可复制、可推广、具有示范效应。 5. 项目对带动大学生到农村、城乡社区从事社会服务就业创业的情况。	20

续 表

评审要点	评审内容	分值
创新维度	1. 团队能够基于科学严谨的创新过程，遵循创新规律，运用各类创新的理念和范式，解决社会实际需求。 2. 项目能够从产品创新、服务创新等方面着手开展公益创业实践，并产生一定数量和质量的创新成果。 3. 鼓励将高校科研成果运用到公益创业中，以解决相应的社会问题。	20
必要条件	参加由学校、省市或全国组织的"青年红色筑梦之旅"活动。	

表 10-4 创意组项目评审要点

评审要点	评审内容	分值
教育维度	1. 项目应弘扬正确的价值观，体现家国情怀，恪守伦理规范，有助于培育创新创业精神。 2. 项目体现团队扎根中国大地了解国情民情，遵循发现问题、分析问题、解决问题的基本规律，将所学专业知识、技能和方法应用于乡村振兴和农业农村现代化、城乡社区发展，展现创新创业教育对创业者基本素养和认知的塑造力和提升创业者综合能力的效力。 3. 项目充分体现团队解决复杂问题的综合能力和高级思维，体现项目成长对团队成员创新创业精神、意识、能力的锻炼和提升作用。 4. 项目能充分体现院校在新工科、新医科、新农科、新文科建设方面取得的成果；项目充分体现专业教育、思政教育、创新创业教育的有机融合；体现院校在项目的培育、孵化等方面的支持情况。	30
团队维度	1. 团队的组成原则与过程是否科学合理；团队是否具有支撑项目成长的知识、技术和经验；是否有明确的使命愿景。 2. 团队的组织构架、人员配置、分工协作、能力结构、专业结构、合作机制、激励制度等的合理性情况。 3. 团队与项目关系的真实性、紧密性情况；对项目的各项投入情况；创立创业企业的可能性情况。 4. 支撑项目发展的合作伙伴等外部资源的使用以及与项目关系的情况。	20
发展维度	1. 充分了解乡村振兴、农业农村现代化、城乡社区发展的内容和要求，了解其中的痛点、难点，进而形成对所要解决问题完备的认知。 2. 在服务乡村振兴、农业农村现代化、城乡社区发展等方面有较好的创意、产品或服务模式，追求经济效益和社会效益的平衡。 3. 项目对推动乡村振兴、农业农村现代化、城乡社区发展等方面的贡献度。 4. 项目的持续生存能力，模式可复制、可推广、具有示范效应等。	20

续 表

评审要点	评审内容	分值
创新维度	1. 团队能够基于科学严谨的创新过程，遵循创新规律，运用各类创新的理念和范式，解决乡村振兴、农业农村现代化、城乡社区发展中遇到的各类问题。 2. 项目能够从产品创新、服务创新等方面着手开展创新创业实践，并产生一定数量和质量的创新成果。 3. 鼓励院校科研成果和文创成果在乡村或社区进行产业转化落地与实践应用。 4. 鼓励组织模式或商业模式创新，鼓励资源整合优化创新。	20
社会价值维度	1. 项目直接提供就业岗位的数量和质量。 2. 项目间接带动就业的能力和规模。 3. 项目对社会文明、生态文明、民生福祉等方面的积极推动作用。	10
必要条件	参加由学校、省市或全国组织的"青年红色筑梦之旅"活动。	

表 10-5　创业组项目评审要点

评审要点	评审内容	分值
教育维度	1. 项目应弘扬正确的价值观，体现家国情怀，恪守伦理规范，有助于培育创新创业精神。 2. 项目体现团队扎根中国大地了解国情民情，遵循发现问题、分析问题、解决问题的基本规律，将所学专业知识、技能和方法应用于乡村振兴和农业农村现代化实践，展现创新创业教育对创业者基本素养和认知的塑造力和提升创业者综合能力的效力。 3. 项目充分体现团队解决复杂问题的综合能力和高级思维，体现项目成长对团队成员创新创业精神、意识、能力的锻炼和提升作用。 4. 项目能充分体现院校在新工科、新医科、新农科、新文科建设方面取得的成果；项目充分体现专业教育、思政教育、创新创业教育的有机融合；体现院校在项目的培育、孵化等方面的支持情况。	20
团队维度	1. 团队的组成原则与过程是否科学合理，团队成员的教育和工作背景、创新能力、价值观念、分工协作和能力互补情况，是否有明确的使命愿景； 2. 公司是否具有合理的组织构架、清晰的指挥链、科学的决策机制；是否有合理的岗位设置、分工协作、专业能力结构；是否有良好的内部沟通机制；是否有合理的股权结构、激励制度。 3. 团队对项目的各项投入情况及团队成员的稳定性情况。 4. 支撑公司发展的合作伙伴等外部资源的使用以及与公司关系的情况。	20

续 表

评审要点	评审内容	分值
发展维度	1. 充分了解乡村振兴、农业农村现代化、城乡社区发展的内容和要求，了解其中的痛点、难点，进而形成对所要解决问题完备的认知。 2. 在服务乡村振兴、农业农村现代化、城乡社区发展等方面有较好产品或服务模式，追求经济效益和社会效益的平衡。 3. 项目通过商业方式推动乡村振兴、农业农村现代化、城乡社区发展等方面的贡献度。 4. 项目的持续生存能力，模式可复制、可推广、具有示范效应等。	30
创新维度	1. 团队能够基于科学严谨的创新过程，遵循创新规律，运用各类创新的理念和范式，解决乡村振兴、农业农村现代化、城乡社区发展中遇到的各类问题。 2. 项目能够从产品创新、服务创新、组织创新等方面着手开展创新创业实践，并产生一定数量和质量的创新成果，获得相应的市场回报。 3. 鼓励院校科研成果和文创成果在乡村或社区进行产业转化落地与实践应用。	20
社会价值维度	1. 项目直接提供就业岗位的数量和质量。 2. 项目间接带动就业的能力和规模。 3. 项目对社会文明、生态文明、民生福祉等方面的积极推动作用。	10
必要条件	参加由学校、省市或全国组织的"青年红色筑梦之旅"活动。	

四、职教赛道赛事方案及规则

（一）参赛项目类型

1. 创新类：以技术、工艺或商业模式创新为核心优势；

2. 商业类：以商业运营潜力或实效为核心优势；

3. 工匠类：以体现敬业、精益、专注、创新为内涵的工匠精神为核心优势。

（二）参赛方式和要求

1. 职业院校（包括职业教育各层次学历教育，不含在职教育）、国家开放大学学生（仅限学历教育）可以报名参赛。

2. 大赛以团队为单位报名参赛。允许跨校组建团队，每个团队的参赛成员不少于 3 人，不多于 15 人（含团队负责人），须为项目的实际核心成员。参赛团队所报参赛创业项目，须为本团队策划或经营的项目，不得借用他人项目参赛。

（三）参赛组别和对象

职教赛道分为创意组和创业组，具体参赛条件如下：

1. 创意组

（1）参赛项目具有较好的创意和较为成型的产品原型、服务模式或针对生产加工工艺进行创新的改良技术，在大赛通知下发之日前尚未完成工商等各类登记注册。

（2）参赛申报人须为团队负责人，须为职业院校的全日制在校学生或国家开放大学学历教育在读学生。

（3）学校科技成果转化项目不能参加本组比赛（科技成果的完成人、所有人中参赛申报人排名第一的除外）。

2. 创业组

（1）参赛项目在大赛通知下发之日前已完成工商等各类登记注册，且公司注册年限不超过 5 年。

（2）参赛申报人须为企业法定代表人，须为职业院校全日制在校学生或毕业 5 年内的学生、国家开放大学学历教育在读学生或毕业 5 年内的学生。企业法人在大赛通知发布之日后进行变更的不予认可。

（3）项目的股权结构中，企业法定代表人的股权不得少于 1/3，参赛团队成员股权合计不得少于 51%。

（四）评审规则

表 10-6　创意组项目评审要点

评审要点	评审内容	分值
教育维度	1. 项目应弘扬正确的价值观，体现家国情怀，恪守伦理规范，有助于培育创新创业精神。 2. 项目符合将专业知识与商业知识有效结合并转化为商业价值或社会价值的创新创业基本过程和基本逻辑，展现创新创业教育对创业者基本素养和认知的塑造力。 3. 体现团队对创新创业所需知识（专业知识、商业知识、行业知识等）与技能（计划、组织、领导、控制、创新等）的娴熟掌握与应用，展现创新创业教育提升创业者综合能力的效力。 4. 项目充分体现团队解决复杂问题的综合能力和高级思维；体现项目成长对团队成员创新创业精神、意识、能力的锻炼和提升作用。 5. 项目能充分体现院校在职业教育建设方面取得的成果；体现院校在项目的培育、孵化等方面的支持情况；体现多学科交叉、专创融合、产学研协同创新、产教融合等模式在项目的产生与执行中的重要作用。	30

续　表

评审要点	评审内容	分值
创新维度	1. 具有原始创意、创造。 2. 具有面向培养"大国工匠"与能工巧匠的创意与创新。 3. 项目体现产教融合模式创新、校企合作模式创新、工学一体模式创新。 4. 鼓励面向职业和岗位的创意及创新，侧重于加工工艺创新、实用技术创新、产品（技术）改良、应用性优化、民生类创意等。	20
团队维度	1. 团队的组成原则与过程是否科学合理；团队是否具有支撑项目成长的知识、技术和经验；是否有明确的使命愿景。 2. 团队的组织构架、人员配置、分工协作、能力结构、专业结构、合作机制、激励制度等的合理性情况。 3. 团队与项目关系的真实性、紧密性情况；对项目的各项投入情况；创立创业企业的可能性情况。 4. 支撑项目发展的合作伙伴等外部资源的使用以及与项目关系的情况。	20
商业维度	1. 充分了解所在产业（行业）的产业规模、增长速度、竞争格局、产业趋势、产业政策等情况，形成完备、深刻的产业认知。 2. 项目具有明确的目标市场定位，对目标市场的特征、需求等情况有清晰地了解，并据此制定合理的营销、运营、财务等计划，设计出完整、创新、可行的商业模式，展现团队的商业思维。 3. 其他：项目落地执行情况；项目对促进区域经济发展、产业转型升级的情况；已有盈利能力或盈利潜力情况。	20
社会价值维度	1. 项目直接提供就业岗位的数量和质量。 2. 项目间接带动就业的能力和规模。 3. 项目对社会文明、生态文明、民生福祉等方面的积极推动作用。	10

表 10-7　创业组项目评审要点

评审要点	评审内容	分值
教育维度	1. 项目应弘扬正确的价值观，体现家国情怀，恪守伦理规范，有助于培育创新创业精神。 2. 项目符合将专业知识与商业知识有效结合并转化为商业价值或社会价值的创新创业基本过程和基本逻辑，展现创新创业教育对创业者基本素养和认知的塑造力。 3. 体现团队对创新创业所需知识（专业知识、商业知识、行业知识等）与技能（计划、组织、领导、控制、创新等）的娴熟掌握与应用，展现创新创业教育提升创业者综合能力的效力。 4. 项目充分体现团队解决复杂问题的综合能力和高级思维；体现项目成长对团队成员创新创业精神、意识、能力的锻炼和提升作用。 5. 项目能充分体现院校在职业教育建设方面取得的成果；体现院校在项目的培育、孵化等方面的支持情况；体现多学科交叉、专创融合、产学研协同创新、产教融合等模式在项目的产生与执行中的重要作用。	20

续 表

评审要点	评审内容	分值
商业维度	1. 充分掌握所在产业（行业）的产业规模、增长速度、竞争格局、产业趋势、产业政策等情况；具有明确的目标市场定位，充分掌握目标市场的特征、需求等情况；具有完整、创新、可行的商业模式。 2. 经营绩效方面，重点考察项目存续时间、营业收入（合同订单）现状、企业利润、持续盈利能力、市场份额、客户（用户）情况、税收上缴、投入与产出比等情况。 3. 经营管理方面，是否有清晰的企业发展目标；是否有完备的研发、生产、运营、营销等制度和体系；是否采用先进、科学的管理方法，以确保企业具有较强的竞争力。 4. 成长性方面，是否有清晰、有效、全方位的企业发展战略，并拥有可靠的内外部资源（人才、资金、技术等方面）实现企业战略，以建立企业的持续竞争优势。 5. 现金流及融资方面，关注项目融资情况、获取资金渠道情况、企业经营的现金流情况、融资需求及资金使用情况是否合理。 6. 项目对促进区域经济发展、产业转型升级的情况。	30
团队维度	1. 团队的组成原则与过程是否科学合理；团队是否具有独特的支撑项目成长的知识、技能、经验以及成熟的外部资源网络；是否有明确的使命愿景。 2. 公司是否具有合理的组织构架、清晰的指挥链、科学的决策机制；是否有合理的岗位设置、分工协作、专业能力结构；是否有良好的内部沟通机制；是否有合理的股权结构、激励制度等。 3. 团队对项目的各项投入情况及团队成员的稳定性情况。 4. 支撑公司发展的合作伙伴等外部资源的使用以及与公司关系的情况。	20
创新维度	1. 具有原始创意、创造。 2. 具有面向培养"大国工匠"与能工巧匠的创意与创新。 3. 项目体现产教融合模式创新、校企合作模式创新、工学一体模式创新。 4. 鼓励面向职业和岗位的创意及创新，侧重于加工工艺创新、实用技术创新、产品（技术）改良、应用性优化、民生类创意等。	20
社会价值维度	1. 项目直接提供就业岗位的数量和质量。 2. 项目间接带动就业的能力和规模。 3. 项目对社会文明、生态文明、民生福祉等方面的积极推动作用。	10

五、产业命题赛道赛事方案及规则

第七届中国国际"互联网+"大学生创新创业大赛新设赛道，加强产学研深度融合。

（一）参赛要求

1. 本赛道以团队为单位报名参赛，每支参赛团队只能选择一题参加比赛，允许

跨校组建、师生共同组建参赛团队，每个团队的成员不少于 3 人，不多于 15 人（含团队负责人），须为揭榜答题的实际核心成员。

2. 项目负责人须为普通高等学校全日制在校生（包括本专科生、研究生，不含在职教育），或毕业 5 年以内的全日制学生（本专科生、研究生，不含在职教育）。参赛项目中的教师须为高校教师。

3. 参赛团队所提交的命题对策须符合所答企业命题要求。参赛团队须对提交的应答材料拥有自主知识产权，不得侵犯他人知识产权或物权。

（二）评审规则

表 10-8 产业命题赛道评审规则

评审要点	评审内容	分值
教育维度	1. 项目应弘扬正确的价值观，体现家国情怀，恪守伦理规范，有助于培育创新创业精神。 2. 项目符合将专业知识与产业实际问题有效结合，并转化为商业价值或社会价值，展现创新创业教育对创业者基本素养和认知的塑造力和提升创业者综合能力的效力。 3. 项目充分体现团队解决复杂问题的综合能力和高级思维，体现项目成长对团队成员创新创业精神、意识、能力的锻炼和提升作用。 4. 项目能充分体现院校在新工科、新医科、新农科、新文科建设方面取得的成果；体现院校在项目的培育、孵化等方面的支持情况；体现多学科交叉、专创融合、产学研协同创新等模式在项目的产生与执行中的重要作用。	30
命题分析	1. 全方位开展与所选命题相关的产业（行业）的产业规模、增长速度、竞争格局、产业趋势、产业政策以及市场的定位、特征、需求等方面的调研，形成一手资料。 2. 系统、深入了解企业（机构）内外部环境情况，通过与企业对接，准确把握其实际需求与痛点，明确解决该命题所需的各类资源。 3. 结合企业（机构）的产品、技术、模式、管理、制度等现实情况与本团队的创意、技术、方案、人才等实际情况，展开解题可行性和匹配度分析，为形成解决方案奠定基础。	10
创新维度	1. 用于解决命题的创意、技术、方案、模式等的先进性情况。 2. 团队基于科学严谨的创新过程，遵循创新规律，运用各类创新的理念和范式解决命题。 3. 基于产业命题赛道开放创新的内在要求，促进企业（机构）将内外部资源有机整合，提高其创新效率的情况。	20
团队维度	1. 团队的组成原则与过程是否科学合理，是否具有支撑解决命题的知识、技术和经验。 2. 团队的组织构架、人员配置、分工协作、能力互补、专业结构的合理性情况。 3. 团队与项目关系的真实性、紧密性情况，团队对项目的各项投入情况，团队与企业（机构）持续合作的可能性情况。 4. 支撑项目发展的合作伙伴等外部资源的使用以及与项目关系的情况。	20

续 表

评审要点	评审内容	分值
实现维度	1. 解决命题过程的规划和工作进度安排合理，在各阶段工作目标清晰，难点明确，重点突出，并能兼顾目标与资源配置。 2. 解决方案匹配企业（机构）命题要求，解决方案具备先进性、现实性、经济性、高完成度等特点。 3. 命题解决方案是否解决企业（机构）命题中涉及的问题，以及为企业（机构）带来经济效益、社会效益的潜力情况。	20

第二节　"挑战杯"全国大学生系列科技学术竞赛①

"挑战杯"全国大学生系列科技学术竞赛的简称是挑战杯，是由共青团中央、中国科协、教育部和全国学联共同主办的全国性的大学生课外学术实践竞赛，竞赛官方网站为 www.tiaozhanbei.net。"挑战杯"竞赛在中国共有两个并列项目，一个是"挑战杯"中国大学生创业计划竞赛，在该项大赛的基础上，自 2014 年组织开展"创青春"全国大学生创业大赛；另一个则是"挑战杯"全国大学生课外学术科技作品竞赛。这两个项目的全国竞赛交叉轮流开展，每个项目每两年举办一届。

一、"创青春"全国大学生创业大赛

"创青春"全国大学生创业大赛是由共青团中央、教育部、人力资源和社会保障部、中国科协、全国学联和地方省级人民政府主办，工业和信息化部、国务院国有资产监督管理委员会、中华全国工商业联合会支持。大赛始终坚持"培养创新意识、启迪创意思维、提升创造能力、造就创业人才。"的宗旨。www.chuangqingchun.net 为"创青春"全国大学生创业大赛官方网站。大赛一般于 4 月启动，11 月结束。

大赛下设大学生创业计划竞赛（即"挑战杯"中国大学生创业计划竞赛）、创业实践挑战赛、公益创业赛等 3 项主体赛事。大学生创业计划竞赛面向高等学校在校学生，以商业计划书评审、现场答辩等作为参赛项目的主要评价内容；创业实践挑战赛面向高等学校在校学生或毕业未满 5 年的高校毕业生，且应已投入实际创业 3 个月以上，以盈利状况、发展前景等作为参赛项目的主要评价内容；公益创业赛面向高等学校在校学生，以创办非营利性质社会组织的计划和实践等作为参赛项目的主要评价内容。

（一）参赛资格

凡在举办大赛终审决赛的当年 7 月 1 日以前正式注册的全日制非成人教育的各

---

① 挑战杯. http://www.tiaozhanbei.net/focus.2022−07−10.

类高等院校在校专科生、本科生、硕士研究生和博士研究生（均不含在职研究生）可参加全部 3 项主体赛事；毕业 5 年以内（时间截至举办大赛终审决赛的当年 7 月 1 日）的专科生、本科生、硕士研究生和博士研究生可代表原所在高校参加创业实践挑战赛（需提供毕业证证明，仅可代表最终学历颁发高校参赛）。

（二）参赛项目的申报条件

1. 大学生创业计划竞赛

参加竞赛项目分为已创业与未创业两类；分为农林、畜牧、食品及相关产业，生物医药，化工技术和环境科学，信息技术和电子商务，材料，机械能源，文化创意和服务咨询等 7 个组别。实行分类、分组申报。

拥有或授权拥有产品或服务，并已在工商、民政等政府部门注册登记为企业、个体工商户、民办非企业单位等组织形式，且法人代表或经营者为符合参赛资格规定的在校学生、运营时间在 3 个月以上（以预赛网络报备时间为截止日期）的项目，可申报已创业类。

拥有或授权拥有产品或服务，具有核心团队，具备实施创业的基本条件，但尚未在工商、民政等政府部门注册登记或注册登记时间在 3 个月以下的项目，可申报未创业类。

2. 创业实践挑战赛

拥有或授权拥有产品或服务，并已在工商、民政等政府部门注册登记为企业、个体工商户、民办非企业单位等组织形式，且法人代表或经营者符合参赛资格规定、运营时间在 3 个月以上（以预赛网络报备时间为截止日期）的项目，可申报该赛事。申报不区分具体类别、组别。

3. 公益创业赛

拥有较强的公益特征（有效解决社会问题，项目收益主要用于进一步扩大项目的范围、规模或水平）、创业特征（通过商业运作的方式，运用前期的少量资源撬动外界更广大的资源来解决社会问题，并形成可自身维持的商业模式）、实践特征（团队须实践其公益创业计划，形成可衡量的项目成果，部分或完全实现其计划的目标成果）的项目，且参赛学生符合参赛资格规定，可申报该赛事。申报不区分具体类别、组别。

与此同时，参赛项目涉及下列内容时，必须由申报者提供有关部门的证明材料，否则不予评审：

动植物新品种的发现或培育，须有省级以上农科部门或科研院所开具证明。

对国家保护动植物的研究，须有省级以上林业部门开具证明，证明该项研究的过程中未产生对所研究的动植物繁衍、生长不利的影响。

新药物的研究须有卫生行政部门授权机构或具有同等资质机构的鉴定证明。

医疗卫生研究须通过专家鉴定，并最好附有在公开发行的专业性杂志上发表过的文章。

涉及燃气用具等与人民生命财产安全有关用具的研究，须有国家相应行政部门授权机构的认定证明。

（三）参赛形式

以学校为单位统一申报，以创业团队形式参赛，原则上每个团队人数不超过10人。

对于跨校组队参赛的项目，各成员须事先协商明确项目的申报单位。

对于经授权的发明创造或专利技术，在报名时需提交具有法律效力的发明创造或专利技术所有人的书面授权许可、项目鉴定证书、专利证书等。

对于已注册运营项目的，在报名时需提交相关证明材料（含单位概况、法定代表人情况、营业执照复印件、税务登记证复印件、组织机构代码复印件等材料）。

（四）各类专项赛事

此外，在符合大赛宗旨、具有良好导向的前提下，会根据实际需要设立专项赛事。

1. MBA专项赛

2014年、2016年、2018年均设立了MBA专项赛。

（1）参赛对象

①设有MBA专业的学校以创业团队的形式参赛，每所学校只能组成1支团队参赛，原则上每个团队人数不超过10人，项目进入终审决赛后，参加终审决赛答辩的人员不超过3人，且均需为团队核心成员。

②参赛团队第一负责人必须为比赛当年7月1日以前正式注册且就读MBA专业的在校学生，团队其他成员必须为比赛当年7月1日以前正式注册的全日制非成人教育的高等学校在校学生或毕业未满3年的高校毕业生，学历、专业可不作限制。

③对于跨校组队参赛的项目，各成员须事先协商明确一所学校作为唯一的项目申报单位。

（2）项目申报

①项目是否已投入创业及创业领域不限，申报不区分具体组别。

②项目申报材料包括项目申报表、项目计划书、项目展示介绍视频等，以上材料需分别通过纸质版和电子版两种方式报送。其中，纸质版要求一式6份，封面采用230克A4纸，正文采用70克A4纸，电子版要同时报送大赛官方网站。

项目展示介绍 PPT 和视频等申报材料直接报送大赛官方网站，项目展示 PPT 须为 PowerPoint2007 及以下版本文件，大小不超过 20M；项目展示介绍视频：须制作为 flv 格式，时长不超过 2 分钟，文件大小不超过 100MB。

③参赛项目须为团队原创作品，此外：第一，对于经授权的发明创造、专利或专有技术，申报时需提交具有法律效力的发明创造、专利或专有技术所有人的书面授权许可、项目鉴定证书、专利证书等复印件。第二，对于已投入实际创业的项目，申报时需提交相关证明材料（含单位概况、法定代表人或经营者情况、营业执照复印件、税务登记证复印件、组织机构代码复印件、开户许可证、财务报表等）。第三，对于动植物新品种的发现或培育、国家保护动植物、新药物的研究、医疗卫生研究、涉及燃气用具等与人民生命财产安全有关用具的研究，申报时需提供所规定材料。

④所申报创业项目提交后不得变更，团队成员不得变更。

⑤各高校须将参加全国复赛的项目申报材料依照上述有关要求统一报送全国组委会办公室，其中项目申报表须由 MBA 专业所在院系、本校团委核实参赛者身份真实性并加盖公章。全国组委会不接受个人申报。

（3）对于 MBA 项目的评审，主要侧重于以下方面：

①项目陈述：明确表达产品或服务及市场进入策略和市场开发策略；商业目的明确、合理；形象设计及创业理念出色；全盘战略目标合理、明确。

②市场分析：明确表述该产品或服务的市场容量与趋势、市场竞争状况、市场变化趋势及潜力；细分目标市场及客户描述，估计市场份额和销售额；相关市场调查和分析的科学严密性。

③公司运作：公司定位准确，计划科学、严密；成员能力互补且分工合理，组织机构严谨；各发展阶段目标合理，重点明确；对经营难度和资源要求分析准确。

④财务管理：股本结构与规模、资金来源与运用；盈利能力分析；风险资金退出策略等。

⑤回答提问：准确理解评委问题，回答具有针对性而不是泛泛而谈；回答问题思路清晰，逻辑严密，语言简洁流畅，对评委特别指出的方面能做出充分说明和解释；例证、数据科学，准确，真实；在规定时间内完成陈述和答辩。

⑥团队表现：分工明确，配合默契，体现团队精神。

决赛团队按照抽签分组依次进行现场答辩，答辩由团队陈述与评委提问两部分组成，团队陈述时间为 10 分钟，陈述以 PPT 的方式呈现，评委提问时间为 10 分钟。

2. 网络信息经济专项赛

2018 年设立了网络信息经济专项赛。

（1）参赛内容和对象

①项目须符合网络信息经济的范围，包括但不限于以下主题：智能硬件、智能制造、移动互联、云计算、大数据运用、电子商务（含跨境电子商务）、其他类网络信息经济等。

②竞赛分实践类、创意类分别进行比赛，实践类为已经投入实际运营的项目，创意类为还没投入实际运营的项目，同一个项目只能参与其中一类比赛。

③以创业团队的形式参赛，每所学校两类项目最多共可申报 3 项，原则上每个团队人数不超过 10 人，项目进入终审决赛后，参加终审决赛答辩的人员不超过 3 人，且均需为团队核心成员。

④凡在比赛当年 7 月 1 日以前正式注册的全日制非成人教育的各类高等院校在校专科生、本科生、硕士研究生和博士研究生（均不含在职研究生）或毕业未满 3 年的高校毕业生均可参赛。

⑤对于跨校组队参赛的项目，各成员须事先协商明确唯一的项目申报单位。

（2）项目申报

项目申报材料及要求、项目要求、团队成员等规定与 MBA 专项赛相同。各高校团委须将参加全国复赛的项目申报材料依照上述有关要求统一报送全国组委会办公室，其中项目申报表须由本校团委核实参赛者身份真实性并加盖公章。全国组委会不接受个人申报。

（3）对于实践类项目的终审，主要侧重于以下方面：

①项目陈述：项目的产业背景和市场竞争环境；项目的市场机会和有效的市场需求、所面对的目标顾客；项目的独创性、领先性以及实现产业化的途径等。

②市场分析：明确表述该产品或服务的市场容量与趋势、市场竞争状况、市场变化趋势及潜力；细分目标市场及客户描述，估计市场份额和销售额；相关市场调查和分析的科学严密性。

③公司运作：公司定位准确，计划科学、严密；成员能力互补且分工合理，组织机构严谨；各发展阶段目标合理，重点明确；对经营难度和资源要求分析准确。结合项目特点制定合适的市场营销策略，包括对自身产品、技术或服务的价格定位、渠道建设、推广策略等。

④财务管理：股本结构与规模、资金来源与运用；盈利能力分析；风险资金退出策略等。

⑤回答提问：准确理解评委问题，回答具有针对性而不是泛泛而谈；思路清晰，逻辑严密，语言简洁流畅，对评委特别指出的方面能做出充分说明和解释；例证、数据科学，准确，真实；在规定时间内完成陈述和答辩。

⑥团队表现：分工明确，配合默契，体现团队精神。

（4）对于创意类项目的终审，主要侧重于以下方面：

①创业思路：具备一定的先进性，商业模式是否可操作、是否满足创业的要求，与创业内容之间是否合理、恰当、可行。

②项目陈述：明确表达产品或服务及市场进入策略和市场开发策略；商业目的明确、合理；形象设计及创业理念出色；全盘战略目标合理、明确。

③项目实操：项目的应用前景、风险和问题分析是否准确、方案的合理性与可操作性。

④财务管理：股本结构与规模，资金来源与运用，盈利能力分析，风险资金退出策略等。

⑤回答提问：准确理解评委问题，回答具有针对性而不是泛泛而谈；思路清晰，逻辑严密，语言简洁流畅，对评委特别指出的方面能做出充分说明和解释；例证、数据科学，准确，真实；在规定时间内完成陈述和答辩。

⑥团队表现：分工明确，配合默契，体现团队精神。

复赛、决赛均采取随机抽签分组的方式进行。终审决赛各团队依次进行现场答辩，答辩由团队陈述与评委提问两部分组成，团队陈述时间为 10 分钟，陈述以 PPT 的方式呈现，评委提问时间为 10 分钟。

3. 电子商务专项赛

2016 年设立了电子商务专项赛。

项目须符合互联网与商业贸易活动的结合，或基于互联网对传统商业贸易产业的改造，包括但不限于以下主题：三农电子商务、电子商务物流、移动电子商务、跨境电子商务、互联网金融、校园电子商务、旅游电子商务、康养电子商务、其他类电子商务等。

其他要求、评审侧重点同网络信息经济专项赛。

二、"挑战杯"全国大学生课外学术科技作品竞赛①

"挑战杯"全国大学生课外学术科技作品竞赛（以下简称"'挑战杯'竞赛"）是由共青团中央、中国科协、教育部、全国学联和地方政府共同主办，国内著名大学、新闻媒体联合发起的一项具有导向性、示范性和群众性的全国竞赛活动。自 1989 年首届竞赛举办以来，"挑战杯"竞赛始终坚持"崇尚科学、追求真知、勤奋学习、锐意创新、迎接挑战"的宗旨，在促进青年创新人才成长、深化高校素质教育、推动经济社会发展等方面发挥了积极作用，在广大高校乃至社会上产生了广泛而良好的影响，被誉为当代大学生科技创新的"奥林匹克"盛会。大赛一般于 4 月

---

① 挑战杯. 关于组织开展第十六届"挑战杯"全国大学生课外学术科技作品竞赛的通知. http://www.tiaozhanbei.net/article/15708/.2020-05-05.

开始，11 月结束。

高等学校在校学生申报自然科学类学术论文、哲学社会科学类社会调查报告和学术论文、科技发明制作三类作品参赛。专家评定出具有较高学术理论水平、实际应用价值和创新意义的优秀作品，给予奖励。

以第十六届"挑战杯"全国大学生课外学术科技作品竞赛为例，介绍大赛相关规则。

（一）参赛资格

凡在举办竞赛终审决赛的当年 6 月 1 日以前正式注册的全日制非成人教育的各类高等院校在校专科生、本科生、硕士研究生（不含在职研究生）都可申报作品参赛。

（二）作品申报

1. 申报参赛的作品必须是距竞赛终审决赛当年 6 月 1 日前两年内完成的学生课外学术科技或社会实践活动成果，可分为个人作品和集体作品。申报个人作品的，申报者必须承担申报作品 60% 以上的研究工作，作品鉴定证书、专利证书及发表的有关作品上的署名均应为第一作者，合作者必须是学生且不得超过 2 人；凡作者超过 3 人的项目或者不超过 3 人，但无法区分第一作者的项目，均须申报集体作品。集体作品的作者必须均为学生。凡有合作者的个人作品或集体作品，均按学历最高的作者划分至本专科生或硕士研究生类进行评审。

本校硕博连读生（直博生）若在决赛当年 6 月 1 日以前未通过博士资格考试的，可以按硕士生学历申报作品。没有实行资格考试制度的学校，前两年可以按硕士学历申报作品。医学等本硕博连读生，按照四年、二年分别对应本、硕申报，后续则不可申报。

毕业设计和课程设计（论文）、学年论文和学位论文、国际竞赛中获奖的作品、获国家级奖励成果（含本竞赛主办单位参与举办的其他全国性竞赛的获奖作品）等均不在申报范围之列。

2. 申报参赛的作品分为自然科学类学术论文、哲学社会科学类社会调查报告和学术论文、科技发明制作三类。

自然科学类学术论文作者限本专科生。哲学社会科学类社会调查报告和学术论文限定在哲学、经济、社会、法律、教育、管理 6 个学科内。科技发明制作类分为A、B 两类：A 类指科技含量较高、制作投入较大的作品；B 类指投入较少，且为生产技术或社会生活带来便利的小发明、小制作等。

3. 参赛作品涉及下列内容时，必须由申报者提供有关部门的证明材料，否则不予评审。

（1）动植物新品种的发现或培育，须有省级以上农科部门或科研院所开具证明。

（2）对国家保护动植物的研究，须有省级以上林业部门开具证明，证明该项研究的过程中未产生对所研究的动植物繁衍、生长不利的影响。

（3）新药物的研究须有卫生行政部门授权机构的鉴定证明。

（4）医疗卫生研究须通过专家鉴定，并最好附有在公开发行的专业性杂志上发表过的文章。

（5）涉及燃气用具等与人民生命财产安全有关用具的研究，须有国家相应行政部门授权机构的认定证明。

4. 参赛作品必须于申报前将作品项目名称、参赛学生和指导教师等关键信息在校内官方网站主页上进行不少于 5 天的公示，并将公示截图随作品一同报送。

5. 参赛作品必须由两名具有高级专业技术职称的指导教师（或教研组）推荐，经本校学籍管理、教务、科研管理部门审核确认。

（三）参赛作品参考题

与此同时，大赛给出了哲学社会科学类参赛作品参考题，包括：哲学类、经济类、社会学类、法律类、教育类、管理类，并提出了相关要求。

作品总体要求：鼓励参赛学生认真学习习近平新时代中国特色社会主义思想，学习党的十九大和十九届二中、三中全会重要精神，自觉运用马克思主义立场观点方法分析和解决实际问题，积极弘扬社会主义核心价值观，结合对经济建设、政治建设、文化建设、社会建设、生态文明建设等方面的要求，用建设性的态度和改革发展的眼光，贴近实际、贴近生活、贴近群众，典型调查，以小见大，独立思考，了解新情况，反映新问题，体认新实践，研究新经验，深刻认识国情，拓展时代视野，加深对中国特色社会主义道路、理论和制度的理解和把握，树立正确的世界观、人生观、价值观，培养实事求是、以人为本、与时俱进、艰苦奋斗、勇于创新和科学严谨的精神，锻炼运用科学理论认识、分析和解决实际问题的能力。

参赛的作品，论文类每篇在 8000 字以内，调查报告类每篇在 15000 字以内。为党政部门、企事业单位所作的各类发展规划、工作方案和咨询报告，已被采用者亦可申报参赛，同时附上原件和采用单位证明的复印件和鉴定材料等。

（四）评审侧重点

评审过程中综合考虑作品的科学性、先进性、现实意义等方面因素。其中，自然科学类学术论文侧重考核基础学科学术探索的前沿性和学术性，哲学社会科学类

社会调查报告和学术论文侧重考核与经济社会发展热点难点问题的结合程度和前瞻意义，科技发明制作侧重考核作品的应用价值和转化前景。

三、"挑战杯——彩虹人生"全国职业学校创新创效创业大赛[①]

"挑战杯——彩虹人生"全国职业学校创新创效创业大赛是在原有大学生"挑战杯"系列竞赛基础上，结合职业学校学生特点设立的，是旨在增强职业学校学生创新创效、就业创业和职业转换能力的科技学术竞赛。大赛由共青团中央、教育部、人力资源和社会保障部、中国科协、全国学联主办，每两年举办一届，分为全国和省级两级赛事。全国赛事采取各省轮流承办模式方式。首届大赛于2014年举办，大赛一般于4月开始，8月结束。

大赛设中职组和高职组两个参赛组别。各参赛组别均设置创意设计竞赛、生产工艺革新与工作流程优化竞赛两类竞赛项目。大赛评审委员会根据作品的科学性、创新性、先进性等因素进行评比，通过书面评审、现场展示、问辩以及公开答辩的方式，评出具有较强操作性、良好发展潜力、较高应用价值和一定市场前景的优秀作品给予奖励；组织学术交流和科技成果的交流、展览、转让等活动。全国复赛作品以文本方式展示，受理及评比以文本为主要依据，图纸、技术参数说明等为辅。全国决赛采用现场展示、问辩方式进行。

以2018年"挑战杯——彩虹人生"全国职业学校创新创效创业大赛为例，介绍大赛相关规则。

（一）参赛对象

凡在大赛决赛当年7月1日以前正式注册的全日制各类中职学校（包括普通中等专业学校、职业高中、技工学校和成人中等专业学校）和高职院校（不包括有高职的本科院校）在校学生（含技师学院高级工班、预备技师班学生）都可按照要求参加大赛。

（二）项目申报

1. 全国复赛申报参赛的作品必须是距大赛决赛前两年内完成的学生创新创效创业成果，分为个人作品和集体作品。申报个人作品的，申报者必须承担申报作品60%以上的研究工作，作品鉴定证书、专利证书及发表的有关作品上的署名均应为第一作者，合作者必须是学生且不得超过2人；凡作者超过3人的项目或者不超过3人但无法区分第一作者的项目，均须申报集体作品。集体作品的作者必须均为在

① 挑战杯．"挑战杯——彩虹人生"全国职业学校创新创效创业大赛章程．http://chrs.chuangqingchun.net/d72/zhangcheng.2020-05-04.

校学生。凡有合作者的个人作品或集体作品，均按学历最高的作者划分组别。

2. 作品以学校为单位申报，选手除以个人形式参赛外，也可自行组成学科优势互补、专业配备科学、人员结构合理的小组以团队形式参赛。团队参赛小组的人数一般在 10 人以下。每个参赛作品原则上配备 1 名指导教师，最多不超过 3 名。对于跨校组队参赛的项目，各成员须事先协商明确项目的申报单位。

3. 申报作品需经本校审核确认，确保作品符合大赛申报要求，并接受大赛全国组织委员会抽查。

4. 如作品是在其他已有作品基础上的进一步完善改进，须在作品中加以说明，并对已有作品进行详细说明。一旦发现且经核实确系舞弊、抄袭、作假等的作品，全国组织委员会将取消选手参赛资格和学校的评奖资格，并向所属省级团委进行通报。选手所在学校不得补报作品。

5. 对于经授权的发明创造或专利技术，在报名时需提交具有法律效力的发明创造或专利技术所有人的书面授权许可、项目鉴定证书、专利证书等。凡涉及参赛作品的相关资料，请参赛选手自行把握技术和商业内容的公开程度，参赛者与其作品中经授权的发明创造或专利技术所有人之间的纠纷与全国组织委员会无关。

6. 参赛作品涉及下列内容时，必须由申报者提供有关部门的证明材料，否则不予评审：

（1）动植物新品种的发现或培育，须有省级以上农科部门或科研院所开具证明。

（2）对国家保护动植物的研究，须有省级以上林业部门开具证明，证明该作品研究的过程中未产生对所研究的动植物繁衍、生长不利的影响。

（3）新药物的研究须有卫生行政部门授权机构或具有同等资质机构的鉴定证明。

（4）医疗卫生研究须通过专家鉴定，原则上需附有在公开发行的专业性杂志上发表过的文章。

（5）涉及燃气用具等与人民生命财产安全有关用具的研究，须有国家相应行政部门授权机构的认定证明。

（三）各类竞赛申报作品具体要求

1. 创意设计类作品

该竞赛主要体现创意创新，侧重展示小发明、小制作和创意设计金点子等内容。重点考察参赛选手的研究能力、创意水平、创新能力和动手实践能力。作品包括科技发明制作和工业设计两大类。参赛选手须根据作品主要创新点确定其所属学科专业，以接受相关专业领域专家评审。

（1）科技发明制作类应按作品主要创新点所在学科领域分为机械与控制类、信息技术类、生命科学类、能源化工类。

（2）工业设计类按所属学科领域分为建筑规划设计、环境艺术设计、园艺设计、城市色彩设计、陈列设计和配套物资设计、产品造型设计以及工艺产品设计。

超过上述学科专业领域的作品暂不接受申报。

2. 生产工艺革新与工作流程优化类作品

该竞赛主要体现生产和工作的创效创优。本类竞赛作品侧重具体产品生产过程中工艺革新和工作流程优化及创新，包括对生产工艺革新、工作流程合理化改进、生产效率提高的建议等内容。在申报时，须提供革新优化方案的设计思路、实验数据、效果验证报告、操作流程、注意事项、潜在问题分析、改进成本分析及其他说明材料。项目重点考察参赛选手利用专业技术知识对工作生产进行研究创新以求优化组合、降本增效的能力。

生产工艺革新组作品具体分类如下：

（1）机械与控制类。包括机械、仪器仪表、交通、建筑等领域。

（2）信息技术类。包括计算机、通讯、电子等领域。

（3）生命科学类。包括生物、药学、医学、食品等领域。

（4）能源化工类。包括能源、化工、生态、环保等领域。

工作流程优化组作品包括财经商贸类、交通运输类、邮电通信类、流通贸易类、餐饮类、房地产类、社会服务类、金融保险类、文化艺术事业类、教育类、司法服务类、公共管理与服务类等领域。

第三节　职业院校技能大赛创新创业赛项

职业院校技能大赛创新创业赛项是 2021 年的新设赛项。

一、竞赛内容

面向财经商贸专业大类中工商管理、市场营销、电子商务、财务会计、物流等专业，鼓励跨专业组队。比赛由创业企业模拟运营、创业企业模拟运营汇报和创新创业项目路演答辩、项目运营实践三个阶段组成，总竞赛时长 465 分钟，每个参赛团队由 5 人组成，团队内部自行分工，完成三个阶段的竞赛内容。

（一）创业企业模拟运营实操（每队比赛时长 150 分）

1. 创业企业模拟运营

参赛团队成员分为 CEO、财务经理、生产经理、销售经理、人力资源经理五个

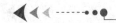

岗位角色，在软件平台中分别运营相应模块。其中，财务经理、生产经理、销售经理、人力资源经理协助 CEO 对企业进行运行管理，为 CEO 的决策提供财务运行、生产运行、销售状况和人力资源相关参数信息，并分管企业财务、生产、销售和人力资源等方面工作，按月度向 CEO 提出企业运行意见和建议等，经营团队需在指定的目标市场的前提下，连续从事三个会计年度的企业经营与管理，最终以企业固定资产、净利润等参数来评估竞赛团队的运营结果。该部分以软件系统自动生成的企业估值、盈利、企业运行效率等作为评分依据。

2. 创业企业模拟运营汇报文件制作

团队基于运营过程中的环境分析、运营过程数据，结合相应学科的理论知识，整理并进行决策分析，制作汇报文件，主要考察参赛团队的文案的整理与总结、问题分析与解决、数据分析、创新思维与意识等方面的技能，同时考察了选手是否应用到"PDCA"进行改进与提升。

3. 财经商贸与创新创业知识考核

财经商贸与双创理论基础理论考核模块。主要考察选手"双创"理论、财经商贸各专业的基础理论知识和专业综合素养。试题题型主要为案例分析、简答、论述。

（二）创业企业模拟运营汇报和创新创业项目路演答辩（每队比赛时长 15 分钟）

1. 创业企业模拟运营汇报（3 分钟）

参赛团队基于第一部分的模拟运营，汇报企业模拟运行过程、结果及相关分析，包括企业运营的市场环境分析、运营数据分析、运营决策和运营效果等，主要考查学生对理论知识与实际运营技能的应用，考查学生是否具有相对成熟的创新思维、较高的创业素养和实践技能。

2. 创新创业项目路演（7 分钟）

通过参赛团队路演来展示项目的创新水平和成长潜力，主要考查学生基于大数据等新技术、互联网新思维等创业实战能力。

3. 答辩（5 分钟）

汇报结束后，评分裁判进行提问，参赛团队根据裁判问题现场回答，由裁判根据选手答辩情况进行赋分。

（三）项目运营实践（300 分钟）

1. 运营方案制定（120 分钟）

参赛团队基于直播平台对组委会所指定的"乡村振兴""爱心助老"等主题系

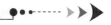

列产品包进行"线上+线下"营运策划，团队要根据产品功能、特色等，制定具体可行的营运方案，在竞赛结束时，以文档的形式提交大赛评委会。

2. 运营实践（180分钟）

根据制定的营运方案，借助网络新媒体方式进行营销转化，注重产品媒介推广、销售，强化综合项目实操能力，深度融合全线运营技巧，在大赛组委会要求的统一时间进行销售，实现从平台运营到流量变现。

二、评分标准

（一）创业企业模拟运营（30分）

参赛团队创业企业模拟运营36个月（含试题最初运营的1~6个月），分值为30分。

表10-9　创业企业模拟运营评分标准

竞赛内容	评分标准	分值
创业企业模拟运营	通过36个月（含试题最初运营1~6个月）创业模拟运营实操，以系统给出的企业估值、利润、运行效率等数据作为评分依据。 （1）所有团队基础分0分。 （2）所有团队在最初运营基础之上，接续运营直至第36个月。在运营至第30个月前，可以出售股份、变卖公司资产、解雇员工等操作；运营第31至36个月期间不得变卖公司资产、不得解雇公司员工，出售股份，若出现上述情况按0分计算。团队最终成绩按企业估值和持股比例进行计算，若持股比例为50%，则最终企业估值需乘以50%。 （3）运营满36个月的团队计分如下：竞赛中最高企业估值为100分，每降低一定的企业估值（具体根据当年竞赛最高估值确定）减1分，直至0分。 （4）运营未满36个月，或破产团队均记为0分。 （5）若得分相同，则对比较企业利润，利润高者排名在前。 （6）若估值和利润值相同，则对比平均效率，效率高者名次在前。	30分

（二）项目路演汇报展示部分（25分）

本部分包括创业企业模拟运营汇报、创新创业项目路演及答辩。创业企业模拟运营汇报10分，创新创业项目路演及答辩15分。

表 10-10 创业企业模拟运营决策汇报评分标准

评审要点	评审内容	分值
初始环境分析	(1) 企业总体情况 (2) 企业财务、人力资源、生产和销售状况 (3) 企业环境分析 (4) 解决企业运行中存在问题的方案 (5) 企业今后经营的定位与总体战略	2分
营销分析	(1) 企业销售策略的制定依据 (2) 企业营销手段选择的依据 (3) 企业销售策略是否与企业产品定位、目标客户等相关参数相符 (4) 营销成本计算 (5) 盈亏平衡点计算	1.5分
人力资源分析	企业人力资源策略制定是否与企业总体经营战略相符 企业招聘员工的技能是否符合企业的运行状况 (3) 企业员工培训是否与企业总体战略相符	1.5分
生产分析	(1) 产品设计参数设计依据 (2) 企业产品生产方式分析 (3) 生产产品的方式分析 (4) 企业产品相关生产零部件的采购分析 (5) 产品质量保证分析	1.5分
财管分析	(1) 企业融资类型、成本分析 (2) 企业融资主要依据分析 (3) 企业运行资金的总体分析 (4) 企业运行中的财务问题与解决方案 (5) 是否依据企业财务状况进行相关运行决策	1.5分
其他	(1) 企业运行过程的得失分析 (2) 企业下一步的运行思路 (3) 备赛与竞赛过程的收获	2分
合计	10分	

表 10-11 创新创业项目路演及答辩汇报评分标准

评审要点	评审内容	分值
创新创业意识及精神	(1) 对创新的理解。 (2) 对团队自身的优缺点的认识。 (3) 对市场风险、机遇的认知与把控。 (4) 对创业成败的理解与应对方法。 (5) 对企业家精神、企业文化的理解。	2分

续　表

评审要点	评审内容	分值
创新创业行动力	（1）项目中，如何发现问题和寻找解决问题方案的。 （2）项目中，解决方案的创新性、可行性。 （3）项目中，如何运用相关理论知识来支持、辅助决策。 （4）项目中，如何灵活变通，从不同的角度提供多种解决方案。 （5）通过项目，评估团队的学习能力，并对已经认识到的短板（能力、品质和行为上的差距）做出回应。	3分
创新创业技能	（1）团队成员有条理、有激情的路演展示创新创业项目。 （2）团队的领导力和管理能力。 （3）团队合作过程中如有不同意见，有妥善地解决方法。 （4）团队在项目运营中，如何科学决策。 （5）团队成员分工合理。 （6）团队成员有厚实的理论基础。 （7）团队成员有流利的语言表达能力。 （8）团队在遇到困难时，能准确分析原因，找到解决问题的方法。 （9）团队中如何对待变革与创新。 （10）团队在比赛及备赛过程的收获，对个人和团队发展的影响。 （11）团队汇报的时间合理。	5分
项目商业性	（1）行业调查研究，项目市场、技术等调查资料。 （2）商业机会识别与利用、竞争与合作。 （3）技术基础、产品或服务设计。 （4）资金及人员需求，融资需求及资金使用规划。 （5）现行法律法规限制等方面具有可行性。 （6）商业模式的完整性、可行性，项目盈利能力推导。 （7）项目目标市场容量及市场前景，未来对相关产业升级或颠覆的可能性。	5分
合计	15分	

（三）运营实践评分标准（35分）

主要为产品运营方案（10分）和直播运营实操表现（25分）。

表10-12　运营策划书评分标准

评审要点	评审内容	分值
市场分析	产品的主要用户群体特点及竞争对手分析。	1分
定位	根据定位策略，准确地描述直播定位	1分
团队管理	合理进行分工，明确各成员角色分配，配合默契。	0.5分
互动设计	有合理明确的互动环节设计及互动意图说明。	2分

续 表

评审要点	评审内容	分值
"线上+线下"推广运营策略	有具体切实可行的"线下+线下"运营方案含推广方案和直播引流方案等。	5分
策划书内容完整、表述清楚，语法通顺	策划书所要求的各项内容是否有缺失，能够保持直播带货流程的完整、全面、思路清晰、具有创新性。	0.5分
合计	10分	

表10-13　直播运营实操评分标准

评审要点	评审内容	分值
主播形象	主播妆容精致、着装举止得体，存在不雅行为、有失礼仪等问题，则该项不得分。	2分
直播场景（根据竞赛现场情况确定）	在提供的物料中进行选择，对直播间进行场景布置，符合直播主题内容，突出直播特色，能够清晰直观展示产品。	1分
直播话术（引流、促单）	口齿清晰，表达流畅，直播相关话术熟练掌握并且能够灵活运用。	5分
互动能力	能够与观众积极互动，活跃直播间气氛。做好控场、突发事件处理和客户维护。	5分
产品知识	能够对产品进行专业化描述，对产品有深入的了解，可以及时回答观众对于产品的问题。	5分
销售总额	订单销售额（以参赛队数量计算，第一名6分，其余名次依次递减0.1）	6分
团队合作	合理进行分工，明确各成员角色分配，配合默契。	1分
合计	25分	

第四节　"京彩大创"北京大学生创新创业大赛

"京彩大创"北京大学生创新创业大赛由北京市教育委员会、北京市人力资源社会保障局和北京市发展改革委员会共同主办，4月启动。以2022年首届大赛为例，介绍具体流程：

第一阶段（4月—5月）：网上申报。

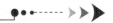

第二阶段（5月—6月）：网评初赛、网评复赛。大赛组委会组织专家按照评分标准进行评审。

第三阶段（6月中下旬）：现场决赛。分赛道组织现场决赛，每个赛道的决赛时间为一天。

第四阶段：总决赛。

同期举办北京大学生创新创业训练营。对决赛优秀选手开展集中特训，给予系统化、专业化、实战化的创新创业辅导。

一、大赛活动

大赛举办"1+7"系列活动。"1"是1项主体赛事，"7"是7项同期活动。

（一）主体赛事

主体赛事设科技创新、社会服务、文化创意、乡村振兴四个赛道。

科技创新赛道主要包括光电子信息、量子信息、集成电路、移动互联、大数据、人工智能、生命健康、脑科学、生物育种、空天科技、深地深海等领域具有前瞻性、战略性的参赛项目。

社会服务赛道主要包括科教卫生、养老、托育、家政、旅游、体育、生态环境、社区发展、慈善金融等领域的参赛项目。

文化创意赛道主要包括广播影视、动漫、音像、传媒、视觉艺术、表演艺术、工艺与设计、雕塑、环境艺术、广告装潢、服装设计等领域的参赛项目。

乡村振兴赛道主要包括种植养殖技术、农产品加工及销售、农业社会化服务、乡村旅游，尤其在巩固脱贫攻坚成果、带动助力乡村振兴等领域的参赛项目。

（二）同期活动

包括北京大学生创新创业成果展、北京大学生创新创业大讲堂、北京大学生创新创业训练营、优秀创业团队项目对接会、北京大学生创新创业白皮书发布、北京大学生创新创业"百粒'金种子'项目（2022）"遴选、北京高校大学生就业创业工作IP形象设计等7项同期活动。

二、申报对象

（一）北京地区高校普通全日制本专科、研究生（含非全日制）在读的或毕业五年内的学生（含留学归国人员），作为工商注册法人或主要负责人（已注册公司）创立的创业企业，或作为项目负责人（尚未工商注册）组建的创业团队（以下统一简称"创业团队"）。

（二）京外高校普通全日制本专科、研究生（含非全日制）在读的或毕业五年内的北京市户籍学生（含留学归国人员）组建的创业团队。

（三）作为工商注册法人的团队负责人持有股份应不少于30%（含）；非公司法人的团队主要负责人持有股份应不少于10%（含）。

（四）每支参赛创业团队最多3名指导教师。

三、参赛资格

（一）创业团队注册地址及经营地址在京津冀辖区内。

（二）创业团队项目须真实、健康、合法，抄袭、盗用、提供虚假材料或违反相关法律法规的，一经发现，取消参赛资格。

（三）以团队为单位申报，成员须为项目的实际成员。各团队的参赛项目，须为本团队经营或策划的项目，不可借用他人项目参赛。允许跨校组建团队，每支团队负责人唯一，且在团队中占据主导地位，只可通过项目负责人所在高校或原毕业院校或籍贯所在区人力资源社会保障局报名，且根据各赛道的要求，选择一个符合要求的赛道报名参赛，不得兼报。

（四）已享受过北京高校大学生创业园市级"四园"（理工园、软件园、良乡园、沙河园）场地孵化服务的参赛创业团队，获奖后不再重复享受免费场地孵化服务。

四、激励政策

（一）大学生创新创业关键要素支持

1. 场地支持。对有创业场地需求的优秀创业团队，经审核通过后，可免场租入驻北京高校大学生创业园市级园（理工园、软件园、良乡园、沙河园）。

2. 奖金鼓励。总决赛冠军团队奖金20万元；每支亚军团队奖金10万元；每支季军团队奖金5万元。

3. 孵化服务。获奖创业团队可免费享受市教委"一街四园多点"大学生创业园孵化体系提供的专业培训、法律服务、政策咨询、导师辅导、投融资对接等一系列孵化服务。

4. 宣传推广。通过编写典型案例集、制作宣传片、开展成果展示、组织交流学习等形式，对优秀创业团队进行宣传，营造良好的创新创业氛围。

5. 企业云平台支持。帮助对接腾讯青创云创新创业服务平台，为大学生创业企业提供一站式、全周期、高品质的创业服务。

（二）创始人培育与激励

1. 成长扶持。组织知名创业导师为优秀项目进行深度指导及长期帮扶，真正实现"扶上马、送一程"。

2. 办理引进。符合本市引进毕业生条件的总决赛获奖选手，可通过在京项目实体办理毕业生引进。

3. 入选数据库。将入围复赛选手纳入北京大学生创新创业大赛数据库，开展长期关注帮扶。

（三）深度赋能

金融对接。发挥北京市大学生创业板作用，帮助创业企业对接创投基金、银行、担保等机构，解决融资难题。

（四）成果共享

大赛推荐。推荐获得大赛前 100 名（含第 100 名），且符合条件的创业团队报名参加"互联网+"大赛，参赛不占学校名额，直接进入市级复赛网评。

五、专家评审评分标准

1. 项目（企业）概况：（10 分）
重点包括：概括介绍项目（企业）的主营业务、项目团队及股权结构、团队负责人身份及股份比例。

2. 市场与行业分析：（10 分）
重点包括：市场概况、市场容量估算，行业形势研判，竞争分析（SWOT 分析、竞争对手分析、竞争策略等）。

3. 技术与产品：（20 分）
重点包括：产品研发情况、产品特色、应用场景、商业服务模式等。附本项目相关的知识产权（包含专利、注册商标、著作权等），已获得（或正在申请中）的请列出具体名称与代码。

4. 团队：（20 分）
重点包括：核心团队介绍，包括整体及每个成员的介绍，团队特点及能力结构等。

5. 商业模式与实施方案（10 分）
重点包括：产品与服务应用场景、盈利模型、成功案例，以及价格策略、渠道管理、销售策略等。

6. 风险分析与控制：（10 分）
重点包括：与项目相关的政策、技术、管理、市场、人员风险分析，以及应对

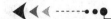

措施。

7. 创业融资（10 分）

重点包括：已完成的融资额度，或融资计划（资金筹措与使用）。

8. 财务业绩与预测（10 分）

重点包括：以往财务业绩、未来三年财务预测。

附录

大学生创业项目商业计划书案例

——军友驿站退役士兵就业能力提升平台

项目执行概要

军友驿站项目是为退役士兵提供职业技能培训与就业岗位推介的服务性平台。目前我国大多数退役士兵所掌握的技能资格仅限于部队认证，难以得到相匹配的社会岗位从业资格认证，导致他们"就业难"。军友驿站项目核心理念是帮助退役士兵实现军事岗位技能与社会岗位技能之间的转化，通过与军队岗位的分析和社会职业岗位通识类、技能类课程培训，把退役士兵转化为用人单位需要的职业技能人才，实现精准就业推介。

目前，社会上针对退役士兵就业服务的多为岗位招聘平台、自考学历教育提升平台、军事资讯及军事周边平台，缺少对退役士兵群体的差异化细分，没有充分挖掘与注重退役士兵军职技能转换的特点。军友驿站项目利用就业导向性高的职业教育类课程，对接退役士兵社会职业技能培训与就业岗位推介需求，开发适应退役士兵的职业技术技能培训课程体系，满足退役士兵提升技术技能需要，实现高质量就业。

目前，我们通过与地方退役军人事务部门联合开展"送政策，送培训"进军营活动，增强与相关政府部门合作黏性，同时对军友驿站项目品牌进行推广宣传。我们主要通过承接退役军人事务部门与人社部门针对退役士兵群体的培训以及向有退役士兵人才需求的用人单位进行输送与推介，从而获得包括政府部门专项经费补贴、退役士兵个人培训费用及企业人才推介费用等三部分的项目盈利。军友驿站项目团队成员由高职大学生、军转干部、高校研究生组成，由各方面的行业专家、顾问指导，促进项目落成。

一、项目概况

（一）项目背景

退役军人是重要的人力资源，是建设中国特色社会主义的重要力量。促进退役军人职业技能提升，从而促进就业创业、对于更好实现退役军人自身价值、助推经济社会发展、服务国防和军队建设具有重要意义。退役军人具有吃苦耐劳、独立性好、服从意识强、正直勇敢的优秀意志品质，不仅是社会重要的人力资源，也是社会企业需要的优秀人才。

习近平总书记在第十九次代表大会上提出："组建退役军人管理保障机构，维护军人军属合法权益，让军人成为全社会尊崇的职业。"

退役军人事务部正式组建以来，促进和加强退役军人就业创业工作非常重视，会同军地部门联合印发多个促进退役军人就业创业的政策性文件，如《关于促进新时代退役军人就业创业工作的意见》等，扶持退役军人就业创业。

国务院关于印发国家职业教育改革实施方案中提出，鼓励支持设立退役军人教育培训集团（联盟），利用职业教育推动退役、培训、就业有机衔接，为促进退役军人特别是退役士兵就业创业作出贡献。

财务部下发《关于进一步扶持自主就业退役士兵创业就业有关税收政策的通知》，文件指明政府给予退役士兵就业创业优惠政策与资金支持。

（二）项目简介

"军友驿站"是一个为退役士兵提供培训与就业的服务性平台（见附图1）。

附图1 "军友驿站"项目简介

（三）项目优势

（1）挖掘士兵自身优势，保留在军队岗位中技能基础。

（2）实现用人单位的精确定岗匹配。

（3）提供针对性的职业技能培训与通用技能培训。

（4）学校校企合作企业放资源丰富，北京地区的优质高校教育资源、企业优秀讲师。

（四）主营业务及产品

通过军队岗位客观分析、个人职业性向分析，分析士兵的已有岗位技能，向推介公司匹配岗位，沟通培训具体安排，并向退役士兵安排具体培训课程。

通过社会适应课程（通识类）、政策解读课程（通识类）、职业技能课程（技能类）、职业资格课程（技能类）、岗位实践课程（技能类）使退役士兵获取职业资格、了解退役后关于自身切身利益的政策及更快地适应融入社会。

通过名优企业岗位推介、求职技能针对指导、求职成功后续服务让退役士兵实现精准就业。

附图2　军友驿站主营业务

（五）主要运营模式

承接退役军人事务部门与人力资源与社会保障部门针对退役士兵群体的培训、提供个性化通识类与技能类课程、为企业输送优质的退役士兵人才。

（六）运营现状

团队成员通过实地走访北京地区军队×××处实地调研、网络采集、实地座谈会调查等方式，对基层部队官兵（三期士官以下及义务兵）实际在退役之后的有关就业问题的盲点与痛点进行了详细分析。

目前已经与Boss直聘等×××家企业取得合作意向，与翊桐飞×××共享平台达成资源共享和深度战略合作意向，与尚德机构等×××家教育培训机构形成战略合作。

团队成员利用我们学校资源及其他合作教育资源企业，与名师、专家合作开发

课程，目前军友驿站已开发课程×××门，核心讲师团×××人，已做军职分析××
××人。项目公开平台部分课程资源，公众号平台现正在运营。

二、项目介绍

（一）项目简介

"军友驿站"是完善退役军人服务保障体系，从社会力量出发，通过提出研发
的"军职转换服务体系"，在退役士兵的就业问题上给予解决和帮扶。秉承专注为
兵的理念，致力于当代士兵退役后的职业发展，通过军职分析、职业技能培训、就
业服务推介提供直通车式的军职转换服务。

军友驿站项目统筹社会资源，联合政府机构、事业单位，致力于退役士兵军队
岗位技能与社会岗位职业技能之间转化。

项目紧抓退役军人的求职核心痛点：就业难、就业岗位选择少、质量低下。就
大趋势情况分析，退役士兵群体普遍存在自身就业优势尚未被挖掘的情况下盲目
就业。

与此同时，绝大部分军队岗位技能具有一定的保密性质且与社会岗位结合度不
高，很难运用到社会企业之中。军友驿站致力研发符合退役士兵的人才培养方案，
提升退役士兵"就业求职核心竞争力"。

（二）项目进展计划

1. 拟注册名称

北京军友驿站人资源服务有限公司

2. 公司 LOGO

附图 3　军友驿站 LOGO

3. 启动时间

2019 年 12 月

4. 准备注册资本（保密）

（三）企业愿景与目标

1. 企业愿景

军友驿站创业团队秉承"专注为兵，驿路同行"的理念，致力于为退役士兵服务，不忘初心，为兵打造属于自己的驿站，陪他们踏上更好的旅途。

2. 企业目标

打造国内首家退役士兵职业化能力提升平台，集政策指导、教育培训、就业帮扶、创业孵化于一体的国内社区。

（四）组织构架

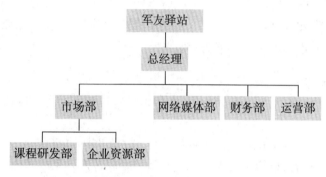

附图4 军友驿站组织结构

三、团队介绍

（一）创始人背景

武某，"军友驿站"团队联合创始人。"军友驿站"CEO。预备党员，导游专业，2015—2017两年从军服役经历。在部队曾荣获"优秀义务兵""个人嘉奖"。在学院任职学生会副主席、班长，具有管理能力。学习成绩优异，荣获过多项国家级、北京市级、校级荣誉。积极关注新闻事实及军队变化，了解当退役军人群体的政策热点，对退役军人的就业热点问题深有体会，热爱部队，心系军营，致力于为兵服务。

（二）核心成员背景

闫某，"军友驿站"团队联合创始人。预备党员，国际金融专业，2014—2016年从军服役经历，在部队荣获"优秀义务兵"。在校担任班长，承担学院学生干部。曾荣获"中英'一带一路'模拟沙盘运营"市赛与国赛、英国国际比赛荣获金奖。万门教育与尚德教育实习经历，负责项目中的运营与课程研发。

胡某，"军友驿站"团队联合创始人核心成员。"军友驿站"网络媒体部总监。视觉传播与制作专业，校团委宣传部部长，擅长公众号运营和新媒体宣传。创业团队LOGO制作者，负责团队资源拓展和产品平台开发。工作态度认真，具有交际能力、沟通能力，擅长沟通与策划。为军属子女，对军队拥有特殊情节，热爱军营，关注新闻时事，致力于为兵服务。

刘某，"军友驿站"团队联合创始人之一。"军友驿站"财务部总监。会计（3+2）专业，任职班长。负责团队财务方向，擅长财务分析与成本核算、项目资金筹措与使用。曾经荣获"中英'一带一路'沙盘模拟运营"北京市级二等奖。性格冷静，关注国防军队及时事热点，致力于为兵服务。

郝某，"军友驿站"团队联合创始人核之一，"军友驿站"市场部总监。市场营销专业，主要负责团队中的市场分析、风险分析与控制与营销策略。曾获北京市高职院校市场营销专业技能大赛二等奖，擅长市场分析与企业营销策略。性格沉稳，关注国防军队及时事热点，致力于为兵服务。

（三）项目顾问

校内外专家：

专家一，从事相关工作，关注预备役士兵大学生的队伍建设。

专家二，从事相关技能鉴定工作，军友驿站军职转换体系的搭建与完善。

专家三，某学院副校长。多年从事职业教育教学研究，曾获得国家教学成果二等奖和北京市教学成果一等奖，指导军友驿站军职转转换培训课程体系搭建，并对退役士兵的人才培养模式有着深入的研究。

专家四，某考试机构负责人，退役军人，关注退役军人的就业问题，指导军友驿站军职转换培训课程的搭建。

校内指导老师情况及经历：

齐老师：学校教师，2018年军队转业干部。军队服役期间历任排长、政治指导员、宣传股长、宣传科代理科长等职务。研究方向为学生科研训练及退役军人就业择业方向，关注当下退役军人就业问题，对退役军人的"再就业"的痛点有着更加直观的感触。了解当下退役军人就业的政策，当前针对退役士兵的就业择业问题展开研究，并掌握大量真实数据。

莫老师：某学院副院长、副教授，热爱军事，致力于对学生理论实践结合的课堂改革。关注国家形势政策变化，对新的形势政策信息有着敏锐的洞察力和分析力，善于观察分析市场，对政策解读利用和数据分析方面给予团队很大指导。

四、产品与服务

（一）主营产品

军职转换服务体系分为军职转换分析与军职转换培训、就业单位推介三部分。

1. 军职转换分析

我们会将军队中士兵们从事的各类岗位与相对应输出的社会岗位进行对照对比，以军队岗位的实际性质和社会岗位的契合度为标准分析出三类军队中的岗位：与社会岗位契合度高的军队岗位，就业与社会岗位契合度一般的军队岗位，与社会岗位契合度低的军队岗位，进行综合性质的军队岗位客观分析。

军队中各岗位的士兵专业都有军队内部相关的职业资格认证与培训证明，与社会资格认证存在一定差异。但在分析士兵个体职业技能与素养掌握情况有着很好的帮助，可以作为分析士兵相关技能掌握情况的标准。首先，我们分析士兵的个体情况，如军兵种、学历状况、服役年限等与军队中的相关职业资格认证与培训作为补充补充分析，完成军职转换分析核心。将士兵职业能力掌握情况分为三类：能力掌握高，能力掌握低，能力掌握一般，进行个人职业能力分析。

我们仅利用军队中的相关岗位资格鉴定与培训证明，难以完全分析出士兵相关职业技能的掌握情况。我们会利用人力资源与社会保障局规定的技能鉴定标准再次总结士兵的技能掌握情况，为第二阶段的军职转换培训做好铺垫，完成军职转换分析阶段，根据军职转换分析的结果，为退役士兵定位输出的岗位群，推介匹配岗位。

2. 就业培训

在与退役士兵确认岗位选择和课程选择后，进入军职转换培训阶段。

军职转换培训课程分为就业培训板块、创业孵化板块、政策解读板块三部分，由适应性课程、政策解读课程、求职办公课程、职业技能课程、跟岗实践课程、创新创业孵化课程共同组成。利用士兵适应性课程、职业技能专业课程、求职办公类基础课程、跟岗实践类课程的课程设置为退役士兵设计人才培训方案，进行职业技能的学习和求职技巧、办公能力的提升，就业岗位的推介。

根据退役军人曾在部队磨炼，具有专业的军事技能的特点，结合目前行业发展趋势开发职业技能培训课程，将军事技能融合到社会所需的职业技能之中。课程形式含有线上课程与线上课程，核心讲师团由普通高校老师、人力资源各行业企业人士与退役军人事务部门人员组成。

（1）创业孵化板块

为有创业意向的退役士兵解读当下的退役军人创创业政策及背景，提供创新创业思维的课程培训与孵化服务，对接优化的孵化企业资源。初期扶持创业项目，给

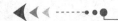

予资金和资源支持，与创业方签订协议，项目成熟后，接纳军友驿站就业培训项目的人才输送，达到项目所需岗位数量的20%以上。

（2）政策解读板块

为退役士兵提供免费的政策解读服务，解读自退役军人事务部、教育部、财务部颁布下发的各类政策性文件，如《关于进一步加强由政府安排工作退役士兵就业安置工作的意见》《关于促进新时代退役军人就业创业工作的意见》等符合退役士兵范围的政策解读。

根据高职院校"扩招100万"政策，辅助士兵高职院校签订士兵退役后的培养培训合作协议。根据现有可利用的职业教育资源，促进高职院校的扩招招生，解答退役士兵在扩招政策上的问题，分析退役兵自身优势及就业方向，为其选择合适院校及专业，推荐入学等。此板块属于前期推广免费业务。

3. 就业单位推介

在退役士兵完成培训考核与取得职业资格证书后，进入认岗定岗阶段，到推介用人单位的岗位进行实习，并对求职面试技巧进行针对性的辅导，随时回访就业上岗情况。

（二）产品优势

（1）军职分析体系完善，剖析精准。
（2）课程体系覆盖面广，利于退役士兵全方位全方位的人才培养。
（3）精准定岗匹配，完成就业。
（4）直通车服务。

（三）商业模式

1. 商业服务模式

目标服务人群：退役士兵（三期以下士官及义务兵）

政府和军队方：通过免费承接退役军人事务部门的"送政策，送培训"进军营活动，赠送简单的职业生涯规划测试与公益性通识性讲座，增强与政府合作黏性，同时增加士兵未来择业形式与方向认知与自驱动性，同时达到宣传推广效果。

企业方：组织用人单位进部队进行招聘宣讲，尽量减少退役士兵与企业放对接环节，从而简化退役士兵的就业环节。

积累用户的同时在培训的课程、场地、师资资源与实力后，承接退役军人事务部门与人力资源与社会保障部门针对退役士兵群体的培训，通过军职分析板块，通过岗位分析、个人能力分析、人社局的资格鉴定三方共同分析，得出专业化鉴定，从而搭配个性化通识类与技能类课程。经军友驿站核心军职转换课程后通过顶岗实

习后，为企业输送优质的退役士兵人才。

2. 盈利模式

军友驿站盈利模式见附表 1。

附表 1 军友驿站盈利表

盈利模式	盈利特征
政府（退役军人事务局）、军队方购买	与退役军人事务局、安置办形成合作，政府方购买退役军人的学习、培训课程、就业指导，官方购买。盈利方式集中统一（收费额保密）
课程培训产品，退役士兵购买	对退役军人学习课程培训服务，线上线下课程的个体购买
用人岗位、拥军企业的推介费用	与社会拥军企业、用人单位合作后，根据实际岗位情况需要向企业推介，收取个体人头费（收费额保密）
职业咨询、岗位愿景分析、心态调整	为个体的退役士兵进行职业咨询和岗位愿景分析，个体收费（收费额保密）

五、运营现状

（一）军地调研

××家军队，××家事企业单位，北京市退役军人事务局团队成员通过实地走访北京地区军队××处实地调研、网络采集、实地座谈会调查等方式，涉及部队官兵、退役士兵和工作多年的退役军人等多种群体，共计发放问卷×××份，与相关部门给出的详细数据分析了解基层部队官兵（三期士官以下及义务兵）实际在退役之后的有关就业问题的盲点与痛点的详细分析。

（二）政府部门、军队、企事业单位合作情况

目前已经与北京恒天人力资源有限公司、同程旅游、中信银行、深圳市阿集比光电科技有限公司、智洋商贸、科泰乐讯（北京）通信设备有限公司、北京宝华裕隆贸易有限公司、Boss 直聘等×××家企业取得合作意向，为企业输送人才，与翊桐飞××共享平台达成资源共享和深度战略合作意向，与尚德机构等××家教育培训机构形成战略合作。军友驿站已与中部战区的×××家部队举办"送政策、送技能"活动，与北京市××家退役军人事务部门达成初步合作意向。同时，军友驿站将与北京退役军人事务局、中国建设银行、北京财贸职业学院共同举办首届 2019 北京市退役军人创新创业大赛。

（三）高职院校教师及课程调研及开发

团队成员与高职院校展开合作，依托优质职业教育资源，与退役军人的身份、学习能力、就业相结合，研发适合退役军人的学习课程。利用我们学校资源及其他合作教育资源企业，与名师、专家合作开发课程，目前军友驿站已开发课程××门，核心讲师团×××人，已做军职分析×××人。

（四）线上平台、公众号开发

已公开平台部分课程资源，公众号平台现正在运营。

六、市场分析

（一）市场背景宏观环境分析

随着近几年发展，退役士兵人数逐渐增多，成为社会宝贵的人力资源，但市场的人力需求在近几年变化快，市场形势严峻，对就职人员的技能和各方面水平都有很高的要求，而退役兵在部队退役后无论是科学理论，还是对市场导向的分析都是欠缺的，所以在人力市场的竞争中，稍显得没有较高的核心竞争力，导致退役士兵的人力堆积，与岗位需求并不对接，退役士兵拥有过人的体力和相应的技能基础资源，在现在的社会人才市场中并没有得到良好输出。下面从 3 个方面分析：

（1）人口社会方面：中国拥有 5700 万左右的退役军人，而且以每年 70 万到 80 万的趋势增加。……

（2）社会文化、经济方面：我国已然屹立世界之林，军事力量作为国家软实力的体现，始终是国家工作的关注点之一。……

（3）政治法律方面：习近平总书记在第十九次代表大会上提出："组建退役军人管理保障机构，维护军人军属合法权益，让军人成为全社会尊崇的职业。"……

（二）目标市场（见附表 2）

附表 2　目标市场表（灰色板块为主要细分市场维度的选择）

目标人群	有入伍意愿人群	在伍人群	退役人群	军事爱好者	军属
学历	初中及以下	高中	高职	本科生	研究生及以上
年龄	17~20 岁	20 岁以下	20~30 岁	30~40 岁	40 岁以上
服务项目	就业帮助帮扶	知识技能提升	其他军事周边	军营体验	

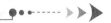

（三）项目 SWOT 分析（见附表 3）

附表 3　项目 SWOT 分析表

O（机会）： 政策对服务军人企业给予肯定和支持态度 拥有多家校企合作的资源型优势。 市场上同类产品较少，竞争较小。 专业对高职院校退役军人的培训就业机构少之又少。 高校人员资源数量大容易挖掘。 市场空间大，容易进入。	T（威胁）： 信息的安全性。 退役军人安置问题的重视程度加重，存在潜在竞争者。
S（优势）： 拥有教育平台和资源，在成本和便捷性上体现优势。 就业创业培训板块专业针对高职退役军人，专业性强，专业优势。 拥有多家多类型供应商合作企业，在资源上拥有优势。	W（劣势）： 公司就业服务板块目前只针对北京地方，服务地区存在局限性。 管理运营经验和管理经验不足。

　　总结分析：退役军人是现在就业难的典型群体，由于退役军人学历或者与职业对接的技能储备较低，然而市场上并没有出现很多市场化专业化的人力疏导或资源整合的平台，所以这个市场存在很大的市场空隙，也是急需升华和改革的市场。

（四）市场前景与预测

　　军人是最令人崇拜的职业，从新中国成立到现在已 70 年，据相关部门统计，中国每年都有 70~80 万的老兵退役。至今，退役军人的总数量达到了 5700 万左右。目标市场群体日渐增长，党的十九大以后退役军人事务部的建立，国家开始正式关注退役军人的就创业问题，退役军人的地位得到进一步提升。退役军人的就业问题一直以来都是国家和社会关注的对象，但是由于退役军人群体的自身局限性（自身学历、经历与社会存在一定脱节性）、军事技能转换职业技能不对焦等原因，致使退役军人的就业创业问题一直没有得到良好的改善。市场竞争较小，存在市场空缺较大。

　　目前来说，退役军人的创业就业问题仍未严峻，退役军人就业难，军事技能转化为职业技能的难度比较大。

　　相对于人才大就业市场来说，大部分企业更加关注学生的就业市场和分析调研，相对于退役军人市场更多的是国家出台政策扶持，企业及社会群体关注度较少，或者解决军人军事技能转化为职业技能的需求对焦不准确。即使大部分企业顺应政策导向，提供的岗位形式与学历升级方式过于单一，例如安保等工作，无法满足所有

军人的求业心理与部队岗位的对接，呈现"大波轰"。虽然各种政策及安置条例的出现，地方安置部门与民政优抚部门结合当地的就业创业资源为退役军人群体调动的组织形式过于传统。军人群体的身份特殊性，没有形成良好的社群效应，没有形成特定的特定产品为其服务，部分社会资源的关注，也仅仅出现在初期阶段，尚不成熟。

经过×××余人的调查，得出退役军人的身份特征、年龄、未来发展预期职业预期，对培训机构的态度比较愿意接受。

（五）竞品分析（见附表4）

附表4　竞品分析表

品牌	退役军人培训就业服务平台	伍兵智聘	兵圈网
渠道	与社会企业、培训机构对接	与社会企业对接	与培训机构教、社会企业、和零售商对接
营销策略侧重点	针对退役军人培训、就业创业	专业发布退役军人职位应聘求职信息	现役退役及军属的综合资讯网站

竞争者分析总结及项目市场分析：

退役军人培训就业平台服务主要服务内容是退役军人就业职位问题。致力于寻找与退役军人这一种群特征相对对口契合的职位，但效率较低。伍兵智聘侧重退役军人要求岗位和企业求职信息的双向信息交流传递平台。兵圈网致力于现役、退役军人及军属的资源整合网站。对于对退役军人专业化培训和专业化就业指导这一服务项目市场存在很大未利用空间。

竞争策略：我们服务项目针对退役军人专业化培训和专业化的就业指导这一板块，同时有公益性征兵宣传附加服务促进征兵增强合作黏性。

七、营销策略

（一）价格策略

同纬度竞争产品价格定价较高，我们依靠便利的教育资源并且为了响应国家号召，推动同行业更快发展，我们运用渗透定价法，在保证成本前提下，用偏低与市场的价格，销售给退役军人。

（二）产品策略

差异化产品策略，"军友驿站"旨在为退役军人提供专业化的培训和就业指导等服务。与其他教育机构不同，我们根据退役军人各自的擅长优势和就业兴趣方向

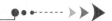

来进行细分方向的专业培训和专业职位推荐。

（三）渠道策略

与退役军人安置管理政府机构进行商业沟通与合作，承包地方退役军人军事化转换为技能化的职业培训。

（四）促销策略

线上推广：在新华网、新京网、人民日报、一号哨位等有关军事资讯的客户端软件上进行广告宣传。跟电视平台，找地方退役士兵安置办的发言人，为"军友驿站"推广宣传。运用资源在各大地方类退役军人 QQ 群，微信群内进行宣传推广。

线下推广：进行地推，走访军队，塑造军友驿站诚信、可靠的品牌形象，找个地方退役士兵安置处进行推广和合作意向的交流。

八、风险与解决措施

（一）资金风险

公司原始资金较少，团队资金管理意识不强，本项目需要在前期大量投入资金进行课程开发，如有融资不到位或者联合创始人退资会导致资金链断裂。

解决措施：产品定价采用快速撇脂法，前期快速回笼资金。前期的业务拓展首要放到大客户及地方政府层面的业务。加强每个部门的成本意识，采用项目分配机制，每个项目运营小组必须有一个财务工作人员参与，实时采集汇总财务信息，由总审查人进行审查和监督。

（二）管理风险

因管理者经验不足而导致领导方向的偏失，因创始人持股比例在 50% 以上，而导致意见独断。公司发展导向失衡。

解决措施：公司重大集体会议必须五位创始人同时出席会议，或创始人的全权代理人出席。如有重大股份变，必须原始股东半数以上才可生效，加强团建，加强管理者与下属的沟通。

（三）政策风险

对退役军人政府现在对于退役军人安置问题比较重视，我们项目依托政府的支持和市场的空缺性。与政府连接沟通关联性比较强，政府的导向对我们尤为重要。

解决措施：时刻关注政府导向，关注市场行情发展走向。

（四）人员风险

项目依托于优质、符合与军人的课程开发，对教育人员的要求非常高，因课程开发相关人员的发展缓慢而导致与项目进程脱轨，产生巨大影响。

解决措施：项目前期储存大量人力资源库，加大课程开发成本，保证课程开发正常运转，甚至超运转。增加课程开发相关人员的管理。

九、公司经营战略与项目三年规划

第一年，继续深度挖掘原有渠道，把握流量，深切了解军人退役兵实际需要。解决退役兵学历低，就业难等痛点。建设口碑，建设品牌形象。根据企业发展战略，适时调整，提升品牌影响力。课程涉及×××个领域，如会计、金融、人文体育等。并与×××家企业达成合作。线上用户达到×××人，预计净利润×××元人民币。

第二年，以点带面、向下延伸，跟随政策取得市场优势。完善开发适合军人退役兵群体的相关专业，保证专业未来发展力及就业前景稳定。确保产品含金量，并拓展课程领域细化达到××多个方向，如互联网专业。课程优化更加符合军人特点。深度拓展企业合作×××家。线上用户达到×××人，预计净利润达到×××元。

第三年，使用与培养并重，加大对产品开发的投入力度，继续深化课程开发与研究，确保符合军人特点文化。与企业稳定合作达到×××家，线上用户达到×××人。预计净利润达到×××元。探索军人部队等周边产品，使人民群众可以深刻体验军人生活，推动年轻一代参军意愿。

十、项目资金的筹措与使用（略）

十一、财务分析（略）

十二、项目股权结构（略）

参考文献

一、专著类

[1] 王峰，向海斌. 创新创业基础. 北京：中国财政经济出版社，2019.

[2] 兰小毅，苏美，吕美，徐阳，王玉晓. 创新创业学. 北京：清华大学出版社，2019.

[3] 杜永红，梁林蒙，杨彩霞，罗正荣，张俊利. 大学生创新创业教育—基于互联网+视角. 北京：清华大学出版社，2019.

[4] 石智生，张海燕. 大学生创新创业教程. 北京：人民邮电出版社，2019.

[5] 王振杰，刘彩琴，刘莲花，池云霞. 大学生创新创业基础. 北京：高等教育出版社，2018.

[6] 清华 X-lab. 从学生到创业者. 北京：人民邮电出版社，2018.

[7] 蔡立雄. 大学生创新创业基础. 北京：北京大学出版社，2018.

[8] 丁忠明. 大学生创业启程. 北京：机械工业出版社，2018.

[9] 薛艺，乔宝刚. 创行——大学生创新创业实务. 青岛：中国海洋大学出版社，2017.

[10] 团中央学校部等. "创青春"创客十讲. 北京：清华大学出版社，2017.

[11] 王中强. 创新思维与创业教育. 北京：清华大学出版社，2017.

[12] 张玉利. 创业管理. 北京：机械工业出版社，2017.

[13] 周苏，褚赟. 创新创业：思维、方法与能力. 北京：清华大学出版社，2017.

[14] 侯文华. 大学生创新创业教育教程. 北京：科学出版社，2012.

[15] [瑞士] 奥斯特瓦德. 商业模式新生代. 北京：机械工业出版社，2011.

[16] 陈英. 企业社会责任理论与实践. 北京：经济管理出版社，2009.

二、文献类

[1] 周雨航，张浚哲. "互联网+"背景下传统企业转型及品牌营销创新策略研

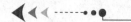
究——以"洽洽食品"为例. 经济研究导刊, 2020 (3): 48-49+61.

[2] 张盈. 新媒体营销优势及方式的探究 [J]. 现代营销（经营版）, 2020 (2): 133.

[3] 余程进. 联合利华的新媒体营销策略分析 [J]. 营销界, 2019 (10): 42 +45.

[4] 刘佳丽, 崔鹏. 宜家进军智能家居市场营销策略研究——基于 4P 理论 [J]. 商业经济, 2019 (5): 75-76.

[5] 朱素阳. 大学生创新创业大赛商业计划书设计关键技术研究 [J]. 文化产业, 2019 (34): 190-191.

[6] 马燕, 国晓丽. 基于 STP 战略的共享单车市场差异化营销策略探究 [J]. 产业与科技论坛, 2018 (17): 17-18.

[7] 吴小云. 大学生创业计划书中财务模块撰写要点与原则探析 [J]. 经济研究导刊, 2018 (27).

[8] 宋懿花, 周作建, 胡云. 关于"互联网+"大学生创新创业大赛的思考 [J]. 教育教学论坛, 2018 (36).

[9] 杨林. 创业企业如何成功获得风险投资 [J]. 合作经济与科技, 2008 (11): 58-59.

[10] 余上坊. 移植创新法. 科学启蒙, 2004 (4).